JN418168

그냥 흘러

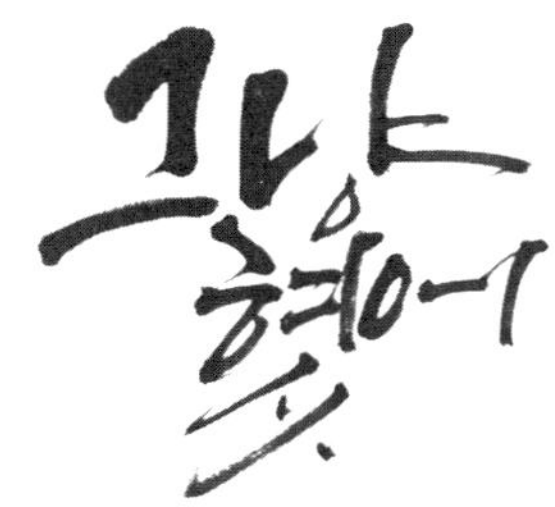

윤기관 수필집

月刊文學 출판부

독자들께 드리는 마음의 편지

시를 쓰는 자는 시인이고, 수필을 쓰는 자는 수필가입니다. 수묵산수화를 그리는 자는 수묵산수화가이고, 목판화를 그리면 목판화가이지요. 누구나 펜을 잡거나 붓을 들면 시인, 수필가, 화가가 됩니다.

다만, 널리 알려지지 않으면 유명 작가, 화가가 아닐 따름입니다. 머지않아 유명해지면 저명한 시인, 수필가, 화가가 되겠지요. 문학에서는 막 등단하면 신인 작가라고 합니다. 맛의 깊이가 농후해지면 기성 작가라고 부릅니다. 기성 작가의 작품이 중후해지면 중견작가, 원로작가라는 타이틀로 빛나게 됩니다. 화단에서는 등단이라는 절차는 없습니다. 전국 미술대전에서 입선 이상을 하면 화가가 되는 것이지요. 화가가 저명해지면 화백의 칭호를 받기도 합니다.

제 명함에는 '시인, 수필가, 수묵산수화가, 목판화가'라고 무려 네 개 타이틀이 들어 있습니다. 모두 제가 스스로 부르는 타이틀입니다. 아직 신인 단계입니다. 조선 시대 한양으로 '과거 시험' 보러 가던 선비가 되어 서울 인사동과 익선동에서 기성 작가를 향하여 밤낮으로 갈고 닦고 있습니다. 앞으로 저를 유명 시인, 유명 수필가, 유명 화가라고 불러주는 것은 독자들의 몫입니다.

유명하지도 않으면서 왜 시인, 수필가, 화가라고 명함 내밀고 다니느냐고 물으면 저는 즉각 대답할 답안이 준비되어 있습니다. 저는 선교사입니다. 선교기금을 마련하기 위해 글을 쓰고, 그림을 그리고 있습니다. 하지만 저는 글이나 그림을 대가를 받고 팔지 않습니다. 청지기인 제게 부탁한 기부 천사님들께 고마운 마음을 전하기 위해 작품활동을 하고 있을 뿐입니다.

천사님들에게 책이나 그림으로 고마운 마음을 전하고 있습니다. 이왕이면 좋은 글이나 그림으로 드리기 위하여 끊임없이 연마하고 있습니다. 독자들이나 그림 소장가들이 서로 갖고 싶어 하는 글과 그림을 세상에 내놓고 싶습니다.

수필 공부하면서 쌓인 작품이 100여 편이 넘어 그중 일부를 골라 기부 천사님들께 보여드리기로 했습니다. 제 수필 속에는 선교적인, 잠언적인 내용이 많이 들어 있습니다. 이 첫 수필집이 과연 어떤 반응으로 돌아올지 떨리고 두근거립니다. 여기 모든 글은 모두 제 마음의 분신들입니다.

제 마음을 읽어주시기를 바랍니다.

2022년 5월 1일

윤기관

작가의 말 004

1부 별난 벚꽃놀이

매미 014

아름다운 사람들 018

소문난 국밥집 023

송해길 027

할머니 손수레 031

타이어 교체 034

요세미티 오케스트라 037

그냥 혔어 041

별난 벚꽃놀이 045

2부 산을 오르며

봄꽃의 지혜 050

황금산 음압 병동을 다녀오다 053

비슬산 참꽃 바다를 바라보며 057

목차

유성 온천물 맛아보셨나요? 060

쇠뜨기 064

수선화 068

산을 오르며 071

죽부인 075

익선동 섬 078

3부 애비야, 나 죽거든 버려라

산새들과의 산책 084

난청 087

유성 장날과 어머니 090

리베로 선교사 095

하늘나라 전권 특명 대사 099

잠 103

아내를 위한 길 107

나의 살던 고향은 111

애비야, 나 죽거든 버려라 115

목차

4부 열차는 고향을 싣고

아버지들의 어깨 120

장애인과 장애자 125

세조의 진인사 128

감동 133

처치실 앞에서 136

버릇 139

호칭 143

백신 146

열차는 고향을 싣고 149

5부 김빱쓰 김빱

제주 오름 154

야외 사생 수업 158

동양화 읽기 162

글 165

목차

임산부 배려석 170

뿌리 174

씁쓸한 졸업식 177

주황색 스카프의 여인 180

김빱쓰 김빱 184

6부 함바식당

체질 190

포지션 193

누룽지와 숭늉 196

세월 200

입춘 204

가르침이 큰 달, 5월 207

코로나19의 큰 교훈 210

함바식당 214

자장면 218

목차

7부 파란 기다림

이른 말 224

파란 기다림 227

참선진국, 그 멀고 험한 길 230

서리 234

당구 237

2026년 어느 날 241

여행과 관광 245

세대와 세태의 차이 249

부여의 숨결을 찾아 253

8부 어느 맹인의 나들이

853놀이터 260

부부의 날 264

개교기념일 267

물 한 모금만 주세요 270

나의 수필 274

학림도 278

제사 282

어느 맹인의 나들이 286

탕자 289

| 작품해설 | 윤기관의 네 바퀴 인생 · 서경희 294

1부

별난 벚꽃놀이

매미

창 너머에서 여름 내내 울어 재끼는 매미 소리로 한여름 밤을 설쳤다. 기온이 높아지면 높아질수록 매미는 울음소리가 커지고 횟수도 잦아진다. 그랬던 여름이 이제 맥을 못 춘다.

용광로처럼 활활 타오르며 기세등등하던 여름이 풀 죽어가니 먼저 매미 어깻죽지부터 처져 보인다. 뙤약볕이 있어야 매미는 신명 난다. 신명 나게 쇳소리 하던 매미가 가고 한밤중까지 이글대던 열대야도 갔다.

매미는 종류도 많다. 우리 귀에 익숙한 매미는 쓰름매미, 참매미, 말매미이다. '쓰르르 쓰르르~' 운다고 하여 쓰르라미라고 부르는 쓰름매미는 유년 시절 내 고향 한여름과 딱 어울리는 녀석이다. 참매미는 '맴 맴 맴~' 하고 운다고 해서 붙여진 이름이다. 동네 소꿉친구처럼 참 정겨운 우리의 대표 매미이다. 말매미는 몸집이 크다고 해서 그리 불렀다. 말매미는 한 마리가 '쫘아르 쫘아르~' 하고 울기 시작하면 주변에 있는 녀석들이 덩달아 일제히 따라 울어댄다. 말매미 합창 소리는 숲속 대장간 소리 같다.

말매미가 제일 두려워하는 천적은 새이다. 말매미가 떼지어 우는 것은 새와 같은 포식자들의 청각과 위치감각을 교란해 눈에 띄지 않으려는 작전이다. 그러면서 매미의 절규는 수컷이 암컷을 차지하기 위한 구애 신호이기도 하다.

매미 소리와 열대야로 밤낮 가리지 않고 일상을 지치게 했던 팔월이 가는데 왜 서운한 맘이 들까. 그새 망각증이 돋았나, 아니면 비 온 뒤 굳어지는 우정인가, 사랑싸움인가. 내년에 또 고통이 반복될 줄 알면서도 매미가 다시 슬며시 그리워진다. 그리하여 아직 떠나지 않은 매미가 있을까 해서 내장산을 찾았다.

비가 온다는 소식에 등산은 하지 않고 전망대 쪽으로 발걸음을 돌렸다. 단풍 터널을 지나니 우화정이 보인다. 여전히 연못을 잘 지키고 있다. 전망대에 오르니 내장산 여덟 봉우리가 한눈에 들어온다. 장군봉, 연자봉, 신선봉, 까치봉, 연지봉 망해봉, 불출봉, 서래봉. 여름 내내 저 산속에서 매미들이 '오! 나의 사랑'을 향하여 애교를 벌이며 소리 질렀겠지. 저 봉우리들은 다 기억하리라.

전망대에서 내려오는 데 무슨 처량한 소리가 들렸다. 발걸음이 딱 멈춰졌다. 구조대원을 애타게 찾는 조난자 신음 소리였다. 매미 한 마리가 처량하게 힘없이 울어댄다. 매미와 나는 뭐가 통하는가? 어찌 내가 저를 찾아온 줄 알고 울먹였을까.

신은 매미의 복부에 비장의 무기를 달아 주었다. 수컷은 소리를 낼 수 있는 공명 공간을, 암컷은 새끼를 품을 수 있는 꽃 궁전을 내주었다. 소리를 내는 녀석은 모두 수컷이다. 천적을 방어하기 위한 떼창이든 혼자 구애를 하는 어여쁜 소리든 다 수컷의 힘이다. 아직 장가 못 간 녀석이 시집 못 간 노처녀를 찾는 애달픈 절규임이 틀림없으렷다.

매미는 암수가 짝짓기하여 알을 배면 한 달 정도 살다가 생을 마감한다. 오직 종족 번식을 위해 태어나고 죽는 것 같다. 사랑을 나눈 암컷은 아기를 가지면 나무껍질 속에서 알을 낳고 죽는다. 부화한 알은 유충 상태로 땅속으로 들어가 나무뿌리 즙을 엄마 젖처럼 빨아 먹으며 무려 대여섯 살 정도까지 보낸다. 일곱 살쯤 때때옷을 벗어버리고 어른 옷을 입는다. 어른 옷을 입고 짝짓기한 후 고작 한 달 정도 살다가 생을 마감한다. 매미의 고귀한 일생이다.

대여섯 살까지 엄마 치마폭에서 떠나지 못하다가 어른이 되어 떠밀리다시피 장가가고 시집가서 애 만들고 금방 죽는 매미의 일생, 차마 마마보이는 아니겠지.

푸른색 대가리도 혐오스럽고, 소음공해도 이만저만이 아니고, 나무뿌리 영양분도 빼앗아 먹는 매미는 다행히 사람에게는 해를 끼치지 않는다. 아니, 초등학교 때 단골 여름방학 숙제물이 되었던 정겹기 짝이 없는 친구 아닌가. 고작 칠십 생애가 아니라 고작 칠 년 생애를 살며 새끼 낳자마자 금방 죽는 그들의 삶을 우리 눈으로 보면 한없이 애처롭다. 우리도 엄마 자궁에서 지낸 일 년을 나이에 포함하듯이 매미에게도 적용해주면 어떨까. 어쨌든 다른 곤충에 비해 장수하는 셈이라고 위로해주자.

요즘 젊은이들은 아무데서나 끌어안고 애정 표현하면서도 정작 결혼은 하지 않고 아이도 낳지 않는다. 이런 세태를 보면 매미보다 못하다는 생각이 머리에 콱 와 박힌다.

출산율이 점점 떨어져 2117년에는 우리나라 인구가 지금 서울 인구밖에 되지 않는다고 한다. 매미의 종족 번식은 우리보다 월등하다. 우리나라에 정말 매미 수가 사람 수보다 많은 '대한민국 매미 공화국' 시대가 올 것인가.

아름다운 사람들

"이 느므 사회, 어디 하나 마메 드는 게 있어야 사제. 이삿짐도 필요 없고, 돈만 싸 들고 이민 가야제. 누가 요칼껴, 도대체 말여." 요즘 여기저기서 터져 나오는 볼멘소리이다. 나도 '좀 더 두고 봐서 이 나라를 떠나야겠다'고 다짐한다. 텔레비전을 안 볼 수도 없고, 보면 속 터지니 어쩔 건가, 내가 없어져야지.

혼잣말로 투덜거리며 분당 이마트 앞 시내버스 정류장에 도착했다. 하염없이 나풀거리는 종이 한 장이 눈에 확 띈다. 애절하게 외치는 하얀 갈구 하나가 벽에 달랑달랑 붙어 펄럭인다. "가방을 찾습니다~~~~~." 절절한 사연에 연락처를 빨간색으로 밑줄 그었다. 남 이야기가 아니고 바로 내 이야기여서 차근차근 읽어본다. 저 심정 내가 충분히 이해하고도 남지.

나는 매일 다니는 길이 정해져 있다. 집에서 나와 걸어서 마을버스

정류장에 도착한다. 휴대폰으로 버스가 오는 시간을 미리 알 수 있으니 곧 버스를 탄다. 마을버스 타고 조금 지나면 지하철역 정류장이다. 거기서 내려 이런 일 저런 일 보고 다시 집으로 돌아간다.

그날도 하루 일을 잘 마치고 귀가하는 길이었다. 그날은 평소와 달리 한 정거장 전에 내렸다. 그동안 깜빡 잊고 있었던 어느 모임 회비를 보내기 위해서다.

손에 든 짐이 무거워 은행 앞 벤치에 내려놓고 휴대폰 꺼내 계좌번호를 찾으려는데 등짝이 허전하다. 등에 업혀 있어야 할 가방이 안 보인다. 방금 그 마을버스에 놓고 그냥 내린 것이다. 택시를 잡아타고 마을버스를 추격하기 시작했다. 영화에서 보았던 그 추격전이 시작되었다.

나는 버스를 타면 으레 운전석 뒤 두 번째 자리에 앉는다. 앞좌석 등받이에 가방을 걸어 놓기 위해서다. 아마 거기에 걸어 놓은 채 그냥 내린 것 같다. 삼사십 분을 추격하다 드디어 그 마을버스를 발견했다. 택시가 버스를 가로막고 세웠다.

운전사는 자기 차가 아니라고 한다. 그 차는 지금 가스 주입하러 충전소에 갔을 거란다. 또다시 추격한다. 충전소에 도착했다. 가방이 없단다. TV 프로그램 추적 50분을 방불케 한다. 나는 이미 미국 LA 경찰청 형사 콜롬보가 되어 있다.

어쩌나! 그렇다면 지하철역 앞 마을버스 정류장에 놓고 온 것이 아닌가? 내 성격에 그럴리가 없는데. 다시 택시를 잡아타고 달린다. 오늘따라 왜 이리 차도 많고 신호등도 많은가. 태연한 척하면서도 운전

수 눈치만 곁눈질한다. '달려라, 달려, 사고만 내지 말고.' 콜롬보는 살인사건 담당이지만 나는 가방 미아 사건 담당자이다.

가방을 두고 마을버스를 탄 지 두 시간이나 흘렀으니 벌써 없어졌겠지. 콜롬보는 탁월한 추리력을 발휘한다. 지갑에 든 돈은 포기하고 우선 은행 카드를 신속하게 정지시켰다. 명함도 들어있으니 착한 사람 만나면 내게 전화해 주기를 기도한다.

나는 집 밖에 나오면 으레 목에 나무 십자가를 걸고 나온다. 나무 목걸이라 거칠어서 잠시라도 잊지 않으려는 의도다. 임마누엘, '하나님은 언제나 나와 함께 하신다'는 걸 잊지 않기 위해서이다.

휴대폰이 진동한다. 등록 안 된 전화번호가 뜬다. 어느 착한 행인이면 사례금을 드려야지. 근데 얼마나? 지갑에 든 현금 모두 주면 될 거야. 어차피 없어진 돈이니까. "여보세요!" 여성 목소리다. 은행 직원이다. 오늘 영업시간 안에 직접 방문해 달라는 부탁이다.

가방 브랜드는 샘소나이트라서 좋아 보이기는 하지만 실속은 없다. 가방 속에 오늘 지도받은 내용을 화실에 가서 보완해야 할 밑그림이 들어 있을 뿐이다. 나에게는 중요한 재산이다. 하지만 가방 자체가 욕심을 낼 만해서 더 불안했다. 그림만 남겨놓고 다 가져가도 고마워하겠는데….

택시 운전사는 왕의 명을 받들고 달리는 말(御馬)이 되고, 나는 그 말을 몰아치는 마부가 된다. 말과 마부는 한마음이 되어 왕이 내린 사약 중지 명을 품에 안고 달린다. "어명이요. 사약을 멈춰라. 가방을 아무도 만지지 마라." 따그닥 따그닥. 휘날리는 말총. 어마의 다리도 보이지 않는다. 말굽만 보일 따름이다. 택시 바퀴 타는 냄새 난다.

목적지가 다가온다. 내 새끼 잘 있는지. 이리저리 갸우뚱거려본다. 왜 이리도 사람들이 많은가. '아가, 잘 있냐?' 갸우뚱갸우뚱, '앗, 저기 있다. 저기 내 새끼 보인다.' 택시에서 내려 가방으로 달려가 부둥켜안는다. 아주 오래전에 대여섯 살 된 아들을 부산 해운대 해수욕장 백사장에서 잃어버렸다가 금방 찾은 적이 떠오른다. 눈앞이 캄캄했다. 아내는 순간 정신을 잃기도 했다.

가방에 정말 미안하다. 그날따라 보따리가 세 개였는데, 마을버스가 예상 밖으로 빨리 오는 바람에 하나를 그냥 두고 둘만 데리고 버스에 오른 것이다. 집으로 오는 도중에도 미아가 되어버린 새끼를 까맣게 잊었다가 목적지에 내려서야 생각난 것이다. 새끼를 하나만 데리고 다니다가 그날따라 셋을 데리고 오는 바람에 일이 벌어진 것이다.

휴, 숨을 깊게 쉬고 가방을 등에 메고 집으로 향한다. 다시 마을버스 타고 그 은행 앞에 내렸다. 세 시간 만에 원점으로 다시 돌아온 것이다. 은행 안으로 들어가 정지시킨 카드를 다시 풀었다. 잠시 주인 잃은 카드도 다시 숨을 쉬기 시작한다. 내 심장 박동수와 비슷하게 뛴다. 한몸이 되었다.

분당 버스정류장에서 잃은 가방을 애타게 찾고 있는 저 애절한 사람이 바로 나다. 그 안타까움 속에 빠져들어 한동안 눈을 떼지 못한다. 지금쯤 가방을 찾았을까? 나풀거리는 저 벽보의 외침이 기쁨의 뜻일까. 돌아온 가방을 부둥켜안고 눈물 흘리고 있으려나. 잠시 미아로 만든 어미를 용서해 달라고 눈시울을 붉히고 있을 거야. 아직 괜찮은 사람들이 많으니까.

세상 한탄하던 그분 어디 계시나. 전하고 싶은 한마디 있는데. "아이고, 맞아요. TV는 못된 놈들 혼내주려고 일부러 우리 마음에 안 드는 장면만 보여줄 뿐이어요. 세상은 아직 살 만한 곳이랍니다. 아름다운 사람들 만세!"

소문난 국밥집

낙원동 송해길 골목을 기웃거리면 눈과 입이 즐거워진다. 볼거리, 눈요깃거리가 많다. 게다가 요즘 보기 드문 밥집들이 즐비해 시간 가는 줄 모르고 걷는다. 내가 어린 시절을 보낸 시골 장날 같은 분위기이다.

나는 밥을 국이나 물에 말지 않는다. 물렸기 때문이다. 우리가 어렵게 살 때 꽁보리밥을 물에 말아 많이 먹으라는 말씀을 자주 들었다. 이유는 몰랐지만 어른들의 당부이니 따랐다. 그런데 마술처럼 아무리 먹어도 밥이 줄지 않았다.

한 숟갈 먹고 씹는 사이 밥이 불고 불어서 여전히 그릇을 가득 채웠다. 나중에는 밥이 불을 대로 불어서 죽이 되었다. 물리지 않을 수 없었다. 시간이 그리 많이 지나지 않아 마술 비밀이 풀렸다.

종로구 낙원동에는 유달리 국밥집이 많다. 돼지국밥, 시래기 국밥,

사골 국밥, 순대국밥. 모두가 우리가 어렵게 살 때 먹었던 한 끼니들이어서 친숙하다. 그런데 따로국밥이라는 메뉴가 있다. 보통 국밥은 국에다 밥을 미리 말아서 나오는데 따로국밥은 국과 밥이 따로따로 나온다. 나는 당연히 따로국밥만 시킨다. 하지만 요새는 모든 국밥이 따로국밥이다. 내가 유행의 주인공인가?

낙원동의 식사는 보통 오천 원이다. 그런데 이천 원 국밥집이 있다. 송해 씨가 사무실을 열 때부터 식당 문을 열었다고 하니 오래된 국밥집이다. 이 식당은 '소문난 국밥집'이라는 간판만 있을 뿐 메뉴판도 가격표도 없다. 물도 안 주고, 식사 후 그릇도 손님이 직접 주방에 갖다 놓는 '셀프'다.

식당 안에는 둥근 양은 식탁이 대여섯 개 있고, 식탁 하나에 의자가 네댓 개 놓여 있다. 식당으로 들어가 자리에 앉으면 자동으로 시래깃국 한 그릇, 밥 한 공기, 무김치 한 접시, 수저가 올라온다.

무김치는 물러터진 무를 잘게 썰어 고춧가루가 희끄무레하다. 옛날 논산 훈련소 훈련병 반찬 같다. 뚝배기 그릇 속에는 국물과 시래기만 들어 있다. 건더기라곤 시래기뿐이다. 그런데 뜨거운 국물이 고소하고 시원하다. 사골국물 같다.

둥근 식탁에서 혼자 먹고 있으면 주인이 알아서 혼자 들어온 다른 손님을 앉힌다. 새 손님이 들어왔는데 눈이 거의 실명 상태로 보였다. 내가 마음이 넓은 신사같이 보여 나와 합석시켰나 했더니, 그게 아니었다.

합석에 양해의 절차는 생략하는 게 이 식당의 방침이다. 저쪽 식탁에서도 한 손님이 먹은 그릇과 수저를 들고 주방으로 간다. 저분도 다른 손님과 합석한 나홀로족이다.

그런데 이렇게 하고 도대체 얼마를 받는 건가? 벽에 메뉴도 가격표도 없으니 다른 손님이 어떻게 하는지 눈치로 간파해야 한다. 손님이 많아 주인에게 물어볼 분위기도 아니다. 폭삭 곯은 무김치가 모자라도 더 달라고 말할 수가 없다. 눈치 보며 분위기를 살피다 보니 어느새 밥을 다 먹어간다. 나도 이제 결심해야 할 때가 다가온다. 밥그릇을 어디에 갖다 놓아야 하고 얼마를 내야 하는가. 그런데 정말 물을 안 주는 건가. 한국식당의 가장 큰 인심은 물을 공짜로 주는 건데.

시래기는 발음상으로는 시시해 보이지만 영양적으로는 만점에 가깝다. 암, 위장, 동맥경화, 감기, 해독작용에 효과가 있다는 걸 모르는 한국 사람은 없다. 지금도 시래기는 인기가 대단하다. 시래깃국, 시래기나물, 시래기죽, 시래기떡 등.

시래기는 무의 줄기와 이파리를 새끼 따위로 묶어 그늘에 말려서 보관한다. 내가 어렸을 때 외할머니댁에 가면 늘 시래기두름이 처마 밑에 대롱대롱 매달려 바람에 흔들거렸다. 산간 지방에서는 얼루기에 걸쳐 놓고 말렸다가 토끼도 주고 국도 끓여 먹었다.

시래기는 채소가 귀한 겨울철에 안성맞춤이다. 가난한 집에서는 버려진 무청을 주워 시래기를 넣고 끓인 좁쌀죽이 끼니였다. 한가위 대보름에는 말린 시래기를 볶아 귀밝이술과 함께 먹었다. 요즘은 나이 든 분이 아니면 시래기 요리를 잘하지 못한다. 소시지 같은 음식이 밥상을 지배하기 때문이다. 낙원동 시래기 국밥집에도 젊은이들은 없다. 백신 접종을 제일 먼저 했을 노인들이 대부분이다.

앞 손님들을 잘 살펴보니 나도 자신이 생겼다. 빈 그릇을 들고 가서 때가 잔뜩 낀 주방 선반 위에 올려놓고 나오면서 주인에게 만 원짜리를 냈다. 앞치마 주머니에서 거스름돈을 꺼내는데 한 뭉치 모두가 천 원짜리이다. 잔돈을 세는 데 한참 걸린다. 무려 여덟 장이다. 시래기 국밥 한 그릇에 이천 원!

식당에서 나와 몇 발자국 가다가 뒤돌아 다시 간판을 올려보며 송해길을 벗어났다. 벌써 시장기가 돈다. 시래기가 아무리 좋고 잡뼈를 고아낸 국물이라도 건더기가 없다. 먹은 음식이 위에 머물 겨를 없이 창자로 흘러가니 허전한 감이 쉽게 도는 것이다. 살이 찔 수가 없겠다.

다이어트하러 시래기 국밥집에 한 달만 다녀볼까?

송해길

사십 년 넘게 장수하는 TV 프로그램 '전국노래자랑'의 사회자는 1927년 황해도에서 태어난 송해 씨이다. 이 프로그램이 1980년부터 시작되었으니 불혹의 나이를 넘어섰다. 프로그램과 사회자의 수명이 최장수를 기록한다.

감독이 멀리서 녹화 시작을 알리는 '큐' 사인을 보내면 사회자는 마이크를 잡고 "전국~~"하고 운을 띄운 후 마이크를 관중을 향해 내민다. 관중들은 너나 할 것 없이 모두가 신이 난 듯 "노래자랑"하고 후렴처럼 응수한다. 시작 분위기가 만점이다.

구수한 막걸리 목소리로 시작을 알리는 사회자의 코멘트는 그의 특허품이 되었다. 몇 년 하다가 말겠지 하던 것이 벌써 사십 년이 넘었으니, 관중들도 대를 이었다. 작달막한 키에 볼품없는 그의 얼굴은 그야말로 진짜 우거지상이다. 아이로니컬하게 그러한 외모가 달란트가 되어 희극인으로 발탁되었다. '유머일번지', '코미디 하이웨이' 프로그램에서 국민을 웃기고 울렸다. 그러던 차에 1980년 어느 날 그에게 행운의 천사가 찾아왔다.

"송선생님, 코미디 출연 그만하고 사회자 해 볼래요? MC요." 그 당시만 해도 코미디는 딴따라라고 하대했기 때문에 그에게는 꿈같은 낭보였다. "MC?" 겉으로 시치미 뚝 떼고 두어 달만 해 보자고 받아들였다.

그렇게 해서 맡은 이 프로그램이 40년이 넘었다. 외모로 볼 때, 희극인도 감지덕지한 그가 어떻게 40년간이나 사회자로 장수하고 있을까? 프로그램 수명도 사회자 나이도 최장수를 누리는 그 배경이 궁금하여 '송해길'을 찾아 나섰다.

그는 실향민이기 때문에 아는 사람이 별로 없었다. 실향민으로서 고향 사람에 대한 남다른 애착으로 동네 이웃들과 가족이 되려고 애썼다. 50년 전에 서울시 종로구 낙원동에 '연예인 상록회' 사무소 간판을 내걸었다. 낙원동이 내 고향이라고 마음먹고 새로운 삶의 터전으로 삼은 것이다. 이제 낙원동 사람들은 황해도 재령 고향 친구들이다.

송해길은 그의 이름을 따서 지은 길 이름이다. 종로 2가에서 낙원상가까지 1.44km에 이른다. 여기에는 그의 흉상도 두 개나 세워져 있다. 생존하는 인물의 이름이 거리 이름이 되고, 흉상까지 세워졌으니 유명세를 짐작할 만하다.

전국노래자랑이 40년 장수프로그램이 된 근본은 높은 시청률이다.

시청률이 높아야 장수프로그램이 된다. 시청률을 높이는 것은 사회자의 몫이다.

그는 출연자를 꽃으로 승화시키는 남다른 재능이 있다. 그는 희극인 출신이니 우스갯소리도 멋들어지게 한다. 몸 개그도 일품이다. 인기가 높을 수밖에 없다. 뭐든지 최고에는 그만한 이유가 있다.

그는 죽은 나무도 꽃이 피게 한다. 솟대를 만드는 장인처럼 남들이 흉내 낼 수 없는 재능이 있다. 솟대는 죽은 나뭇가지가 장인의 손을 거쳐 새 생명으로 태어난 것이다. 새 생명을 얻은 솟대는 마을 어귀에 우뚝 서서 마을을 방문하는 손님들을 반갑게 맞이한다. 송해는 바로 그런 장인이다.

송해길은 예부터 바둑기원과 실버 극장이 있던 길이다. 자연스럽게 무료한 시니어들이 모여들었다. 사람이 모여드니 저렴한 밥집이 하나둘씩 들어섰다. 시래기 국밥 이천 원, 짜장면 삼천 원, 통닭 한 마리 사천 원, 막국수, 냉면, 돈가스 사천오백 원, 여기에 더하여 색소폰 연주에 재능이 있는 시니어들이 자발적으로 나와 생음악 쇼를 했다. 음식 맛이 더 좋을 수밖에 없다. 서서히 상권이 형성되어 요즘은 젊은이들의 데이트 코스로 떠올랐다.

이러한 길을 탄생시킨 송해를 칭찬하지 않을 수 없어 길 이름을 지어주고 흉상도 세웠을 것이다. 그의 유명세는 낙원동에 그치는 게 아니다. 대구 달성군 옥포읍 기세리 옥연지 일대에도 '송해공원'이 조성되어 있다.

그가 달성공원에서 통신병으로 군복무 할 때 기세리에서 태어난

'석옥'이라는 아가씨와 결혼했다. 이 인연으로 그는 틈만 나면 옥연지를 찾아 실향민의 아픔을 달래곤 했다. 달성군수는 그의 처가 동네인 기세리를 그의 고향으로 인정해 '송해 공원'을 만들었다.

그는 비가 오나 눈이 오나 한눈팔지 않고 자신을 키워준 프로그램을 위해 헌신한다. 그의 착실한 참모습을 알아준 천사들이 그를 드높여준다. 낙원동 새 고향이, 달성군 처가 고향이, 어느 조각가가, 그 천사들이다.

인근의 인사동길, 삼청동길, 가회동길이 전통의 멋과 맛을 보여주는 곳이라면, 낙원동 송해길은 새로운 실버상권을 형성하는 곳이 되었다.

우리나라 주소가 새로 바뀐 지 꽤 되었으나 아직 옛 주소가 더 편하고 친근하다. 새로 지어준 길 이름이 어색하고 생뚱맞다. 차라리 동네를 빛낸 사람들의 이름을 불러준다면 지자체 시대에 어울리고 지역마케팅에도 도움이 될 텐데. 참 아쉽다.

송해길을 사박사박 걷다 보면 여기저기서 그의 이야기가 들려온다. 그를 향한 칭찬이 길거리에서 콧노래를 부른다. 송해는 그야말로 '진인사 득천명'을 실현한 분이다. '진인사 득천명(盡人事 得天命)'은 나의 좌우명이다.

내 이름도 혹 나중에 어느 길목에 나붙을 수 있을까? 세상 사람들이 나를 기억해줄까? 송해길을 돌아보며 지나온 나의 길을 다시 더듬어 본다. 하늘을 향해 눈을 지그시 감는다. 백 세 시대에, 살아있는 전설이 된 송해 님. 부디 건강하시옵소서.

할머니 손수레

나는 집으로 가기 위해 기차역 플랫폼에서 에스컬레이터를 타고 출구로 향한다. 저 앞쪽에 자그마한 손수레에 작은 종이 상자를 꽁무니에 매달아 질질 끌고 가는 노파가 보인다. 허리가 ㄱ자 모양으로 구부러질 대로 굽어진 채로 지팡이에 의지하여 걸어가는 뒷모습이 처연해 보인다.

내 어머니 같아 그냥 지나칠 수가 없다. 수레를 번쩍 들어 옮겨드리려고 다가가 손을 내미니 손사래를 친다. 요즘은 노인들도 내 물건을 남에게 선뜻 내주지 않는다. 멋쩍어 물끄러미 바라보았다. 짐이 많거나 무거워 보이기라도 하면 딸네 집에서 바리바리 싸준 것을 가져오는 걸로 여기겠지만 그것도 아닌 듯하다.

어디에 저렇게 힘들게 다녀오는 길일까. 아니 어디에 가는 길인가. 계단을 내려가 다시 시내버스 타려나. 아니면 누가 마중이라도 나오

나. 인근 작은 도시에서 무궁화 열차를 타고 이곳 역전 새벽 빤짝 시장에 장보러 오는 길인가.

시골에서는 아직도 오일장이 열리고 있는데 왜 여기까지 어렵게 온단 말인가. 역전 빤짝 시장은 주로 인근 밭에서 기른 채소류를 가지고 나와 파는 곳이다. 그러니 저 시골 할머니가 채소를 사러 이른 새벽부터 이곳에 장보러 오는 길도 아닐 성싶다.

짧은 오 분 동안 별의별 상상을 다 해 본다. 수사반장인 양, 뒷모습만 보고 모든 가능성을 나열해 봐도 해답은 나오질 않는다. 할머니 입에서 나와야 알 듯하다. 나의 상상은 순수 궁금증이지 결론을 내려 사건을 마무리해야 하는 사건 사고도 아니다. 다만, 저 할머니 모습이 오늘날 세태를 그리는 듯하여 씁쓸할 뿐이다.

왠지 추수 끝난 늦가을 논밭에 동그마니 홀로 서 있는 허수아비 같아 보인다. 허전한 마음이 앞서는 것은 내 나이 탓만이 아닐 것이다. 겨울이 다 가도록 아직도 팔려나가지 못해 하얀 비닐로 포장된 채 허허벌판에서 새벽 추위를 이기고 있는 볏단 묶음처럼 애처로이 보인다.

애기 울음소리는 좀처럼 들리지 않는 데다가 노인만 남은 초고령 사회가 이제 몇 년 남지 않았다는 씁쓸한 소식만 들리니 걱정이 앞선다. 지하철 자리 구석에 마련된 노인석은 언제나 빈 자리가 없지만 핑크색으로 예쁘게 마련해 놓은 임산부 자리는 아무나 버젓이 앉는다. 임신한 여성이 도대체 보이질 않기 때문일 것이다.

요즘 중국 우한 폐렴 사태로 너나 할 것 없이 마스크로 입을 가리고 다니는 모습이 우습기도 하고 을씨년스럽기도 하다. 하지만 아기들이나 노인들이 입을 막고 숨이 차 힘들어하는 모습을 보노라면 마음이 짠하다. 마스크로 가려 도대체 웃음이라는 게 사라진 듯한 사회 분위기다. 마음 한구석이 허전하다.

노인들은 자식들이 제 식구 먹여 살리기에도 버거운 세상에 늙은 어미가 거추장스러울까 봐 눈치 보기 바쁘다. 저 할머니도 그럴 가능성이 커 보인다. 홀로 지내는 백수(白壽) 가까운 할머니들이 점점 많아지고 있다. 저 할머니의 뒷모습이 남의 일이 아니라 곧 내 어머니 모습이고 나의 모습이 될지 모른다.

다행히 저 할머니는 역전 빤짝 시장에 장 보러 온 모양이다. 채소류가 아니라 남편 제사상에 차릴 제수 준비하느라 빈 상자를 가져온 모양이다. 남편과 금실이 돈독했을 듯하다. 겨울 앙상한 나뭇가지에 철새가 남겨두고 떠난 둥지처럼 빈집에서 혼자 살지 않을까, 별걱정을 다해 본다.

아내가 숨쉴 때 한 번이라도 더 사랑한다고 말로 마음을 전해야겠다. 마음속으로 아니라 입으로 말이다. 할머니의 손수레가 나를 때린다. 머리에서 별이 번쩍 지나간다.

타이어 교체

은퇴(隱退)에 대한 사전 뜻풀이가 영 맘에 들지 않는다. 이에 비해 영어표기(retirement)는 맘에 든다. 은퇴란 한 곳에서 오랫동안 일을 하다가 계약대로 그만두는 약속의 이행이다. 그래서 영어로는 타이어를 교체한다는 의미로 retire(ment)라고 한다.

나도 삼십오 년간 가르치는 일을 하다가 약속대로 육십오 세에 은퇴했다. 나는 다음날 즉시 가르치는 일을 하던 타이어를 다른 네 개로 교체했다. 선교사, 시인, 화가, 한국어 교원이라는 타이어이다.

'인생 이모작'이란 말이 있다. 이모작은 같은 땅에서 종류가 다른 농작물을 일 년에 두 번 심어 거두는 것을 뜻한다. 여름에 벼를 심고, 가을에는 보리나 밀을 심어 거두는 것처럼. 여태 가르치는 벼만 심다가 보리나 밀처럼 네 개의 타이어를 심어 거두는 것도 나의 '인생 이모작'이 될 것이다.

퇴임을 십여 년 앞두고 이리저리 궁리해보았다. 교수 생활을 하다 보니 전공 분야 이외에 취미 생활하기가 쉽지 않았다. 급한 것은 현실이다. 연구 업적에 매달려야 하고, 학생들에게 신선한 내용을 가르쳐야 하고, 상담도 해야 하니 도무지 시간이 허락하지 않았다. 제일 하고 싶은 게 선교사였다. 신학교 입학을 고려해 보기도 했으나 담임 목사님이 말렸다.

나는 준비한 그대로 바꾸고 싶은 네 타이어를 모두 골랐다. 먼저 선교사가 되기 위해 목사님의 추천으로 선교사 훈련 단체에 입학했다. 나는 목회자가 아니기 때문에 목회선교사는 가능하지 않아 전문인 선교사를 선택했다. 전문인 선교사는 선교비를 스스로 조달하는 선교사이다. 그런데 방글라데시 대포딜 대학교(DIU)에서 석좌교수 제의가 왔다. 한국학을 가르치는 교수이다.

선교사와 한국어 교원이라는 두 개의 바퀴를 달고 다녔다. 그런데 외국인에게 한국어를 가르치다 보니 읽기, 쓰기, 말하기는 교재를 통하여 어느 정도 소화할 수 있었으나 말하기는 어려웠다.

게다가 한국어능력시험(TOPIK)에서는 말하기가 포함되지 않아 학생들이 소홀히 하는 경향이 있었다. 어느 외국어나 외국어의 꽃은 말하기가 아닌가. 그래서 '말하기'를 자연스럽게 할 수 있는 수단으로 개발한 것이 그림과 문학이다.

그림은 주로 한국화와 목판화를 한다. 외국인들에게 유화나 수채화보다는 한국화가 더 어울릴 것 같아서다. 목판화는 칼만 있으면 어디서나 할 수 있다. 한국화와 목판화를 가르치면서 대화를 하니 흥미있게 따라오고 있었다. 내 아이디어가 성공적이었다.

문학 중에는 시도 좋고 수필도 가볍게 읽을 수 있어 퍽 흥미로워하고 있다. 외국인을 위한 한국어 교재에는 한국문화가 많이 들어 있다. 언어가 문화이기 때문이니까. 재미있는 내용을 통하여 서로 대화를 나누다 보면 회화는 자연스럽게 이루어지게 된다. 언어학습 방법 중에서 가장 효과적인 것은 반복이다. 마치 아기가 엄마로부터 말을 배우는 것과 같다. 이것을 학습효과라고 한다.

내가 삼십오 년 간 타고 다니던 타이어는 서재에 들여놓고, 모두 새것으로 갈았다. 이제 오 년도 채 되지 않았기 때문에 거의 새거나 다름없다. 나는 오래전에 학생 봉사활동 동아리 〈투게더스〉를 만들었는데 현재는 대포딜 대학교(DIU)내에서 운영 중이다. 투게더스는 'Together with us(TOGEDUS)'이다. 또한, 후진국 젊은이 중 특히 가정환경이 열악한 학생들의 학업에 도움을 주기 위해 〈아시아 아프리카 선교 장학회〉를 만들어 지원하고 있다.

아프리카 D.R.콩고와 방글라데시 극빈자들을 돕는 사역에도 동참하고 있다. 내가 현지에 체류할 때는 직접 도움을 주지만 지금처럼 불가능할 때는 현지 목회선교사에게 위탁한다. 속히 이 코로나19 난국이 해소되어 현지에 가서 직접 도왔으면 좋으련만….

내가 오랫동안 준비하여 바꾼 새 타이어는 아직도 잘 굴러간다. 이 새 타이어가 결코 닳지 아니하는 긴 생명의 타이어이기를 기도한다.

요세미티 오케스트라

천지를 공평하게 창조했다는 하나님은 불공평하다. 먹고살 길이 막막한 나라에는 척박한 땅만 주고, 부자 나라에는 왜 돈이 넝쿨째 굴러들어오는 기름진 땅을 주었는가.

한때 동서문제라는 용어가 유행했다. 자본주의 민주 진영에 속하는 나라(서구)와 사회주의 공산 진영에 속하는 나라(동구) 간의 이념 경쟁으로 말미암아 벌어지는 여러 가지 문제를 함축하는 말이다. 이 용어는 소련이 붕괴하자 뜻을 잃어 스스로 사라졌다.

하지만 남북문제라는 용어는 지금도 고스란히 남아 있다. 적도를 중심으로 위쪽에는 잘사는 나라들이 띄엄띄엄 모였고, 아래쪽에는 못사는 나라들이 옹기종기 모였다. 이 나라 간의 경제적 격차가 크게 벌어져 발생하는 정치 사회 문화 등 모든 문제를 '남북문제'라고 부른다. 누구나 똑같이 사랑한다는 하나님은 왜 이렇게 불공평을 남겨

놓았을까.

조물주가 천지를 창조할 때 '나라'는 세우지 않았다. 땅에 선을 긋고 네 것 내 것으로 구분 짓기 시작한 것은 사람이다. 사람들은 돈이 되는 곳을 독차지하려고 허허벌판을 헤집고 다녔다. 싸움을 벌여 깃발 세우고 간판을 내걸기 시작했다. 내 땅이라고, 동물들이 영역표시로 흔적을 남기듯이 사람들도 흔적을 남겼다. 하나님은 태초부터 공평하였으나 사람들이 불공평한 일을 시작한 것이다.

아프리카, 남미, 북미에는 각각 돈이 될 만한 커다란 폭포 —빅토리아폭포, 이과수폭포, 나이아가라폭포— 가 있다. 두세 나라가 서로 혼자 차지하려고 다투다가 하는 수 없이 찢어 나누어 가졌다. 미국은 원래부터 살기에 적합한 땅은 아니었다. 다만 잘 가꾸어 뭇사람들이 돈을 가지고 오게끔 지혜를 모은 것이다. 그 땅 중 하나가 요세미티 국립공원이다.

요세미티는 깊은 산속에 파묻혀 잘 보이지 않았던 곳이다. 그렇다고 해서 흔한 협곡도 아니다. 헨델의 할렐루야가 장엄하게 울려 퍼지는 오케스트라 같은 곳이다. 오래전에 빙하가 깊은 계곡을 만들었고, 자연은 화강암을 조각하여 경이로운 작품들을 창조해 냈다. 그 빙하가 녹기 시작하자 호수, 폭포, 협곡들이 속속 들어섰다. 소프라노, 알토, 테너, 베이스, 오케스트라 대원들이 요세미티 대형 홀로 속속 등장하기 시작한 것이다.

요세미티 우측 바위 꼭대기를 '글래스 포인트'라고 한다. 요세미티 계곡을 한눈에 내려다볼 수 있는 높은 곳이다. 그곳이 마에스트로가 있는 지휘소이다.

엄청난 굉음을 내며 떨어지는 요세미티 폭포는 콘트라베이스이다. 바람이 불면 폭포물이 떨어지는 모습이 신부 면사포 같다 하여 붙여진 면사포 폭포는 바순 같고, 다른 폭포들은 튜바 같다.

맨 뒤 꼭대기에 우뚝 솟은 반쪽 바위는 '하프 돔'이라고 한다. 소프라노 바이올린 같다. 하프 돔이 해가 뜨고 질 때 붉게 타오르는 모습은 히말라야 칸첸중가를 연상케 한다. 하프 돔 맞은편에는 웅장한 대초원(투올룸네 메도우)이 펼쳐진다. 하프 돔과 초원이 계곡의 아름다운 호수(미러 레이크)에 비쳐 물구나무를 서도 여전히 황홀하다.

계곡 아래로 내려오면 고대부터 숭고한 생명을 이어오는 세쿼이아 숲과 끝이 보이지 않는 황야가 펼쳐진다. 상류의 빙하가 녹아내리는 계절이 되면 오케스트라는 절정에 다다른다.

관객들은 숨을 죽이고 요세미티 폭포에 빠져든다. 여기저기 크고 작은 폭포에서 나부끼는 물안개로 초원의 야생화들도 오케스트라 조연으로 잔잔한 화음을 맞춘다. 붉은 꽃봉오리, 시에라 양파, 루핀, 마리포사 백합, 펜스테몬, 개목재 등도 화음을 맞춘다.

사람이나 자연이나 각자 주어진 달란트가 있다. 그 달란트를 찾아 잘 드러내면 전문가가 되는 것이다. 많은 사람이 아직 그 달란트를 찾아내지 못하고 있을 뿐이다. 요세미티 오케스트라는 크고 작은 악기들이 모여 산을 아름답게 한다. 모두가 소중한 역할들을 충실히 발휘하기 때문에 아름다운 조화가 이루어지리라.

삶이든 음악이든 화음이 잘 이루어지려면 크고 좋은 것만 필요한 것이 아니다. 이 웅장한 산속에도 작은 역할을 하는 것들이 많이 있어 오케스트라의 화음이 이루어지는 것이다. 오케스트라의 화음을 아름답게 만드는 것은 지휘자의 몫이다.

지휘자는 크고 작은 악기들이 제각각 제소리를 잘 내고 있는지 속속들이 꿰뚫고 있어야 한다. 한 나라의 통수권자도 오케스트라의 지휘자이어야 한다. 온 국민이 평안과 안녕을 누리고 있는지 두루두루 살펴보아야 한다.

내가 다음에 이 오케스트라 공연장을 찾을 땐 드론을 타고 계곡 속속들이 다녀보고 싶다. 아름다운 화음을 이루는 악기들 하나하나에 다가가 귓속말로 칭찬도 하고 싶다. 그대들 모두 아름답다고.

아! 다시 가고 싶은 요세미티 오케스트라 공연장. 제 할 일을 묵묵히 소화하는 크고 작은 모든 악기에 기립박수를 보낸다.

그냥 혔어

익숙한 전화벨이 울린다. 어머니 전화다. 어머니는 청각 장애자이고, 한쪽 눈도 실명 상태다. 틀니도 덜커덕거려 새것으로 교체했다. 썩은 이 두 개를 뽑고 임플란트도 했다. 노인들은 뭐니 뭐니 해도 식사를 잘해야 한다. 걷기도 불편하여 이십 미터를 걷다가 쉬기 바쁘다. 휠체어를 구할까 고민 중이다. 힘들어도 걸어야 다리 힘을 유지할 수 있다고 하여 미루고 있다.

내가 어머니께 전화하면 지치기 일쑤이다. 전화벨을 아무리 오래 울려도 받지 않기 때문이다. 집에서 혼자 지내시니 텔레비전을 친구 삼아 종일 틀어 놓는다. 며느리나 손주들은 전화벨을 몇 번 울리다가 안 받는다고 그냥 끊고 만다. 어머니가 전화를 받지 않는다고 금방 포기하면 안 된다. 전화벨 소리 들으시고 수신 버튼 누르는 데까지 수십 초가 걸리기 때문이다. 그만큼 행동이 느리다.

어머니에게 전화할 때는 열 번 이상 벨을 울려야 하고, 그것도 세 차례 정도를 반복적으로 시도해야 한다. 그래서 나는 어머니와 약속했다. 내가 어머니께 전화하기보다 어머니가 아들에게 전화하라고. 어머니가 나에게 전화할 때마다 변함없는 첫마디가 있다. "그냥 혔어" 이게 전부다. 혼자 지내시니 절간처럼 적막해 수시로 전화하는 거다. 천만다행이다. "그냥, 혔어"는 아무 일이 없다는 속뜻이다.

아버지는 요양병원에 계신다. 벌써 칠 년이 넘었다. 어머니는 혼자서 생활한다. 낮시간 돌봄센터에서 지내도록 해드려도 집이 낫다고 한다. 한때 다니던 노인정에도 가기 싫다고 한다. 청각장애가 심하여 큰 소리로 말해야 알아듣는다. 한두 번은 큰 소리로 배려해주지만 뒤돌아서면 끝이다. 자연히 발길을 끊게 된 것이다.

수백만 원이나 하는 보청기를 사드렸으나 얼마 안 가 방치 상태다. 보청기는 아무리 비싼 것이어도 불편하기는 마찬가지다. 어찌 내 귀만 하랴! 착용 방법을 여전히 터득하지 못해 수차례나 고장을 냈다. 수리를 거듭하자 언젠가부터는 아예 포기했다.

어머니의 대화자는 오직 아버지다. 그러니 내가 두 번째 상대자가 될 수밖에 없지 않은가. 노인들은 어린애 같아서 쉽게 섭섭해하기 때문에 나는 전화를 공손히 받는다. 하루에 서너 차례씩 전화한다. 별일 없으면 자주 전화하지 말라고 해도 소용없다. 그냥 적적하면 나를 찾는다.

내 성향은 일을 만드는 편이라 매일, 일주일, 한 달 내내 분주하다. 그런데 어머니가 수시로 전화하시니 곤란한 경우가 잦다. 다행인 것은 어머니는 "그냥 혔어. 목소리 들었으니 어여 꺼"만 한다. 쓴웃음 머금고 알아들으시도록 시원하게 대답한다. 일을 마치고 내가 다시 전화해 본다. 느긋하게.

어머니와의 대화 내용은 옛날이야기가 최고다. 공유하는 소재이기 때문이다. 어머니가 자주 반복하시던 옛이야기를 끄집어내면 신나게 응수하신다. 지난여름 어머니 집 출입구 빈 공간에 미니 파라솔을 설치했다. 피서 나온 것처럼 꾸미기 위해서이다.

좋아하시는 홍어 무침을 사다가 둘이 젓가락으로 하이파이도 했다. 내가 태어난 고향 이야기, 갓난아기 때의 이러저러한 에피소드 등 주로 옛날에 살았던 고향 이야기를 곁들이다 보면 시간 가는 줄 모른다.

어머니는 아들만 둘 낳았다. 어머니는 형은 별로 찾지 않고 나를 자주 찾는다. 얼마 전까지만 해도 증손주 사진 보여드리곤 했으나 지금은 그러지 않는다. 증손주가 둘 다 딸이다. 어머니는 딸이 없다. 어머니의 심정이 미묘하다. 게다가 휴대폰 동영상이니 보이지도 않는다. 이래저래 우리 둘의 이야기 메뉴는 말라간다. 옛이야기를 새로 개발할 수도 없는데 말이다.

어머니 친정 이야기를 꺼내 봐도 신통치 않다. 이모 셋 모두 돌아가셨다. 외할머니가 아들이 없어 양자를 데려왔다. 외삼촌이 젊었을 때는 제법 자주 왕래하더니 요즘은 발길이 끊겼다. 그도 팔순이 넘었다. 내가 한번 찾아가겠다고 여쭈었더니 어머니가 반대하신다. 나와의 대화도 길지 못하다. 미우나 고우나 어머니 말동무는 남편뿐이다.

두 분이 대화하면 끝이 없다. 요즘 두 분이 날마다 한두 차례씩 대화를 나눈다.

그래도 두 번째 말동무가 되어주는 내가 고맙다고 한다. 아들이 어머니와 대화하는 건 당연한 도리인데도 말이다. 닷새마다 열리는 유성 장날에 맞춰 어머니를 뵈려고 애써 본다. 내려간다고 전화하면 "바쁜데 뭐 하러 오냐"고 한다. 그래서 요즘은 어머니 집으로 불쑥 들어간다. "어마, 작은아들이여!"

오지 않아도 된다고 하고도 실제로 앞에 나타나면 그렇게 좋아하신다. "그냥, 혔어"보다 마주 앉아 이야기 나누는 게 나을 수밖에 없겠지. 그러나 나는 이야깃거리 만들어 내느라 바빠진다. 며칠 전 고향 다녀왔으니 당분간 이야깃거리가 생겼다.

내가 어머니를 틈내서 찾아뵙는 건 지금 어머니의 모습이 머지않은 날의 내 모습이기 때문이다. 어쩌면 아버지처럼 아예 걷지 못하여 요양병원에서 지낼 수도 있겠지만.

아버지는 병원이 돌봐 주니 다행이다. 어머니를 돌볼 이는 작은 아들뿐이다. 내가 어머니를 찾아뵙는 건 선택이 아니라 필수이다.

다음에는 이렇게 불러보아야지. "어머니, 그냥 불쑥 왔슈."

별난 벚꽃놀이

"연병장이 시끄럽다. 눈알 돌리지 말라. 알겠나!" 훈련대장이 야간 비상 훈련 때마다 녹음기 틀 듯이 목에 힘주며 내뱉는 엄포이다. 넉 달 훈련 전반기에는 민간인의 흔적을 말끔히 씻어버리게 해주겠다고 혹독하게 훈련한다. 훈련 시작한 지 두 달이 지나면 진해에는 벚꽃이 만발하여 상춘객들로 북적인다.

이때 훈련대장은 훈련생들에게 선심 쓰듯 벚꽃놀이 가겠다고 예고한다. 우리는 결코 반가운 소식으로 듣지 않는다. 구보 훈련이 끝나자마자 비상조치가 내려질 것이 뻔하기 때문이다. 사회 때가 묻어왔다고.

내가 대학교 다니던 때는 부모들이 아들을 군대에 보내지 않으려고 애썼다. 하지만 나와 아버지는 그러한 흐름에 흔들리지 않았다. 나는 해군 장교 시험에 당당히 합격했다. 진해 통제부에서 넉달 훈련

받으면 장교에 보임된다. 나는 당시 '경북함'이라는 이름의 구축함의 갑판 사관에 임명되었다.

넉 달간의 훈련은 지독했다. 함상 생활을 위한 체력 단련 훈련인 처음 두 달 동안은 해병대 장교들과 함께 훈련받았다. 그 뒤의 훈련은 전투 훈련이다. 썩은 도랑에 빠뜨려 놓고 기어가는 훈련, 산과 산 사이에 외줄 타고 건너기, 먹을거리 하나 주지 않고 산속에 일 주일간 풀어 놓고 살아남아 돌아오기 등.

해군은 간첩선 차단이 일차 임무이고, 어선 보호가 다음 임무이다. 해경은 일차 임무가 어선 보호이고, 이차 임무가 간첩선 차단이다. 바다에서 가장 무서운 것이 '파도'다. 파도는 좌우로 흔들리는 롤링, 앞뒤로 흔들리는 피칭, 앞뒤 좌우로 동시에 흔들리는 요잉이 있다. 롤링과 피칭은 파도와 함께 타면 그런대로 적응할 수 있지만 요잉은 대책이 없다.

구축함은 한 번 출동 나가면 두 달 동안 바다에서 생활한다. 첫 출동 한 달 동안은 요잉에 속수무책이다. 뱃속의 모든 것이 쏟아져 나온다. 이러한 고통을 겪으면 그 뒤부터는 평온이 찾아온다. 요잉도 함께 타는 요령을 터득하게 된다.

이 파도에 대비하기 위해서 훈련 기간 처음 두 달은 구보를 많이 한다. 새벽에도 낮에도 저녁에도 시도 때도 없다. 잘못이 없어도 무슨 이유를 대서라도 비상 소집을 한다. 비상 소집은 이미 훈련 계획표에 적혀있다. 사실상 비상이 아니다. 장교 후보생들이라서 이유 없이 벌을 주면 안 되기 때문이다. 그러니 합법적인 이유를 만들어 내는 것도 쉬운 일이 아니었을 것 같다.

훈련 시작 두 달 동안은 사회의 잔재를 말끔히 씻는 데 주력한다. 군인으로 만드는 훈련 기간이 두 달이다. 두 달이 지나면 어느 정도 군인 정신이 박힌다. 이때가 바로 진해 벚꽃이 만개하는 시즌이다. 훈련을 잘 받아서 포상으로 특별 구보를 한다는 설명이다. 곧이듣는 훈련생은 하나도 없다. 오히려 그날 밤이 두렵기만 하다.

삼십 킬로그램 나가는 완전 무장으로 이십 킬로미터를 달린다. 꽃도 아가씨들도 만발했지만 내 눈에 들어올 꽃은 하나도 없다. 진해 시민들이야 박수하며 격려를 하지만 앞만 보고 뛰어야 하는 훈련생들은 눈길 하나 줄 수 없다. 일제시대에 심은 통제부 벚꽃들은 나이가 많아 패기가 없다. 나중에 심은 해군사관학교 벚꽃은 젊어서인지 싱싱하다.

동기 중에는 사귀던 애인이 때를 맞추어 거리에 나와 얼굴을 보기도 했다고 자랑한다. 일찍 장가간 동기는 아기를 봤다고 싱글벙글댄다. 하지만 대부분 무거운 무장으로 힘겨워 점점 총구가 바닥으로 내려온다. 훈련대장이 쫓아와 기압이 빠졌다고 혼쭐내곤 한다. 오늘 구보 후 한밤에 비상 걸 핑계를 잡은 것이다.

그날 밤, 당직 사관후보생이 지시에 따라 호루라기를 매섭게 분다. "총원 비상, 총원 비상. 팬티 바람에 장총, 군화 한 짝, 헬멧 쓰고 연병장에 집합" 낮에 시내 구보 때 곁눈질했다는 구실이다.

시내 구보 도중에 잠시나마 사회의 물을 다시 맛보았기 때문에 군인 정신이 해이해졌을 거라고 판단한 것이다. 이를 말끔하게 씻어내기 위한 절차로 한밤중에 비상으로 벌을 주는 것이다. 이것도 훈련 지침서에 나와 있는 것이라는 것을 안 지는 제대 말기쯤이다. 벌을 받을 때는 다소 억울하기도 했다. 하지만 나중에 알고 보니 우리가 잘못해서가 아니라 모두가 훈련표 대로 진행된 것이었다. 그냥 껄껄 헛웃음을 칠 수밖에.

나는 제대 후 결혼하여 한동안 아내와 마라톤을 즐겼다. 아내는 풀코스를 완주하는 실력이다. 나는 이십 킬로미터가 적절하고 가끔 삼십 킬로미터를 뛰어보기도 했으나 역시 역부족이었다. 아마 진해 훈련 중 구보한 거리가 나중까지 영향을 미쳤나 보다.

매년 사월 초가 되면 진해에서 군항제가 열린다. 올해에는 코로나 19 바이러스로 화려한 축하 행사는 취소되었지만 벚꽃은 시민들에게 개방되었다. 아마 해군 장교 후배 후보생들의 시내 벚꽃 구보도 진행되었을 것이다. 당시는 무척 힘들고 참기 어려운 과정이었다. 하지만 지나고 보니 과거는 모두 아름다운 추억으로 남는다.

군대 가는 것을 피하려 하고, 편함만 좇으려는 요즘 젊은이들에게 당당하게 외치고 싶다. 군대 생활은 인생살이에서 꼭 필요한 과정이라고. 세상을 살아가며 예기치 않은 일에 직면했을 때 극복할 수 있는 저력은 군 생활에서 길러진다고. "자기와의 싸움에서 이기고 싶으면 군대 가라!"

2부

산을 오르며

봄꽃의 지혜

그림과 문학에 빠지다 보니 덩달아 자연의 오묘함에도 빠져든다. 왜 소나무와 잣나무는 겨울에도 잠자러 들어가지 않는가? 나무들은 왜 잎새를 남김없이 떨어뜨리고, 가지는 죽은 듯 숨소리도 없는가?

봄이 오는지 어떻게 알고 새싹을 틔우는가? 봄비는 왜 오는가? 참새와 까치는 왜 남쪽으로 가지 않는가? 산속 동물들은 겨우내 무엇을 먹고 어떻게 사는가?

나는 과학책을 뒤지기보다는 순진한 봄꽃에 다가가 물어본다. 순진한 마음으로 매일 물어보니 꽃도 마음의 문을 연다. 봄꽃과 소통이 이루어진다. 북한에서 넘어 온 이탈주민들도 어지간해서는 마음의 문을 열지 않았다. 그들은 나의 참마음을 가슴으로 느낄 때 입술을 열었다. 새나 북한 이탈주민에게나 중요한 것은 마음의 진심이다.

키 작은 꽃식물에 다가가 본다. '숲속은 아직 추위가 여전한데도 왜 벌써 꽃을 피우려고 서두르는가?' 대답은 간단하다. 키가 작은 종족들이 살아남기 위한 '생존 전략'이란다. 대기업들 틈바구니에서 살아남으려는 중소기업들의 생존 전략을 꽃들이 말한다. 기업의 '차별화 전략'은 봄꽃에서 배운 것이 아닐까.

작은 꽃들은 키가 큰 식물들이 자라서 햇볕을 가리기 전에 먼저 생장해야 한다는 것을 안다. 큰 키 식물들이 열 시에 일어나면 자기네들은 해가 뜸과 동시에 일어나 충분한 햇빛을 확보한다고 한다. 주변에 경쟁자들이 자라기 전에 얼른 꽃을 피워 꽃가루받이 곤충들을 불러들인다. 그리고 추운 날에 꽃을 피우는 작은 식물들도 각각 추위를 이기는 그들 나름대로 지혜를 갖고 있다. 이른바 '틈새 전략'이다.

산수유, 생강나무, 벚꽃 나무, 개나리, 진달래 등 봄꽃에 바싹 더 다가가 속삭여 본다. 어떻게 '봄이 오는가를 아느냐'고. 물과 기온이라고 한다. 메마른 땅에 물기가 생기면 기온은 아직 차더라도 봄이 가까이 와 있다는 걸 안다. 사람들은 그것을 우수(雨水)라고 한다. 물기를 좋아하는 개구리가 봄비에 부스스 잠 깨면 기온이 오르고 있다는 걸 느끼듯이.

참새, 까마귀, 꿩, 까치 등 텃새들에게 물어본다. 추운 겨울에 강남 다녀오지 않고 어떻게 사느냐고. 강남 다녀올 만한 날개 힘이 없어서 그렇단다. 벌레들도 땅속 깊이 들어가고 없어 먹이를 찾아내기가 어렵단다.

그런데 봄비가 오면 벌레들이 기어 나오기 시작한다. 썩은 나무속이나 풀숲을 파헤쳐보면 제법 나온다고 한다. 까마귀는 고목 속에 든 벌레를 부리로 쪼아 잡는다.

지구온난화로 봄이 조금 빨라지고 있음을 그들이 사람보다 더 잘 안다. 절기는 사람이 만든 것이어서 많이 틀린단다. 자기들의 피부와 귀가 훨씬 정확하다고 자신한다.

봄이 되면 꽃들은 질서를 꼬박꼬박 지키며 차례차례 꽃을 피운다. 남쪽에서 북쪽으로 동에서 서로 등고선을 따라 곡선을 그으며 올라온다.

제일 먼저 산수유가 출발선 위에 선다. 그 뒤를 목련이 하늘을 향해 기지개를 피듯 올려다본다. 머지않아 새가 되어 날아갈 듯 피어오른다. 유치원생들이 선생님 꽁무니 따라 두 줄로 나란히 소풍 가듯 차례대로 개나리가 길가에 만개한다.

벚꽃이 한창 피는 사월이 되면 내가 해군 장교 시절 훈련받던 때가 떠오른다. 훈련 시작한 지 두 주 만에 구보 나선 벚꽃놀이였다. 소총으로 무장한 채 수십 킬로 벚꽃 길에서 구보하는 통에 아무리 예쁜 꽃처녀도 눈에 들어오질 않았다. 참 얄궂은 훈련이었다.

코로나 바이러스가 돌기 시작한 지 두 해가 넘었건만 봄꽃들은 변함없이 찾아왔다. 마스크도 없이, 손도 씻지 않고, 백신도 맞지 않은 채, 소리 없이 찾아왔다. 물과 햇빛만 있으면 그들은 무엇이든지 한다. 도무지 그 생명력과 지혜가 어디서 오는지 궁금하다.

황금산 음압 병동을 다녀오다

감기인 듯 독감인 듯 불현듯 나타나 우리 미래를 암울하게 만들고 있는 코로나19 바이러스. 이 바이러스는 눈 뜨면 누적 확진자, 하루 신규 확진자, 누적 사망자 수를 경쟁하듯 갈아치우고 있어 우리의 생명을 위협하고 있다.

우리는 이 바이러스로 매일 살얼음판을 걷는다. 코로나19 발생 초기에 나타나기 시작한 우울, 불안, 초조 증세를 '코로나 블루'라고 하더니, 증세가 수개월 지속되면서 '분노'로 폭발하기 시작하자 '코로나 레드'라고 불렀다.

개발되었다는 백신에 대한 믿음성도 떨어지면서 서서히 미래에 대한 불안감, 암담함에 빠져들고 있다. 이러한 현상을 '코로나 블랙'이라고 부른다. 눈만 뜨면 '몇 차 유행이니, 변이 바이러스 출현이니, 마이크론이 우세종을 차지했느니' 하는 뉴스를 접하면서 하루하루를 아슬아슬하게 보내고 있다.

코로나 관련 신조어들이 나타나게 한 주범은 바로 매스컴에서 무차별적으로 쏟아내고 있는 낯설고 무시무시한 용어들이다. 돌파 감염, 마이크론, 유증상자, 확진자, 음성/ 양성, N차 감염, 역학조사, 자가격리, 선별진료소, 음압 병동, 코호트 격리, 사회적 거리 두기 등….

이 중 '사회적 거리 두기'는 잘못 선택한 용어 같다. 사람은 원초적으로 '사회적 동물'인데, 비사회적으로 살라고 하니 스트레스가 쌓이기 시작한 것이다. 사회적 거리 두기보다 '예방적 간격 지키기'가 더 설득력이 있다.

코로나19는 지구에서 사라지지 않고 계속 사람과 싸움을 벌일 것이다. 코로나 발생의 근본 원인을 밝히지 못하는 한 더불어 살아갈 수밖에 없다. 그러므로 '코로나 블랙' 시대에는 코로나를 인정하고 순응하면서 스스로 대처하는 요령을 실천하는 게 중요하다. 그중 하나가 예방 수칙을 지키면서 스트레스를 해소하러 '산'에 가는 것이다.

나는 주말마다 등산 겸 여행을 떠난다. 지난주에는 서산시 대산읍 독곶리에 있는 황금산으로 갔다. 해발 156m로 높이가 낮아 누구나 쉽게 오르는 산이다. 코끼리 바위, 몽돌로 이루어진 해변, 주변 초락도리에 있는 벚꽃 등으로도 유명하다. 황금산 정상에는 산신령과 임경업 장군의 초상화를 모셔 제사를 지내던 사당〔黃金山祠〕도 있다. 이 사당에서 풍어제, 기우제를 지냈다고 한다.

몽돌은 아기 머리만 한 크기로, 파도에 오랫동안 씻겨 둥글둥글하게 생겼다. 어머니가 김장하고 마지막으로 김치 위에 올려놓았던 그

친숙한 돌이다. 잘박잘박하게 밀려와 몽돌을 어루만지는 파도 소리가 아기 숨결같이 감미롭다. 기다란 몽돌해변 한가운데로 비집고 나와 바닷물을 마시고 있던 코끼리는 아직도 물을 마시고 있다.

그런데 힐링을 위해 찾아간 황금산이 어인 일인가! 산등성이를 지나는데 여기저기에서 환자들의 신음 소리가 들리는 듯했다. 목에 주렁주렁 링거를 매달고 나에게 구조의 손길을 내밀고 있는 나무들이다.

힐링하러 온 황금산이 온통 음압 병동 같다. 나무들이 코로나19 바이러스 침입을 받은 듯 재선충병으로 죽어가고 있다. 하얀색 커다란 천으로 두른 사각형 꾸러미 속에는 죽은 소나무들이 토막토막 잘려 묶여 있다. 하얀 천으로 덮어씌운 코로나19 사망자와 어찌 그리도 비슷한지 섬뜩했다. 잘린 그루터기에는 죽은 나무의 기록지가 붙어 있었다. 기록지가 선명한 걸 보니 죽은 지 얼마 되지 않았나 보다.

다행히 죽지 않고 꾸부정하게 서 있는 수천 그루의 소나무와 잣나무들이 '코호트 격리' 중이다. 나무 허리춤에 걸려 있는 이름표에는 병상에 누운 환자처럼 나무 번호, 주사 이름과 맞은 날짜, 경고 문구가 적혀 있다.

여기저기 산속에 널브러져 있는 토막 난 나무는 그냥 자연사한 듯하다. 옛날엔 이것들이 모두 땔감으로 생을 마감했을 텐데, 땔감으로 화장(火葬)되지 않고 그 자리에서 본향인 흙으로 돌아간다. 그래서인지 행복해 보인다.

황금산은 한때 귀한 대접을 받았다. 집을 나설 때는 그런 황금산을 오르면서 바다, 해안, 기암, 소나무 그리고 들꽃들과 대화를 나눌 수 있겠구나 하는 기대를 안고 갔다.

그런데 생각지도 않게 병문안 다녀온 기분이다. 그것도 코호트 격리 중에 주사를 맞고 있는 소나무와 잣나무를 두루두루 격려한 병문안이었다. 다행히 음압 병동 주변에 있는 진달래, 철쭉, 아기 풀꽃들이 화사한 꽃다발이 되어 위로하고 있었다.

코로나 블랙 시대에 내가 나를 스스로 치유하러 황금산을 찾았다가 생각지도 않게 소나무들을 위해 기도하고, 파도에 치유의 찬양도 부탁하고 돌아왔다.

"신이여, 나의 산수화 동반자 소나무를 살려주시옵소서. 허리는 굽어도 눈서리에 파묻혀도 흔들림 없던 숭고한 기백의 옛 모습으로 돌아오게 하여 주시옵소서."

살랑살랑 들려오는 파도 소리가 이들 환자에게 찬송가로 들리기를 소원하며 발길을 돌렸다. 거친 돌멩이를 보드라운 몽돌로 바꿔놓은 파도의 힘이여! 저 병들어 하얗게 신음하고 있는 소나무 잎을 초록으로 바꿔 주세요. 파도님이여, 파도님이여, 나의 파도님이여!

비슬산 참꽃 바다를 바라보며

와! 장관이네, 높디높은 산꼭대기에 어떻게 저리 많은 꽃이 몽실몽실 저녁놀 뭉게구름 파노라마처럼 펼쳐질 수 있나.

눈앞에 펼친 비슬산 분홍빛 진달래꽃바다는 나를 한동안 정지화면으로 만들어버렸다. 먹을 수 있는 진달래꽃을 여기서는 먹을 수 없는 개꽃(철쭉)과 구별하여 참꽃이라고 부른다. 참꽃들은 화사한 봄의 색으로 단장하여 뭇사람들을 불러 모으고 있다.

내가 어렸을 때 자주 오르내리던 앞산에도 진달래꽃이 많았다. 그때 어른들은 진한 색의 진달래꽃은 문둥이가 침 뱉은 것이니 따지 말라고 일러주었다. 독성이 있어 먹지 못하는 개꽃이었다.

봄이 되면 동네 아이들은 진달래꽃을 따러 산으로 갔다. 허리춤에 두른 보자기에 시간 가는 줄 모르고 잔뜩 담아 엄마 갖다 드리면 화전을 해주었다. 나를 좋아했던 명희는 참꽃이든 개꽃이든 마다하지 않고 진달래 비슷한 꽃이면 다 좋아했다.

드넓은 비슬산 정상에는 참꽃이 봄바람에 흩날리는 아낙네 분홍치마처럼 부끄러운 듯 피어있다. 참꽃들이 펼쳐져 있는 산자락은 너울처럼 넘실대는 바다이다.

저 멀리 보이는 하늘은 푸르디푸르다. 하늘 아래에 펼쳐진 산등성이들은 출렁이는 파도가 되어 이랑과 고랑을 이루고 있다. 파도는 손에 손을 잡고 분홍 참꽃 마당 쪽으로 다가온다.

유가사 절에서 두세 시간 올라오느라 힘들었던 고생은 어느새 싹 달아나버렸다. 종아리, 발바닥 아픈 곳이 다 어디 갔나. 참꽃 파노라마 장관에 얼이 나간 듯 비슬산 팔각정 전망대와 조화봉을 분주하게 오간다. 파란 하늘, 연초록 이랑과 고랑, 분홍 꽃밭을 오래 간직하려고 사진기에 담느라 바쁘다.

나는 이미 화가가 되어 눈으로 그림을 그리고 있다. 조화봉에서 월광봉 아래에 펼쳐진 진달래꽃 무리와 월광봉에서 대견봉에 이르기까지 산등성이를 따라 이어지는 분홍색 진달래꽃바다를 화사하게 그리기 시작한다.

명절이 되면 아낙네들은 저마다 뽐내며 차려입고 뒷동산에 모여든다. 남정네들 모르게 널뛰고 그네를 탄다. 나는 그 분홍색 치마저고리를 예쁘게 그려본다. 분홍색 아낙이 옷고름 휘날리며 나무 높이 솟아오르면 숨어서 보던 남정네들의 감탄사가 들리는 듯하다.

비슬산 꼭대기를 대견봉(大見峰)이라고 불렀으나 지금은 천왕봉(天王峯)이라고 부른다. 비슬산(琵瑟山) 정상에 우뚝 솟은 두 바위 모양이 '신선이 거문고를 타는 모양 닮았다' 하여 비슬산이라고 지었다고 한다. 자세히 보면 왼쪽에 서 있는 바위가 마치 하얀 수염을 내려뜨린 신선 모양을 하고 있고, 오른쪽에 누워있는 바위가 가야금처럼 보인다. '보인 만큼 보고, 본 만큼 보인다'는 내 시구(詩句)가 떠오른다.

참꽃 무리는 하나의 군락을 이루며 수많은 사람을 숨 가쁘게 불러모으고 있다. 아름다운 내 자태를 보려면 고생 좀 하라고 말하는 것 같다. 봄여름이면 참꽃으로, 가을이면 단풍과 억새로, 그리고 겨울이면 하얀 솜사탕으로 사람을 홀린다.

비슬산은 커다란 한 개의 바윗덩어리로 되어 있다. 시간이 흐르면서 조각조각 부서져 작은 돌멩이로 흘러내려 마치 물줄기처럼 보인다. 바위산이라서 기이하게 생긴 바위도 많다. 스님바위, 코끼리바위, 형제바위, 부처바위, 뽀뽀바위 등.

시험이 있어야 공부를 열심히 하게 되고, 목표가 있어야 노력을 하게 된다. 목표가 높으면 노력은 깊어진다. 빌딩이 높을수록 지하실을 깊게 파야 하리라. 비슬산 정상의 붉게 물들인 참꽃 무리가 햇빛에 반사되어 너울처럼 출렁이는 봄을 만끽하려면 반드시 힘든 여정이 필요하다.

봄만 되면 하얀 수염의 신선이 멋들어진 수많은 참꽃 관객을 내려다보며 바위 무대에서 가야금을 타는 공연을 보려고 사람들은 힘 드는 줄 모른다. 멋진 참꽃공연장에 비싼 요금을 물고 온다.

내년에는 내가 신선 자리에서 참꽃 무리를 청중으로 하여 시 한 수 읊어볼까? 공연장 특등석을 차지하려면 새벽같이 올라와야 하리라.

유성 온천물 맞아보셨나요?

"여보게, 우리 오늘 유성으로 물 맞으러 감세."

유성에 가서 물 맞으면 어지간한 병은 다 고친다는 소문이 온 나라에 퍼져갔다. 백성들은 그 물을 맞아보려 먼 길을 마다하지 않았다. 이들은 오로지 행복과 건강을 소망할 따름이었고, 솟아오르는 온천수의 정기를 받고 싶은 생각뿐이었다. 아예 세숫대야를 허리에 끼고 찾아온 사람들도 있었다. 인도 바라나시를 찾는 신도들을 방불케 했다.

"전하, 신(臣) 피부병이 깊어 온천욕으로 치료하고자 하오니 사직을 허락하여 주시옵소서." 왕이 임명한 신하가 관직에서 스스로 물러나는 것이 거의 불가능했던 시절에, 피부병과 온천욕을 이야기하면 왕도 허락하였다. 왕도 온천욕으로 피부병을 치료한 효험을 봤기 때문일 것이다.

온천수는 자연이 빚어 인류에게 준 선물이라고 해서 오래전부터 신통한 물로 여겨왔다. 서양에서는 르네상스 이후 온천욕이 유럽 전역으로 확산했고, 우리나라는 삼국시대부터 귀한 대접을 받았다.

온천은 신분과 관계없이 애용되었다. 조선 시대 왕들은 온천을 새로 개발한 자에게 세 계급 특진을 내렸다. 삼국시대 개발된 것으로 추측되는 유성온천도 왕들의 사랑을 받아온 온천이다. 『동국여지승람』에 따르면 태조는 조선의 도읍지를 물색하러 계룡산으로 가다가 유성온천에서 쉬었다고 한다. 태종도 전라북도 임실로 행차하던 중에 유성온천에서 온천욕을 했다고 한다.

'온천물로 병을 치료할 수 있다'는 믿음이 백성들 사이에서도 퍼지기 시작했다. 백성들은 온천과 함께 요즘 사우나와 흡사한 한증(汗蒸)도 치료 목적으로 이용했다.

유성온천 공원에 가면 통일신라 시대 포석정 모양의 야외 족욕탕이 있다. 온천욕을 공짜로 즐기는 곳이다. 따뜻한 온천물에 발이 아닌 술잔을 띄우고 있으면 시 한 수 읊어질 것만 같다.

온천욕은 이미 삼국시대부터 왕들의 취미이자 휴식이었다. 맨 처음 온천욕을 한 임금은 712년 사월 신라 삼십삼 대 성덕왕이다. 고려 시대에도 온천욕으로 병이 나았다는 소문이 퍼지면서 신하들이 왕을 위해 '물 좋은 온천'을 찾아 나섰다. 조선을 세운 태조 이성계는 나라를 안정시킨 자신감으로 보름 넘게 궁을 떠나 온천욕을 즐기기도 했다.

대전에 사는 나도 옛 왕들처럼 온천욕 마니아가 되었다. 뭇사람들로부터 피부가 나이답지 않게 보동보동하다는 말을 듣는 것도 유성 온천 덕분이 아닌가 싶다. 사십여 년 전에 다시 대전으로 오면서부터 지금까지 온천욕을 즐기고 있으니 반세기가 다 되어간다. 나는 한 시간 정도 짬이 나면 온천장으로 달려간다. 피로회복에는 이만한 약이 없다. 유성온천의 약효가 많이 떨어지고 양도 줄었다고 하지만, 내게는 영원한 보약이다.

삼국시대 백제의 한 젊은이가 신라와의 전쟁에서 포로가 되었다가 간신히 빠져나와 고향인 유성으로 돌아왔다. 전쟁터에서 다친 젊은이는 온갖 명약을 다 써 봐도 낫지 않았다. 어머니는 자식을 구해야겠다는 절박한 마음에 이른 아침 무작정 집을 나섰다.

집 앞 논길을 지나가는데 한쪽 날개를 땅에 비벼대며 고통스럽게 울고 있는 학 한 마리가 눈에 띄었다. 그런데 가까이서 뜨거운 물이 솟아 나왔다. 한동안 한쪽 날개를 자꾸 적시더니 학은 하늘로 훨훨 날아갔다.

어머니는 눈이 번쩍했다. '저거다!' 당장 그 물을 가득 담아가 아들을 목욕시켰다. 누워만 있던 아들의 상처에 딱지가 생기더니 드디어 그 딱지가 저절로 떨어져 나갔다. 아들은 언제 그랬느냐는 듯이 훌가분하게 일어났다. 그 물이 바로 유성의 온천물이다. 아들의 병이 나은 건 어머니의 지극한 정성이 담긴 명약, 온천물 덕분이었다.

1960~1970년대 대전 사람들이 유성에 가려면 하나밖에 없는 다리, 만년교를 건너야 했다. 나는 고등학교 시절 종종 동네 친구들과 함께 자전거를 타고 만년교를 건너 유성 온천장으로 물 맞으러 갔다.

당시 유성에는 온천탕이 이것밖에 없었다.

유성에는 또 오월이 되면 이팝나무꽃이 만발한다. 이 꽃은 보릿고개 시절 쌀밥 같다고 하여 붙여진 이름이다. 당신 밥그릇 속에는 간장 종지 숨겨 수북하게 보이게 하고, 아들 밥상에는 쌀밥으로만 가득 채워주시던 어머니의 그 하얀 밥, 이팝꽃이 오월 유성에 가득 찬다.

지금도 유성 온천공원에 가면 온천물로 나았던 학이 은혜를 잊지 못하는 듯 조형물로 돌아와 온천공원을 지키고 있다. 동네 어머니들이 온천공원 족욕탕에 둘러앉아 발 담그고 있는 모습이 아들 병을 낫게 한 그 어머니의 지극 정성을 떠올리게 한다.

아들 밥그릇을 푸짐하게 하고 "어여 많이 먹으라"며 건강을 소원하시던 우리들의 어머니가 온천공원 이팝나무에 쌀밥그릇처럼 몽실몽실 모여있다. 유성에는 또 백 년 넘은 오일장이 닷새마다 열린다.

"여보게, 우리도 이번 유성 오일장 날 물 한번 맞으러 가세."

쇠뜨기

소가 좋아하는 풀이라서 붙여진 이름이 쇠뜨기이다. 마치 정승댁에서 일하던 머슴 이름같이 대충 붙여진 듯한 이름 같기도 하다. 쇠뜨기는 햇빛이 잘 드는 곳이면 산이나 들이나 장소를 가리지 않고 무성하게 잘 자란다. 흑갈색의 땅속줄기가 옆으로 죽죽 뻗어나간다. 보기에 영락없는 독사 모양이어서 뱀풀(밥)이라고 부르기도 한다. 징그럽게 보이지만 약 효능은 좋다.

오랜만에 찾은 고향 한산에 쇠뜨기가 지천으로 널렸다. 산자락, 들판, 개울가, 논두렁, 밭둑 양지바른 곳이면 어김없이 쇠뜨기가 뱀 대가리처럼 내밀고 쳐다보고 있다. 뱀 대가리같이 생긴 포자낭 아래의 줄기가 붓 모양을 하고 있어서 붓꽃, 필두엽(筆頭葉)이라고도 부른다. 산수화를 그리는 나로서는 붓꽃이 더 정감이 가는 이름이다.

쇠뜨기는 칼슘, 당뇨, 지혈제 등으로 효능이 있다지만 농민들에게는 천덕꾸러기이다. 땅속줄기가 옆으로 길게 자라면서 주변의 영양분을 걸귀(乞鬼)처럼 마구 흡수해버려 농작물들의 자양분을 빼앗아가기 때문이다. 쇠뜨기는 능수쇠뜨기, 개쇠뜨기, 물쇠뜨기 등 종류도 많다. 농부들은 봄이 오면 논밭의 이 무성한 쇠뜨기를 솎아내느라 진땀을 흘린다.

사람 사회에도 쇠뜨기가 있다. 더불어 사는 논밭에서 자기 땅만 넓히려고 발을 뻗는 군상들이다. 이름하여 '인간 쇠뜨기'다. 이들 인간 쇠뜨기들도 땅 쇠뜨기 못지않게 가지가지다. 범법, 탈법, 위법을 저지르거나 요리조리 꼼수를 부려 법망을 피해 이웃을 해치는 일을 잘도 한다.

비 오는 날 개울물을 흙탕물 쳐 위장술 부리며 돌아다니는 미꾸라지 같은 이들을 선량한 사람들이 당해낼 수가 없다. 대표적인 인간 쇠뜨기에 공무원 쇠뜨기와 종교인 쇠뜨기가 있다.

얼마 전 텔레비전을 뜨겁게 달구었던 '공무원 쇠뜨기'는 분노지수를 부채질했다. 공무원은 나랏일이나 지방의 공공단체에서 국민이 낸 세금으로 봉급을 받으며 국민을 위해 일하는 사람이다. 그들이 선량한 농작물을 죽이고 기세등등한 쇠뜨기가 된 것을 보고, 한때 교육공무원이었던 나도 미안한 마음이 들었다.

의사는 의과대학을 졸업할 때 제네바 선언에 따른 히포크라테스 선서(The Oath of Hippocrates)를, 간호사는 나이팅게일 선서한다. 판사도 검사도 선서한다. 공무원도 취임할 때나 발령받을 때 공무원 선서한다. 나도 국립대학교 교수 발령받을 때 총장 앞에서 두 손 들고 선서했다.

그런데 공익을 위해 일한다는 이들이 과연 누구에게 선서하느냐가 중요하다. 법조인이나 공무원은 임명권자 앞에서 선서한다. 문제는 그들 중에도 쇠뜨기가 많다는 것이다. 이에 비하여 의사와 간호사는 자기 자신에게 선서한다. "나는 나의 명예를 걸고 … 하겠다." 그래서 그들은 요즘 코로나19 사태 시대에 감염 위험을 무릅쓰고 현장에서 자신의 명예를 걸고 뛰고 있다.

쇠뜨기는 논밭에서 무성하게 자라도 농부에게 들키기만 하면 머리끄덩이 잡혀 나와 말라 죽는다. 하지만 인간 쇠뜨기는 미국 CIA를 방불케 하는 비밀작전으로 능수능란하게 작업을 벌이기에 잘 발각되지도 않는다. 이 쇠뜨기들의 무한 증식을 막을 수 있는 것은 '내부고발'이라는 천적일 것이다.

대표적인 최근의 사례가 LH 직원들의 부동산 투기 사건이었다. 이 쇠뜨기들의 교묘함이 내 집 마련을 위해 몇십 년간 적금을 들고 있는 서민이나 젊은 신혼부부들의 내 집 마련 꿈을 산산이 부숴버렸다. 이들 머리끄덩이를 잡아끌고 나온 그 누군가가 참으로 고맙다.

종교인들도 마찬가지다. 하나님을 빙자하여 거짓 선지자 행세를 하는 종교인이 부지기수다. 선지자는 '예언을 하는 자, 말을 하는 자'라는 뜻을 갖는다. 성경에서의 선지자는 '부르심을 받은 사람'이다. 하나님의 말씀을 예언으로 말해주는 사람 혹은 하나님의 뜻을 전달하는 사람이다. 그런데 스스로 그런 사람이라고 자처하며 혹세무민하는 쇠뜨기 종교인들을 어느 유능한 농부가 싹 뽑아 정리해주면 좋겠다.

사이비 종교인들은 교회라는 간판을 버젓이 내걸고 마음이 갈급한 사람들을 유혹하여 재산을 빼앗아가고 있다. 정통교단에 등록한 교회는 교회 입구에 〈대한예수교 장로교(침례교, 성결교, 감리교) ○○교회〉라는 소속과 교회 이름에 로고를 반드시 밝히게 되어 있다. 그러나 사이비 종교인은 〈예수 천당〉이니 〈복음이 내리는 교회〉같이 유사 명칭을 거리낌 없이 내걸어 착한 농작물을 괴롭히고 있다.

그렇지만 세상에 쇠뜨기만 있는 것은 아니다. 쇠뜨기가 아무리 많아도 논밭의 작물이 잘 자라는 것은 성실한 농부가 있기 때문이다. 농부가 봄이 되어 쇠뜨기들을 제초제로 모조리 없애도 다음 봄이면 또 자란다. 그러면 또 뽑아낸다.

해마다 쇠뜨기와 필사적인 싸움을 벌이는 농부가 있어 논밭의 평화와 결실이 있는 것이다. 이 세상이 바르게 돌아가는 것도 농부 같은 시민들이 인간 쇠뜨기를 과감히 뽑아내기 때문이라고 믿고 싶다.

수선화

방글라데시 수도 다카에 대포딜대학교(Dafodil International University)가 있다. 학교 레벨은 사립대학교 오륙 위 순위에 든다. 내가 전문인 선교사로 파송되어 한국학 석좌교수로 근무하고 있는 대학이다. 코로나 사태로 말미암아 현지에서 근무하지 못하고 서울사무소에서 소장의 직분을 수행하고 있다. 이 대학의 학교 이름에 Daffodil(수선화)가 들어 있다.

수선화의 속명은 나르키수스(Narcissus)이다. 이는 그리스 신화에 나오는 나르시스(나르키소스)라는 청년의 이름에서 유래한다. 나르시스는 연못 속에 비친 자기 얼굴이 너무도 아름다워 넋을 잃고 물속에 빠져들었다. 그가 죽은 곳에서 꽃이 피었다고 한다. 이 꽃이 바로 수선화이다. 나르시스라는 아름다운 소년의 전설에서 수선화는 '자기주의(自己主義)' 또는 '자기애(自己愛)'라는 애칭을 얻었다.

수선화의 종류는 다양하다. 본래의 수선화는 부화관이 노랗고 꽃잎이 흰색이다. 하지만 요즘은 꽃 전체가 노랗거나 하얗거나 빨갛게 다양해졌다. 수선화는 겨울에 피는 꽃이다. 눈 속에서 피는 꽃이라 해서 설중화(雪中花)라고 한다. 하늘에서 피는 신선과 같다 하여 천선(天仙), 땅에서 피는 신선이라 하여 지선(地仙), 그리고 물 위에 떠 있는 신선이라 하여 수선(水仙)이라고 부른다. 이 꽃의 아름다움이 온 세상을 고고하게 뒤덮고 있어 불러주는 이름도 다양하다.

수선화를 나라꽃으로 삼는 나라는 영국(웨일즈)과 파키스탄이다. 방글라데시는 영국의 지배에 이어 인도를 거쳐 파키스탄의 지배를 받다가 독립했다. 방글라데시와 파키스탄 간의 관계는 한국과 일본 간의 관계와 비슷하다. 영국을 대표하는 잉글랜드의 꽃은 장미이다.

방글라데시는 영국, 인도, 파키스탄의 지배를 받은 역사에 대해 배타적이지 않다. 수선화는 파키스탄의 국화이기도 하지만 웨일즈의 꽃이기도 하다. 대포딜대학교 이사장이 수선화를 좋아하여 학교 이름에 넣었단다. 아마도 그는 역사적 인식보다는 꽃 자체가 청순해 보여서 좋아한 듯하다.

수선화는 내가 소년 시절을 보냈던 한산면 호암리를 상징하는 꽃이다. 마을 전체에 수선화가 피어 고즈넉하고 아름답다. 수선화를 가져와 키우기 시작한 그분이 영국 웨일즈에서 한 송이 가져왔을까? 수선화를 좋아한 것으로 보아 마음이 청순한 분으로 여겨진다.

그분을 생각해 보니 마을 이미지가 더 좋아 보인다. 마을 입구에서부터 건지산 밑까지 온통 수선화로 가득하다. 내가 살던 집터는 생태

습지로 가꾸어져 있지만 집집마다 마당을 독차지한 수선화가 활짝 웃는다. 나도 자연스럽게 수선화 마니아가 되어간다. 내가 소속한 대포딜대학교나 소년 시절을 보낸 고향이 수선화를 사랑하고 있으니, 수선화의 인연이 예사롭지 않은 것 같다.

나의 산수화, 시, 수필, 캘리그래퍼도 모두 수선화와 관련이 있다. 나는 어느덧 마음속 한구석의 조그만 텃밭을 수선화로 가득 채우고 있다. 나는 수선화 꽃말보다 꽃의 모습 자체가 마음에 쏙 든다. 하늘로 곧게 뻗은 초록색 줄기, 샛노란 꽃 이파리, 거기에 진한 노란색이거나 주황색 부화관의 자태를 보이는 본래의 수선화가 애틋하고 사랑스럽다.

코로나19 사태가 해결되면 수선화의 본고장 영국 웨일즈에 가보려 한다. 거기 가면 나의 살던 고향보다 더 많은 수선화가 활짝 웃고 있으리라. 하늘을 우러러보며 건강하게 솟아 있을 늘씬한 줄기, 노란색으로 칠해진 어린이집 주인공 아이들처럼 귀여운 노랑꽃들을 그려본다.

'아이 러브 수선화'

산을 오르며

"여보게, 청년들. 시방 저 산 올라가는 길이여?"

"예."

"거기서 살 겨?"

"왜요?"

"내려 올 거면 뭐 하러 힘들게 올라가려는가 해서."

"아, 예. 저기 봉우리 기암 바위가 올라오라고 해서요."

"나보고는 그런 말 하지 않던디."

"아마, 머지않아 부를 겁니다."

등산화 끈을 단단히 조여 매고 산을 막 오르려는 우리 일행을 보고 밭에 나가던 농부가 측은한 듯, 지게 작대기로 산을 가리키며 던진 말이다. 오래전의 이야기이다. 그때만 해도 국수 먹고 뛰지 말라는 어른들의 성화가 예사였던 때이다.

내가 산을 오르는 것은 '거기 산이 있으니까 오른다'라고 하는 고상한 말 때문이 아니다. 산에 가면 뭔가 매력이 있기에 힘들어도 오른다. 희망이 고생길을 즐겁게 받아들이게 한다. 그 매력, 희망은 무엇일까?

나는 전문 등산가는 아니다. 그저 좋아서 오르는 거다. 지금까지 오른 산 중에서 나름 뿌듯하게 여기는 곳은 외국의 경우 히말라야 안나푸르나(베이스캠프), 일본 후지산(중턱), 우리나라 산으로는 백두산, 한라산, 금강산, 속리산, 계룡산, 대둔산 등 숱하디숱하다.

산 입구에서 두 지팡이를 맞대고 하이파이브하고 잠시 기도한 후 한 발 두 발 디디면 어느새 정상에 도착한다. 정상에 오르는 도중 산등성이 그루터기에 걸터앉아 올라온 길을 내려다보면 스스로가 대견하게 여겨진다. 짜릿함이 순간순간 스쳐 지나간다. 정말 천 리 길도 한 걸음 한 걸음이 쌓인 것임이 눈으로 확인되기 때문이다. 발아래 개미들도 나처럼 한 발 한 발 올라왔겠지.

우리나라 산은 바위가 많아 돌도 많다. 기암절벽들이 산세를 멋들어지게 꾸며주고 있다. 대둔산에도 기암절벽들이 많다. 만물상을 자랑하는 금강산에 버금간다 해서 소금강산이라는 별명을 얻었다.

육지 옆 섬의 산은 그다지 높지 않아 오르기 쉽다. 오랜 침식 작용으로 묘하게 생긴 리아스식 절벽해안이 재미를 더해 준다. 자주 보게 되는 건 코끼리 모양으로 배 아래가 뻥 뚫린 바위이다. 이를 어디서나 코끼리바위라고 이름 짓는다.

우리나라 산봉우리는 천황봉, 천왕봉, 금수봉, 옥수봉, 옥녀봉 등의 이름이 허다하다. 옛날 우리 동네 아이들 이름 같다. 철수, 영수, 숙자, 명희… 종로에서 '김씨, 이씨' 하고 부르면 반 정도가 뒤돌아본다고 한다. 우리나라 산 지도를 보면 종로 바닥 행인들처럼 보인다. 천황봉, 옥녀봉 부르면 절반은 손들고 벌떡 일어날 듯하다.

정상에 오르면 천지가 트여 바람이 세차다. 그 바람의 시원함, 상쾌함은 느껴본 자만 안다. 그 맛 때문에 어려움을 이기고 거뜬히 올라온 것이다. 북한산 대남문에 이르면 바람이 문 안쪽으로 몰려 들어와 대형 에어컨을 설치해 놓은 것 같다. 등산 맛의 정수이다.

산 정상에 오르는 숲속에서 만나는 나무, 풀, 야생화, 새, 계곡 등이 등산길이 힘들다는 걸 아는 듯, 이마 땀방울을 닦아준다. 요즘은 친절하게 나무줄기나 야생화에 이름표도 달고 있어 공부하며 오를 수 있다. 게다가 희귀한 계곡, 나무, 바위 등에 얽힌 표지판을 읽노라면 사연이 그럴듯하여 씽끗 웃는다. 친절한 친구들이다.

높은 산일수록 식물, 나무, 새, 곤충 등이 많아 흥미를 더해 준다. 어린이들을 데리고 온 부모들은 산 입구에서 곤충 채집이나 식물 채집하느라 덩달아 시간 가는 줄 모른다.

나도 어릴 적에 방학 숙제를 하러 가까운 산에 가서 나비, 잠자리 등 곤충을 손으로 잡았다. 이름모를 식물 이파리를 따서 책갈피에 넣기도 했다. 순진하고 천진했던 소년 소녀 시절이 눈에 선하다.

나는 여러 가지 이유로 산을 오른다. 문학과 그림에 흥미를 갖고부터는 주말마다 산을 오르고 있다. 소재를 찾기 위해서이다. 요즘은 높은 산보다도 섬으로 자주 간다. 섬에 가면 바다도, 해변도, 나무도,

꽃도, 새도, 산도 한꺼번에 만날 수 있기 때문이다. 그야말로 종합 선물 세트 섬 여행이다.

"내려올 산을 뭐 하러 올라가려고 하느냐" 하던 농부도 이 맛을 느껴보면 헤어나지 못할 것이다. 이 맛을 몇 번 길들이면 농사일 제쳐두고 지게 지고 산을 오를지도 모른다. 산이 자꾸 손짓, 눈짓하기 때문이다. 등산용 지팡이 대신에 지게 작대기 들고 오를지도 모른다. 정상에서 막걸리 한 잔을 마셔보면 밭에서 일하다가 마시던 막걸리와 격이 다르다는 것을 알 것이다.

"캬, 이 맛이야. 산을 오르는 게 바로 이 맛이야. 기암 바위가 부른다는 말이 바로 이거구나."

죽부인

죽부인은 죽씨 성을 가진 남자의 아내를 말하는 것이 아니다. 고려 말기 문인 이곡(李穀)이 지은 가전체 작품의 제목이 '죽부인'이다. 대나무는 곧은 지조와 절개를 상징한다. 대나무를 의인화한 주인공인 죽부인이 남편 송공(宋公)을 잃은 뒤 절개를 지키며 어려운 생애를 마쳤다는 내용이다. 이것을 계기로 하여 죽부인이라는 말이 참뜻은 조금 바뀌었으나 널리 쓰이기 시작했다.

오늘날의 죽부인은 사람이 아니라 대오리로 길고 둥글게 얼기설기 엮어 만든 여름용 도구이다. 대오리도 동물 오리가 아니라 대나무 겉질을 가늘게 쪼갠 조각(개비)이다.

예나 지금이나 한여름은 열대야로 잠을 설치기 마련이다. 그래서 옛사람들은 어떻게 하면 한여름에 밤잠을 편히 잘 수 있을까를 궁리했다. 잠자리가 시원한 기운이 돌아 편히 잘 수 있도록 이 죽부인을 만들어 끼고 잤다. 현명한 아이디어였다.

죽부인은 얼핏 보면 매미의 허물처럼 보인다. 매미의 허물을 선각, 선태, 선퇴라고 한다. 이것은 성질이 차서 한의학에서는 열을 내리는 데 사용하고 있다. 대나무도 성질이 차다. 죽부인은 대나무 껍질로 만들었기 때문에 시원한 느낌이 든다. 게다가 비어있는 죽부인 속에서 대류현상이 일어나 더욱 시원한 느낌을 준다.

원래 죽부인은 주로 남편이 끌어안고 자는 아내였다. 그런데 오늘날은 아내도 남편으로 알고 끌어안고 잔다. 아내가 없는 남자는 아내로 알고 껴안고, 아내가 있어도 아내로 여기고 끌어안고 잔다. 그런데, 아낙네가 끌어안고 자면 '죽노'라고 불렀다.

죽부인이든 죽노든 남편은 아내를, 아내는 남편을 끌어안고 잔다는 게 얼마나 행복한 일인가. 신혼부부는 서로 매일 죽부인이겠지만 아기가 생기면 아기가 죽부인의 자리를 차지하게 된다. 하기야 아기는 죽부인과 흡사하게 생긴 엄마 자궁에서 나왔으니 부부는 여전히 죽부인, 죽노를 껴안고 자는 셈이다.

죽부인은 선풍기처럼 동력을 이용하지 않아도 대나무 한 그루로 서늘한 바람맞이를 할 수 있는 기발한 아이디어 상품이다. 대나무 한 그루면 죽부인 하나를 만든다고 한다. 선풍기 하나를 만드는 셈이다.

옛날에는 모시나 (삼)베로 옷을 만들어 입었다. 남성들은 모시 저고리 속에 적삼을 입었다. 땀이 적삼에 스며들지 않도록 등나무 넝쿨로 짠 '등(藤)등거리'를 입었다. 이것도 죽부인과 같이 대류현상을 이용한다.

나도 젊었을 때 국제학술대회에 참가할 때면 일본인, 중국인들과 구별을 짓기 위해 모시로 짠 저고리와 바지를 입고 발표장에 들어갔다. 정말 시원한 옷이었다.

요즘 기후변화가 심하여 지구가 몸살을 앓고 있다. 한쪽에서는 가뭄이, 다른 한쪽에서는 홍수가 나고 있다. 그 활발하던 여름 매미들이 시나브로 사라지고 있다. 지구가 점점 더워져 빙하도 줄어들고 있다.

열대야가 잦아진 한여름엔 잠 못 이루는 날이 늘어나고 있다. 올여름 내내 무더위로 등짝에 흘러내리는 땀으로 달라붙은 속옷을 떼어내느라 고생깨나 했다. 밤새 선풍기 틀어 놓고 잘 수도 없고 엎치락뒤치락 땀을 흘리며 밤을 새웠다.

혹 내년에 죽부인, 죽노, 등등거리가 유행하지 않을까? 유행은 돌고 돈다는데, 우리 할아버지 시대에 유행했던 이들이 다시 돌아올 것 같다.

매미도 가고 열대야도 갔다. 밤낮을 가리지 않고 우리를 괴롭혔던 여름이여 안녕. 죽부인도 내년 여름까지 잠시 잊히겠지. 하지만 내년 여름 더위는 올해보다 더 심해질 거라고 한다.

내년 죽부인 하나 장만하기 위해 오늘 대나무 한 그루를 심어야겠다.

익선동 섬

어느 화가는 사라져가는 옛 정취를 펜촉으로 남기고자 전국을 누비며 옛날 구멍가게들을 그린다. 구멍가게 앞에는 낡은 자전거와 평상이 늘 곁에 있다. 이 조연들이 주연인 구멍가게를 넌지시 빛낸다.

나도 여행 중 인상 깊었던 곳을 그림으로 남기고 싶어 드로잉 공부를 했다. 수업 시간에 배운 것을 실습하고자 소재를 찾아 나서기도 한다. 아직도 향수가 물씬 풍기는 1970~80년대 골목들이 있다. 대전 소제동과 대동 1번지 골목이 그런 곳이다. 그런데 이게 웬일인가. 수도 서울 한복판에서 그런 골목을 만났으니, 종로 삼가 익선동 골목길이다.

나는 매주 한 번 수필 공부를 하러 서울에 간다. 대전에서 기차를 타고 서울역에 내려 다시 지하철 일 호선으로 갈아타고 종로 삼 가역에서 내린다. 육 번 출구를 나와 반가운 선생님과 동료 수강생들이 있는 교실로 가려면 거쳐야 하는 특이한 관문이 있는데, 익선동 골목길이다.

처음 이 골목에 들어섰을 때 나는 눈을 의심했다. 여기가 서울 종로라는 곳이 맞나? 화려한 쇼윈도가 즐비해야 할 서울 도심에 이런 옛날식 골목이 숨어 있다니. 어린 시절 뛰놀던 우리 동네 골목이 왜 여기 와 있지. 코흘리개 녀석 서너 명이 뛰어나올 것 같다.

문화재라든가 보존할 만한 가치 있는 건물도 눈에 띄지 않는다. 오직 오래된 집들이 골목 양편에 모여있을 뿐이다. 이 골목이 아직 영화 세트장으로 선택받지 못한 것도 까닭이 있어 보인다. 그래도 최근에 개발을 많이 해 전보다는 세련된 모습이라고 한다.

교실을 향해 종종걸음을 하면서 고향 생각에 골목을 둘레둘레 둘러본다. 친숙한 옛날식 간판의 식당들이 눈에 많이 들어온다. 칼국수 파는 할머니 식당, 오래전에 애용했던 둥근 연탄 화로에 돼지고기 구워 먹는 오겹살구이 식당, 자기 이름 내걸고 당당하게 영업한다는 순댓국 식당, 내가 좋아하는 백반 식당들이 다닥다닥 붙어 있다.

최신식 커피숍, 액세서리 가게 등은 최근에 들어섰다고 한다. 불이라도 나면 꼼짝 못 하고 타버릴 목조 건물들과 좁은 골목이, 몇 달 만에 나도 모르게 정겨워지고 포근해진다.

요즘 여기가 소위 '핫 플레이스'가 되어 주말이면 이쪽저쪽 골목에 젊은이들이 구름처럼 모여든다고 한다. 가까이 있는 인사동과 삼청동은 시들어 가는데 이곳은 막 싹을 틔우는 꽃봉오리라고 한다. 그런데 젊은이들이 이런 곳에서 살아보지 않았을 텐데, 뭔 향수라도 있을까?

나는 그래도 무엇이 있어서 보존지역으로 묶었을까 하며 골목을 눈여겨보았다. 그러다 문득, 소설가 김유정이 짝사랑하던 명창 박녹주를 보기 위해 팔 바구니 쥐 드나들 듯 드나들었다는 낡은 한옥을 발견했다. 들어가 볼 수는 없었어도 간판만으로도 무척 반가웠다. 문학소년 시절 겨드랑이에 끼고 다녔던 「봄봄」과 「동백꽃」의 작가 김유정 아닌가. 춘천 쪽에 지하철 김유정역이 있고 그의 문학관도 있다지.

그가 어느 명창을 좋아했다는 이야기는 어렴풋이 들었는데, 그 현장을 여기서 만나다니, 꿈이다. 박녹주는 김유정보다 네 살 위였고 요절한 김유정보다 40년을 더 살았다. 담벼락에 걸려 있는 박녹주의 조그마한 얼굴 사진을 보니 곱고 정숙해 보인다. 거기에 소리까지 겸했으니, 누군가의 연모를 듬뿍 받을 만했다.

몇 걸음 더 가니 식당 이름을 주소 그대로 사용한 '익선 121'(모던 한식집)도 있다. 익선(益善)은 다다익선(多多益善)이라는 말을 생각나게 하는 좋은 말이다. 한옥 골목에 한옥도 아니면서 '한옥'이라는 간판을 내걸고 손님을 끄는 돈가스 식당도 인기가 있다.

어쨌든 일주일마다 오는 익선동 골목은 참 재미있다. 정이 푹 들었다. 숨은그림찾기 하듯 여기저기 기웃거리며 동굴 속을 빠져나오거나 개미굴을 헤매고 나오듯 겨우 탈출하는 맛이 보통이 아니다.

서울 종로라는 넓은 바다 한가운데 외딴 섬이 되어버린 이곳에서 조곤조곤 글 한 편 지어보려 애쓰고 있다. 섬으로 들어가기 위해서는 나룻배를 타야 하지만 나의 '익선동 섬'은 나룻배 없이 가는 모세의 길이다. 모세의 길은 인도의 길, 모세는 그 길에서 나를 수필의 길로 인도해주리라.

이 골목길을 지나다니기 시작한 지 벌써 한 해가 훌쩍 넘었다. 소설가 김유정이 사랑했던 소리꾼 박녹주의 옛집 앞에서 나는 다시 울렁거리는 가슴을 어찌하지 못하고 있는 나를 본다. 김유정은 소설가였지만 나는 수필가가 되고 싶은 사람이다.

김유정이 박녹주를 흠모했듯 나는 수필이라는 여인을 흠모한다. 소설가 헤밍웨이가 쿠바 아바나 카페에서 즐겨 마시던 칵테일 '쿠바리브레'와 '모히또'도 헤밍웨이에게는 애인이었다. 김유정과 헤밍웨이를 익선동 골목에서 '애인'으로 만나다니, 나는 '수필'을 나의 애인으로 만들지 않을 수 없다.

'익선동 섬'을 잇는 모세의 길. 이 골목길을 내 믿음의 길로 걷다 보면 나도 언제가 수필가가 되리라. 수필가가 되면 김유정이나 헤밍웨이만큼은 아니어도 얼마간의 독자가 내 이름을 알아줄 것이리라. 그러면 나도 무엇을 좋아하는 사람이고 누구를 짝사랑했다는 이야기의 주인공이 되어 세상에 회자될 수 있을까? 그 꿈을 이루기 위해 지금 나는 무엇을 해야 하지?

꿈이 끝나듯 골목이 끝났다. 내 모세의 길을 따라 섬 가운데 있는 오아시스로 간다. 오아시스는 저기 보이는 내 수필 교실이다. 세상이 파도로 출렁거려도 익선동 섬 오아시스는 조용하고 정겹다. 교실 문 앞이다. "똑똑"

3부

애비야, 나 죽거든 버려라

산새들과의 산책

계룡산 신원사 앞을 지나 금룡암으로 가는 길에 뜬금없이 낯선 새소리가 들린다. 뚝 걸음을 멈추었다. 두리번두리번 해봐도 보이질 않는다. 푸드덕 날갯짓 소리에 망원렌즈를 조준해 보니 멀대같이 큰 나뭇가지에 숨어 있다.

아이들이 커튼 뒤에 숨었다가 못 찾으면 안타까운 듯 얼른 뛰쳐나와 "여기 있지~" 하던 모습 같다. 새들도 나그네가 찾지 못하고 있으니 답답했던가, 푸드덕 날아 주위를 빙빙 돌다 다시 제자리에 내려앉는다. 새들은 언제나 같은 나무에만 앉는다. 그 나무와 사연이 있을까.

새들은 나뭇가지와 비슷하게 생겨 어지간해서는 앵글에 잘 잡히지 않는다. 개구쟁이들의 새총을 피하려 위장술을 배웠을까? 멀리서 줌으로 끌어당겨 자세히 보면 무언가 할 말이 있는 듯 부리를 벌렸다

오므렸다 한다. 손녀가 눈을 마주치며 옹알이하는 것 같다.

새는 나를 향해 고개를 두리번대다가 무슨 결심이나 한 듯 갑자기 하늘로 날아오르더니 금방 다시 내려앉는다. 뭔가 깊은 뜻이 있어 보인다.

새들은 다시 날개를 파닥거리며 나뭇가지 사이를 들락거린다. 가지들이 간지러운 듯 파르르 떨며 응수한다. 대화를 나누는가. 새들은 어디서 밤을 지새울까? 먹을거리들이 없는 겨울철에는 날갯짓할 힘을 어디서 얻을까?

나그네는 갑자기 모든 게 궁금해진다. 새들도 달력을 걸어놓고 절기를 알아채고 있을까? 봄이 시작한다는 입춘이 오면 새들은 바빠진다. 우수가 되면 봄비가 내리고 나뭇가지에 싹이 트기 시작한다는 것을 안다.

새들은 허리춤을 두른 나무 천을 부리로 콕콕 쪼아 댄다. 겨울이 다가오면 벌레들은 추위를 피하려 나뭇가지 위로 올라간다. 산지기들은 이것을 막기 위하여 나무 밑동을 천으로 감싸 놓았다. 봄비가 내리면 그 천속에 숨어 있던 벌레들이 꿈틀거린다. 새들은 이것을 알고 있기에 먹잇감을 찾아 나선다. 참으로 신통방통하다.

내 눈으로는 저 새들을 좀처럼 구별할 수 없다. 일란성, 이란성, 다란성 쌍둥이들로 보인다. 그런데 새들의 어미는 다 안다. 암컷 한 마리가 가지 위에 그냥 하릴없이 앉아 있다. 수컷이 짝짓기하자고 요염한 청혼을 하며 다가오고 있음을 알고 있다.

암컷의 짝 고르는 기준은 무엇일까? 태어날 새끼들이 자랄 집 짓는 실력이 아닐까? 암컷의 모성애를 보면 그렇게 짐작된다. 천적이 다가오면 어미 새는 시름시름 죽어가는 것처럼 허약하게 보이기 시작한다. 천적이 이게 웬 떡이냐고 침을 삼키며 다가오면 조금 더 멀리 달아나서 또 죽어가는 시늉을 한다. 그러는 사이 새끼들을 천적으로부터 멀리 떨어뜨려 놓는다. 어미의 지극 정성은 우리 엄마들 못지않다.

저 새들이 지저귀는 소리가 내 귀에는 거기서 거기인데, 저들은 서로 사랑을 나누고 짝짓기도 하고 새끼를 낳고 기르며 살아간다. 어쩌면 이스라엘 부모보다 더한 스파르타식 교육을 하는지 모른다.

우리가 아는 새들의 언어에는 고작 "지지배배, 짹짹" 뿐이지만, 새들은 사람 못지않게 다양한 언어로 소통하는지 모른다. 아니, 어쩌면 아기들 울음처럼 단순할지도 모른다. 천적 출현을 알리는 위험의 소리, 식구를 부르는 냄새의 소리, 수컷을 찾는 요염의 소리 등.

내가 새들과 얼마나 오래 지내면 소통할 수 있을까? 그 꿈을 꾸며 나는 오늘도 산을 오른다.

아직 이름을 얻지 못한 채 쓸쓸히 피고 지는 들꽃들, 새들의 놀이터인 크고 작은 나무들, 계곡물과 놀고 있는 조약돌. 모두가 산에 사는 내 친구들이다.

"애들아, 나와 함께 놀자. 나하고 친구 하자."

난청

‘저 친구 왜 저래. 도도하기가 이루 말할 수 없네. 불러도 대답 없이 그냥 지나가고!’

아마도 전에 사람들이 내 등 뒤에서 이렇게 수군댔을 것 같다. 나는 청력이 떨어져 가는 것을 한동안 알아채지 못했다. 나의 ‘청각장애’를 발견한 것은 내가 아니라 아내이다.

나는 들을 수 있는 능력, 청각 기능이 약하다. 보청기를 사용하지 않으면 상대편 말을 완전히 알아들을 수 없어 중요한 자리에서는 반드시 보청기를 낀다. 나는 장애자인가, 장애인인가?

현재 사회적으로 통용되는 관념으로는 나는 청각 장애자도 장애인도 아니다. 그러나 나의 개념으로는 ‘청각 장애자’이다. 장애자는 정상적인 일상에서 사회생활을 해 오다가 후천적으로 장애가 생긴 사람을 말하고, 장애인이란 선천적으로 장애를 가지고 태어난 사람을 말한다. 그러므로 정상적인 사람도 언젠가 시각, 청각, 지체, 언어, 지적, 학습 장애자가 될 가능성이 있다.

특히 교통사고로 말미암아 장애가 날이 갈수록 늘어나기 때문에 우리는 언제든지 장애자가 될 수 있다는 두려움을 안고 산다. 나는 청각 장애자이지 청각 장애인은 아니다. 마찬가지로 짝눈인 나는 또한 시각 장애자이기도 하다.

병원에 가면 난청을 노인성 질환이라고 간단히 진단 내린다. 의학적으로 노인성 난청은 청력의 쇠퇴에서 오는 생리적인 현상이다. 그런데 부모가 조기 난청일 경우에는 자식도 그렇게 될 가능성이 있으므로 난청의 진행에 특히 주의해야 한다고 한다. 내가 난청이 온 것은 어머니로부터 달갑지 않은 유전인자를 받아 된 것이다.

나는 이 난청이 상당히 빨리 왔지만 알아차리지 못해 사람들로부터 오해를 받았다. 난청이 있다는 것을 알게 된 것도 아내와 말다툼을 하는 과정에서였다. 아내는 내가 자신의 말을 무시한다고 쏘아붙이곤 했다. 나로서는 억울할 수밖에 없었다. 아니라고 아무리 설명해도 막무가내였다. 한두 번이 아니다. 그때까지도 깊어가는 나의 난청을 나도 아내도 알아채지 못했다.

미국 캘리포니아 주립대학교에서 일 년간 객원교수로 생활한 적이 있다. 거기서 말다툼하다가 "혹시 당신…" 그래서 어느 대형 할인매장에 있는 보청기 가게에 가서 검사해보니 '난청자'란다. 아내의 위대한 발견이었다.

하지만 귀국해서도 한동안 보청기를 까맣게 잊은 바람에 많은 오해를 쌓아갔다. 청각 능력은 점점 더 떨어져 갔다. 남들은 다 알아듣는 작은 소리를 나는 알아듣지 못하여 그냥 지나치기 일쑤였다. 당연히 상대방은 자기를 무시한다고 여겨 나를 괘씸하게 여겼을 것이다. 나는 이 괘씸죄로 야금야금 지인들을 하나둘씩 잃어가기 시작했다.

보청기는 국산품이 없고 수입품이라 비싸다. 크기도 작아 세 번이나 잃어버렸다. 원만한 사회생활을 하기 위해 품질 좋은 것으로 선택하였더니 한 달 봉급이 날아갔다. 수년 전에 백내장 수술을 했을 때 광명을 찾은 듯 세상이 시원하게 보여 기뻐했던 일이 생각난다. 지금도 보청기를 착용했을 때와 하지 않았을 때를 비교하면 소리가 확연히 들린다는 사실이 얼마나 기쁘게 하는지 모른다.

시각, 청각 장애인들을 보면 괜히 미안한 마음이 든다. 나는 그래도 장애인이 아니고 장애자이니 다행 아닌가. 관리를 잘못한 나 스스로가 죽을 때까지 감수할 불편일 따름이다. 아니, 이만한 것도 감사해야지.

'오늘도 감사, 내일도 감사, 언제나 감사, 감사' 그래서 교인들은 나를 '감사 선교사'라 부르는가.

유성 장날과 어머니

식당에서 일하는 아주머니가 기계적으로 양파, 된장, 새우젓 그리고 김치를 식탁 위에 던지듯 올려놓고 가버린다. 배추김치는 영락없는 중국 김치다. 내가 중국 하남성 신상(新鄉)에서 지낼 때 줄곧 사 먹었기 때문에 척 보면 안다. 그런데, 내가 좋아하는 청양고추가 안 보인다.

장날이면 이 순대집은 눈코 뜰 새 없이 바쁘다. 바깥에서는 순대 삶느라 여념이 없고, 안에서는 주문받느라 분주하다. 마침 안주인 사장이 나를 인식한 듯 다가왔다. 난 기회를 놓치지 않고 눈치 보며,

"사장님, 청양고추 세 개만 줘요."

청양고추는 달라고 해야만 준다. 청양고추가 끝물이든가 아니면 태풍에다 장마로 좀 비싸서 그런가 싶다. 조금 전에 여기 오면서 시장을 둘러보니 예전처럼 장바닥에 흔하지 않았다. 그래서 조심스럽

게 세 개만 달라고 한 것이다.

아니나 다를까 청양고추가 달랑 두 개만 식탁 위에 올라왔다. 한 개는 뺐다. 비싸지긴 비싸졌나 보다. 그래도 한편으로는 야속하게 느껴진다. 속으로 '다음에 올 때는 청양고추를 잔뜩 사 들고 와야지' 하고 중얼거렸다. 난, 언제부턴가 주는 대로 받는 것을 진정한 배려의 덕목으로 여기게 됐다. 그래서 집에서나 식당에서 더 달라는 요구는 좀체 하지 않는다. 하지만 돼지 머릿고기는 묵은김치에 싸 먹어야 제맛이 나기에 주방 아주머니에게 김치라도 더 달라고 했다. 마침, 안주인 사장이 멀찌감치에서 들었는지 김치를 듬뿍 담아와 한마디 건넨다.

"머릿고기에 김치 싸 잡숴봐"

이미 머릿고기에 김치를 싸 먹으려고 더 달라고 한 것이 아닌가? 아마 청양고추 한 개의 야속함을 눙치느라 주인답게 한 말이겠거니 여겨 가만히 있었다.

오늘은 한국문인협회 주관지인 『월간문학』에 2020년 마지막 신인 작품 공모에 응모할 마감 날이다. 오후에 수필 다섯 편을 마무리할 생각이어서 오전 중에 서둘러 유성 장보기를 마치기로 했다. 그래서 이곳 단골 순대집도 점심시간 훨씬 전에 도착하여 국밥 대신 머릿고기만 반 접시 시킨 것이다.

옆 손님의 식탁을 슬쩍 둘러보니 술국이나 순대국밥을 시켜 먹고 있다. 아무 말 없이 밥그릇만 쳐다보고 먹기만 하는가 하면, 모레 추석 때 애들 온다는데 뭘 준비할까 즐거운 고민을 하는 노부부가 주고 받는 목소리가 유난히 들떠 보였다. 그 노부부들의 대화를 듣다 보니 불현듯 어머니 생각이 났다.

내게는 백 세를 바라보는 부모님이 있다. 아버지는 요양병원에 계시고 어머니는 집에서 혼자 산다. 아버지는 지금 상태로는 요양병원보다는 요양원에 계셔도 될 정도로 병환이 호전되었다. 하지만 새로운 곳으로 옮기는 것을 몹시 꺼리기 때문에 그냥 요양병원에서 지낸다. 하숙생 같으나 의사도 있고 간호사도 있어 걱정이 덜하다.

하지만 어머니는 그렇지 않다. 팔십 년 가까이 아버지와 함께 지내시다 아버지가 요양병원으로 들어가신 이후 거의 십 년 가까이 혼자 집에서 지낸다. 어머니는 성격이 아주 독특해서 아버지도 포기한 분이다.

최씨 고집이 얼마나 지독한지 앉은 자리에는 풀도 나지 않는다고 하는데 틀린 말이 아니다. 게다가 이른 나이에 난청이 왔는데도 제때 치료를 받지 못해 상태가 심한 편이다.

지독한 고집쟁이에다 잘 듣지도 못하니 사람들이 좋아할 리가 없다. 그래서 그런지 말동무가 한 명도 없고, 동네 노인정에 가도 겉돌고, 고집까지 세니 아무도 말을 건네는 이가 없다. 노인정도 발길을 끊은 지 오래이다. 별 수 없이 혼자서 종일 집에 있다. 다행히 아직은 외롭지 않은 듯 텔레비전을 보거나 종일 주무시는 게 일상이다.

혹시라도 치매에 걸릴까 싶어 병원에 가서 진찰을 받아보니 다행히 아직 괜찮다고 한다. 하도 원하여 치매 예방약을 한동안 사드렸다. 참으로 대단한 분이다. 성격이 그렇게 독특하여 스트레스가 없는

가 보다. 하고 싶은 것은 누가 뭐래도 기필코 하고야 마는 성격이니 우울증이나 치매와는 거리가 먼 듯하다.

그래도 그냥 혼자 계시게 할 수 없어 낮시간 돌봄센터에서 제공하는 프로그램에 참여하게끔 시도해 보았으나 끝내 거절하셨다. 사교성이 없어 단체 모임에 소속되는 게 쉽지 않은 거다. 그런데 교회는 매주 가시는데 거기서는 어떻게 지내시는지 궁금하다. 아버지가 정정하실 때 어머니와 함께 출석하여 두루두루 관계를 맺어 놓았기 때문에 어머니는 무임승차 하시는 것으로 짐작된다.

집에서 혼자 지내다가 나중에 도저히 어려우면 그때 요양원에 들어가겠다는 어머니 마음은 변함이 없다. 요양원이 아무리 잘 해줘도 내 집만 하랴. 하지만 여느 어머니들은 자식들에게 걱정을 끼치지 않기 위해 때가 되면 요양원에 스스로 들어간다. 나도 그럴 것이다. 그러나 내 어머니는 아들이 걱정하는 것은 아랑곳하지 않고 당신만 생각하시는 그런 성격이다.

어머니는 왜 요양원에 들어가시는 것을 그렇게도 꺼릴까? 과거에 여러 번 하신 말씀을 기억해 보면, 아마도 어느 텔레비전에서 노인들을 못살게 굴었던 나쁜 요양원 관련 뉴스를 보신 것이 여태껏 머릿속에 남아서 그런 것으로 여겨진다.

어머니는 머리가 좋은 편이고 기억력도 남다른 편인데, 이것이 지금은 오히려 부정적인 영향을 발휘하고 있는 듯하다. 지금은 세상이 변하여서 요양원도 많이 좋아졌다고 아무리 강조하여도 받아들이지 않는다. 정말 어머니 고집은 박물관에 영구 보관해야 할 희귀품 같다.

그런데 며칠 전에 이제 요양원에 들어가야겠다고 하신다. 왜 그러냐고 여쭸더니 외롭다고 한다. 결국 어머니도 별 수 없구나 하는 생각이 들면서 한편으로는 걱정이 앞선다. 저 성격에 요양원에서는 과연 견뎌내실까?

혼자 이런저런 생각을 하다 보니 순대집 그 노부부는 손을 잡고 식당을 나선다. 별난 성격의 어머니이지만 나를 낳으신 분이니 어머니 좋아하는 소간과 천엽을 사서 어머니께 인사드리러 가야겠다. 돌아가신 다음에 아무리 좋아하는 소간과 천엽을 마음껏 잡수시라고 한 사발 차려놓고 애고애고 울어봤자 무슨 소용이 있겠는가. 살아계실 때 한 번이라고 더 찾아뵙는 게 진짜 효도이리라.

내가 유성장 날을 기다리는 건 아마도 어머니가 좋아하시는 소간과 천엽을 사 가기 위한 기대일 것이다. "어머니, 이것 잡수고 건강하게 사세요."

별난 어머니도 나를 낳아 준 어머니이다.

리베로 선교사

나는 쿠바를 두 번 만났을 뿐인데 그녀의 매력에 빠졌다. 쿠바는 내가 사랑해 마지아니하는 아름다운 여인 같은 나라다. 헤밍웨이도 좋아하고, 그가 즐기던 칵테일 쿠바리브레도 좋아한다. 하지만 그보다 더 결정적인 이유는 내가 좋아하는 훌륭한 배구선수들이 많아서다.

그 선수들의 포지션은 한결같이 '리베로'다. 리베로는 자유라는 뜻이다. 축구 포지션 중에도 리베로가 있지만 보통은 배구의 리베로를 말한다. 리베로의 컨디션은 그날 경기 승패를 좌우할 만큼 중요하다.

리베로는 말 그대로 자유로운 수비선수이다. 수비수이지만 포지션에 얽매이지 않고 자유롭게 활동할 수 있다. 문자 그대로 '올 라운드 플레이'가 가능한 선수이다.

리베로는 팀의 다른 선수들보다 눈에 띄게 키가 작고 다른 색의 유니폼을 입는다. 대한민국이 세르비아와 격전을 벌였던 2019년 세계

여자배구 월드컵대회에서 한국과 세르비아의 리베로가 똑같이 빨강 유니폼을 입고 나와 눈길을 끌었다.

리베로는 서브, 블로킹, 공격을 할 수 없다. 오직 수비와 서브리시브만 한다. 리베로는 전위에서 공을 받을 수는 있지만 스파이크는 불가능하다. 서브권을 획득할 때마다 시계방향으로 자리 이동을 하는 일반 선수와 달리 뒤에서 앞줄로 이동할 때가 되면 다른 선수로 교체해야 한다. 주장도 맡을 수 없다.

리베로가 '자유롭다'는 의미는 오직 다른 포지션 교체 선수와 달리 부심의 승낙 없이 코트에 들어갈 수 있고, 한 세트에 몇 번이고 교체 투입될 수 있다는 것이다. 이런 리베로 제도는 양 팀 간 공을 주고받는 횟수를 늘려 경기의 묘미를 더하기 위해 1997년 국제월드리그대회에서 처음 도입되었다.

규정이 많은 것에 비하여 기본 수비 포지션을 지켜야 하는 리베로는 승부에 결정적이다. 상대방 서브나 공격을 빈번하게 받아내야 하고, 수비와 동시에 공격수인 세터에게 토스도 정확하게 해야 한다. 자기 진영 코트 바닥에 떨어지는 공을 디그 해 다른 선수에게 공을 건네야 하는 막중한 임무도 띠고 있다.

디그(dig)란 상대 팀의 스파이크나 백어택을 받는 리시브를 말한다. 리베로는 공이 코트 바닥에 닿기 직전에 쫓아가 엎어지면서 손등으로 걷어 올려야 한다. 리베로에게는 공의 방향이나 착지 지점을 예측하는 능력과 몸의 유연성이나 순발력 같은 수비 동작을 크게 요구한다. 하지만 리베로는 서브 득점을 하지 못해 득점 순위에 오를 수 없다. 세터가 득점왕 선수로 탄생하도록 리베로가 적극적으로 받쳐 주어야 한다.

리베로는 빠른 발과 순발력을 요구함과 동시에 수비 기술이 뛰어나야 하므로 대개 키가 작은 선수들이 맡는다. 키가 작다는 말은 180cm 이상이나 되는 다른 선수보다 상대적으로 작다는 뜻이다. 키는 작아도 세터와 더불어 선수 수명이 긴 편이다.

사람마다 스스로에 걸맞은 달란트(talent)가 있다. 내가 태어나서 나름대로 성공적으로 살고 있느냐를 판가름하는 잣대는, '나' 자신이 잘할 수 있는 일을 만나 만족스럽게 하느냐에 달려있을 것이다. 리베로 배구선수들을 볼 때마다 타고난 달란트를 발휘하며 최선을 다해 만족스럽게 활동하는 것 같아 매력적으로 보인다.

나의 텔레비전 채널은 거의 고정되어 있다. 다큐멘터리와 여자 배구이다. 여자 배구를 보며 리베로의 역할을 배우는 것이 이즘의 즐거움이다. 가끔 유럽 축구도 본다. 공격수가 골을 넣을 수 있도록 멀리서 센터링해 주는 미드필더들의 활약에서도 배구의 리베로를 보는 맛을 느낀다.

나도 리베로이다. 배구선수 리베로가 아니라 선교사 리베로이다. 나는 목사가 아니기 때문에 목회 선교사는 아니고 스스로 선교비를 조달해 활동하는 자비량 선교사이다. 이를 '전문인 선교사'라 한다. 지금은 코로나19 난국으로 아시아와 아프리카 선교 현지에서 직접 활동하지 못하고 그곳 목회 선교사에게 선교비만 보내고 있다. 수십 년 동안 목회 활동을 하는 자랑스러운 목회 선교사들을 어서 빨리 가서 돕고 싶다. 나야말로 '리베로 선교사'가 아닌가.

리베로의 신분으로 선교비 토스도 잘하고, 선교비 떨어지기 전에 디그도 잘해 목회 선교사가 걱정 없이 활동하도록 돕고 싶다. 직접 선교 공격은 할 수 없다. 하지만 목회 선교사를 돕는 수비를 열심히 해 전문인 선교사로서의 사명을 충실하게 다하고 싶다.

리베로는 상대적으로 키가 작은 선수가 맡는데, 재미있게도 나도 키가 작다. 좋은 리베로가 될 자격도 갖추지 않았나? 리베로의 컨디션이 그날의 승패를 좌우하듯이 나의 리베로 선교사 능력이 진정한 선교의 앞날을 밝혀줄지 모른다. 앞으로 남은 내 생의 희망은 '리베로 선교사, 윤 스테판!' 이다.

하늘나라 전권 특명 대사

이 세상에 잠시 머무는 동안 예수를 제대로 믿은 자만 육신이 죽은 후 영혼이 들어갈 수 있는 나라, 그 영혼이 축복받는 나라, 하나님이 다스리는 나라, 이곳을 천국이라 한다지. 천사는 천국에서 인간 세계에 파송되어 신의 뜻을 인간에게 전하고 인간의 바람을 신에게 전하는 심부름꾼이라지.

그런데 죽기 전에도 그러한 심부름꾼이 될 수 있다. 그 천사 심부름꾼을 선교사라 이른다. 교회(천국)는 선교사(천사)를 해당국(이 세상)에 파송하여 그곳에서 예수님이 공생애(共生涯) 기간 이 세상에서 행하신 선행을 하게 한다. 천사는 '하늘나라 전권 특명 대사'이다.

하지만 그러한 천사의 일은 굳이 성경 말씀을 전하는 목회 활동이 아니어도 된다. 바로 예수님이 이 세상에서 보이신 본보기를 그대로 행하는 선행 활동이면 된다. 나보다 더 어려운 처지에 놓인 자를 향해 시선을 돌리는 배려가 곧 선행 활동이리라. 우리 사회도 어느덧 삶에 여유가 생겨 배려의 마음이 널리 퍼져간다. 모두 천사의 길을 스스로 걸어가는 것 같다.

우리 곁에는 가진 자가 많이 있지만 그렇지 못한 자도 많다. 이들의 간격을 좁히기 위한 손길이 바로 선행 활동이다. 자기의 물질이나 시간을 절약하여 필요한 이웃에게 마중물로 나누어 줘 스스로 일어서게끔 도와주는 사람, 이 사람이 곧 천사이다. 천사로부터 도움을 받은 자가 스스로 일어서면 다시 천사가 되어 배려의 손을 내민다. 나중에는 모두가 천사가 된다.

우리 사회는 얼마 전까지는 선행 활동을 강요하다가 지금은 스스로에 맡기고 있다. 이를 장려하기 위하여 사회는 다소의 보상을 한다. 회사 취업 과정에서도, 학교 입학 과정에서도, 공공시설 이용 때에도 (선별)조건이 엇비슷할 때 선행자를 우선한다. 그러한 것을 공평하게 하도록 정부는 '국민봉사제도'를 시행하고 있다. 소위 1365 봉사포털 〈https://www. 1365.go.kr〉이다. 선행의 다른 말은 '봉사'이다.

봉사활동 백 시간이 되면 공원 등 공공시설 입장료 할인 카드를 주고, 3삼백 시간은 동장(銅章), 칠백 시간은 은장(銀章), 그리고 천사 시간이 되면 금장(金章)을 준다. 이 금장을 바로 '천사증'이라고 일컫는다.

봉사활동에 천사 이상의 등급은 없다. 천 시간이 아니라 천사 시간이 되어야 드디어 천사가 될 수 있다. 매주 토요일 두 시간 동안 봉사활동을 한다면 십 년이 걸리게 된다. 다행히 나는 삼 년 만에 '천사증'을 받았다.

'죽기 전에는 더 이상의 천사가 없다' 하여 나는 선교사가 되었다. 교회가 나를 방글라데시 선교사로 파송하였다. 나는 거기서 부모님을 일찍 여의거나 감옥에 가 돌볼 어른이 없는 청소년들을 보호하는 시설, 엄마 젖이 부족한 영유아에게 분유를 먹이는 일, 아무도 돌볼 자 없는 노파들을 보호하는 시설, 극빈자, 전기도 먹을 물도 없는 시골 마을을 찾아다녔다.

방글라데시 수도 다카에서 남쪽에 있는 콕스바자르 지역에 가려면 자동차로는 여덟 시간 정도, 비행기로는 한 시간 정도 걸린다. 콕스바자르 비행장 바로 옆 나루터에서 조각배로 이십 분 걸리는 거리에 모헤시칼리섬이 있다. 육지에서 전깃줄을 연결할 수가 없어 섬이 자체적으로 전기를 생산해, 주민들에게 시간제로 공급하고 있다. 학교도 어쩔 수 없이 낮에만 수업한다. 나는 이 학생들에게 학용품을 건네주었다.

미얀마에는 여러 소수민족이 살고 있다. 미얀마 전체 인구 약 3.75%의 로힝야족 이백 여만 명이 살고 있다. 버마족이 통치하는 미얀마 정부로부터 탄압 위기에 몰려 가장 가까운 방글라데시 지역으로 강을 건너 탈출하기 시작했다. 2017년 칠십만 명 이상으로 시작하여 2021년 말 현재 약 백이십~백삼십만 명이 난민 생활을 하고 있다.

당시 내가 방글라데시에서 선교 활동을 하던 때이다. 내가 현지를 두 번 방문하여 로힝야족을 만난 적 있다. 어떻게 도울 것인가를 고민하기 시작했다. 로힝야족은 종교는 이슬람이고, 언어는 방글라데시 치타공어와 흡사한 로힝야어를 사용한다.

미얀마 로힝야족은 난민으로 인정받아 병원도, 학교도 모두 국제UN 난민 기구가 관리하고 있다. 개인이 그들에게 접근하여 도울 수 없고, 오직 난민 기구의 승인을 거쳐야 한다. 나도 마찬가지이다.

게다가 현재는 코로나19 사태로 사정이 더욱 나빠졌다. 살길이 막막한 데다가 정상적인 교육을 받기도 어렵다. 열여덟 살 이상의 처녀들은 결혼을 강요당하고 있다.

그들이 믿는다는 알라신은 도대체 무엇을 하는 건가? 로힝야족은 왜 저렇게 비참하게 살아야 하는가? 아무도 알 수 없다. 오직 하나님만 아신다. 천사를 통하여 선교사인 나에게 전하는 하나님의 사명(使命)이 다시 내릴 때까지 기도하며 기다릴 수밖에 없다. 나에게 새로운 명령을 내리실 때를 기다리며 만반의 준비를 하고 있다.

살아서 천사가 되는 길은 멀고도 험난한 길이다. 백신 접종을 끝내고, 다시 부르시면 천사의 날개로 날아가리라.

잠

아내와 한 이불 덮고 산 지가 사십 년이 넘었다. 그래도 아내가 잠을 잘 자지 못하는 고통은 나누어 가질 수가 없다. 내가 아내의 잠을 대신 자줄 수가 없을 뿐만 아니라, 나는 잠을 잘 자지 못하는 경우가 거의 없기 때문이다. 아내에게 늘 미안하다. 아내는 내가 부러울 수밖에 없을 것이다.

나는 길 가다가도 뒤통수에 누가 손을 대주면 잠을 잘 수 있을 정도이다. 뒤통수가 딱딱하기만 하면 여지없이 잠든다. 내가 봐도 참 신기하다. 잘 먹고, 잘 자고, 잘 배설하는 게 가장 행복한 거라는데 역시 행복하다.

내가 가끔 멀리 이동할 때는 고속버스를 이용해야지 기차를 타면 낭패 보기 십상이다. 고속버스는 도착지가 정해져 있다. 하지만 기차는 중간에 수시로 정차하기 때문에 자칫하면 내려야 할 곳을 놓치기 일쑤이다.

대전에서 서울까지 고속버스로 약 두 시간이 걸리기 때문에 이 시간이면 수필 네댓 편은 거뜬히 읽을 수 있다. 대학생을 가르칠 때는 중간고사나 기말고사 시험지도 채점을 끝낼 수 있는 충분한 시간이었다.

그러나 버스 타고 가는 시간을 그렇게 실제로 활용해 본 경험은 그리 많지 않다. 수필 한 편은 고사하고 채점도 한 장 끝내지 못한 적이 많다. 버스가 출발하고 나서 수필집을 펴거나 답안지를 편 지 삼분 정도 지나면 나도 모르게 읽던 책이나 답안지를 버스 바닥에 떨어뜨리기 때문이다.

다행인 것은 졸면서 침을 흘리지 않는다는 것이며, 곤란한 것은 코를 곤다는 것이다. 만일 코 고는 소리가 기차나 탱크 소리로 들리면 손님들이 얼마나 괴로워하겠는가. 심지어 이발소에서 이발 도중 코를 곤다는 말을 종종 듣는다.

그런데 희한한 일은 고속버스 종착지가 가까워지면 어김없이 잠에서 깬다는 사실이다. 버스 속도가 줄기 때문에 무의식적으로 내려야 한다는 판단이 머리를 일깨우는 모양이다. 나도 신기할 정도이니 옆 손님은 더 신기해할 것 같다.

사실 편하기로 따지면 한두 시간 꼼짝없이 앉아 있어야 하는 고속버스보다 기차가 훨씬 낫다. 기차는 화장실도 다녀올 수도 있고, 지루하면 왔다 갔다 할 수도 있다. 그러나 고속버스는 가까운 거리는 휴게소에 들르지 않는다.

기차가 버스보다 편리하지만 나는 기차를 여간해서는 이용하지 않는다. 종착역이 아니면 자칫 내려야 할 역을 지나치기 때문이다. 아무리 눈을 크게 뜨고 정신 차리려 해도 기차만 타면 창밖을 내다보다가 스르르 곤히 잠이 든다. 서울에서 대전으로 가는데 한 역 앞이나 다음 역에서 내리기도 하고, 심지어는 대구까지 갔다가 다시 거꾸로 올라온 적도 있다.

서울에서 대전으로 가려고 무궁화 열차를 이용한 어느 날이었다. 아니나 다를까 그날도 여지없이 졸기 시작했다. 기차 속도가 줄자 순간 눈을 떠보니 창문 밖 기차역 플랫폼 기둥에 '대전'이라는 글자판이 선명하게 보여 잽싸게 내렸다.

그런데 플랫폼이 왠지 낯설고 촌스러웠다. 기둥을 다시 보니 다음 역이 대전이고 방금 내린 역은 하나 앞 전의역이었다. 아마 방송에서 "이번 역은 ㅇㅇ 역입니다. 내리실 손님께서는 잊어버리는 물건이 없도록 미리미리 챙기시어 두고 내리는 일이 없도록 하십시오. 오늘도 저희 철도를 이용해 주셔서 감사합니다. 안녕히 가십시오. 감사합니다."라고 흘러나왔을 것이다. 그런데 나는 기차 속도가 줄고 내리라는 소리만 듣고 서두른 것이다.

또 한 번은 대전역에서 내리지 못하고 막 지나쳤기 때문에 다음 옥천역에서 내리기로 하고 짐을 챙기면서 잠을 한탄하였다. 옥천역에서 내려 다시 한참을 기다렸다가 상행하는 기차를 타고 대전으로 가야 하는 불편을 겪어야 하기 때문이다. 이 정도 되면 아내에게는 미안한 말이지만 잠 안 오는 약을 먹어야겠다는 다짐을 아니 할 수가 없다. 진짜 잠 안 오는 약이 있을까. 드디어 기차가 멈추고 무겁게 발걸음을 옮겨 옥천역에 내렸다.

그런데 이번에는 옥천역이 전의역처럼 촌스럽지도 낯설지도 않다. 내가 고등학교 다닐 때도 옥천이나 영동에서 대전으로 통학하던 친구들은 제법 있었어도 전의에서 통학하던 친구는 별로 없었기 때문인가?

이상한 기분에 싸여있을 때, 저 멀리서 높은 철도공사 건물이 시야에 들어오고 가까이에 있는 엘리베이터는 더욱 낯익었다. 아니 언제 철도공사가 옥천으로 이사 오고, 엘리베이터도 설치했나? 위층으로 올라가니 대전역 동광장 서광장 표지가 보인다. 대전역에 제대로 내린 것이다.

요즘 기차 중에 무궁화호 열차가 제법 인기가 있어서 대전에서 서울로 가는 좌석은 거의 만원이다. 교통체증 없이 달릴 수 있어서 두 시간 만에 정확하게 도착할 수 있고, 요금도 싸기 때문이다. 게다가 나는 종착역까지는 조마조마할 필요가 없어 자주 이용한다.

그런데 웬일인지 요즘에는 무궁화호 열차에서 졸거나 자는 경우가 거의 없어졌다. 왜 그럴까? 무궁화호 열차 안에서 두 시간 동안 창밖을 내다보면서 그림이나 시를 구상하는 데 보내게 된다. 또 수서역에서 부산역까지 서울철도(SRT)가 생겼는데, 대전에서 수서까지는 1시간밖에 걸리지 않기 때문에 수필을 읽거나 채점할 시간이 안 된다.

이래저래 요즈음은 기차나 버스에서 곤히 잠자는 경우가 사라져간다. 이게 나이 먹어가는 징조인가? 아니면 좋은 습관에 길드는 과정인가? 무엇보다 이제는 아내 보기가 민망하지 않아서 좋다. 아내와 함께하는 무궁화호 열차 여행을 생각해봐야겠다.

아내를 위한 길

친족 간의 멀고 가까운 관계를 나타내는 촌수도 하나의 문화이다. 부모와 자녀 간은 일 촌(寸)이고, 나와 형제자매 간은 이 촌이다. 직계는 일 촌씩 더해가고, 방계는 이 촌씩 더해간다. 그러면 나와 아내는 몇 촌일까?

만일 가족이 다 모여있는 집에서 불이 났다면 가장인 나는 어떤 순서로 가족들을 구출할까? 나는 아내를 제일 먼저 구출할 것이다. 바로 다음으로 구출할 아이들을 바깥에서 안전하게 받아주도록 하기 위한 것이다. 그렇게 아내와 아이들을 구출하고 마지막으로 나는 부모님을 껴안고 탈출할 것이다. 이게 내 순서다.

아내는 나와 가족이 아니었기 때문에 촌수 자체가 형성되지 않는다. 하지만 결혼하는 순간 촌수가 생긴다. 영(零) 촌이다. 최우선 순위이며 내 몸 일부이다. 나와 같은 촌수다. 비록 자녀를 잃는 경우가 생기더라도 또 낳을 수 있도록 아내를 먼저 챙겨야 한다. 게다가 바로 다음으로 구할 자녀들을 안전하게 도와줄 가장 믿을 만한 자가 바로 아이들 엄마인 아내이다. 부모를 챙기기 전에 자녀를 먼저 챙기게 마련이다. 이것을 '내리사랑'이라고 한다.

아내는 나와 결혼하기 전에는 그의 부모와 함께 살다가 어느 날부터 나와 함께 살기 시작했다. 성격이 어느 정도 맞는 것 같아 결혼했다. 그저 옆에 있기만 해도 덩실덩실 좋기만 한 신혼이 시작한다. 그러다가 아이가 생기면서 그때부터 아이에게 시선이 집중한다. 둘만의 시간이 줄어들고 아이에게 인생 대부분을 퍼붓는다.

부부 둘의 속내가 거의 드러날 즈음 또 하나의 아이가 생겨서 각각 하나씩 맡아 새로운 짝을 이루며 오손도손 재미있게 살아간다. 두 아이가 말하기 시작하면서 독자적인 인격체로 형상되어 간다. 그때부터는 넷이 각각의 시간이 많이 생긴다. 부부 사이도 궁금한 것이 적어져 호기심도 흐려져 시큰둥하기 쉽다.

아이들이 가장 힘들어하는 고등학교를 지나 대학생이 되면 한시름 놓는다. 부부는 서로에게 새로운 면모가 보이질 않아 권태로워지기 시작한다. 이때부터 매우 조심해야 할 때다. 부부 나이가 50대에 들어서면 남편은 직장도 다 끝나가는 시기이고, 아내는 호르몬이 말라가 서로 사랑을 나누는 것을 피하기 시작한다. 대단히 조심해야 하는 시기이다. 다행히 이때 손주라도 생기면 분위기가 반전하기도 한다. 손주는 '눈에 넣어도 아프지 않다'는 말이 실감 난다.

하나님은 남자와 여자는 결혼하여 아이를 낳도록 설계했다. 이를 따르지 않으면 몸에 문제가 생기기 시작한다. 결혼했으면 반드시 아이를 낳아야 한다. 이것은 사람 창조 설계도에 자세히 그려져 있다.

지나고 보면 아내가 나에게 얼마나 소중한 존재인가를 알게 된다. 이것을 젊었을 때 알았더라면 얼마나 좋을까 하고 땅바닥을 쳐 보지만 반드시 그런 건 아니다. 젊었을 때는 서로 의지해가며 살아가는 소중한 존재이기 때문에 그리 중요하지 않다. 하지만 남편은 아내의 고마움을 알아야 하고, 그 고마움은 마음만이 아니라 구체적으로 표현해야 한다.

아내는 결혼 전에는 그의 부모와 살아왔고, 결혼 후부터는 나와 부부가 되어 살아간다. 부부가 되어 아이를 키우며 사는 게 인생이 아닌가. 아이를 결혼시키면 부부는 각자 많은 시간을 자신을 돌보는 데 써야 한다. 그때 남편은 아내를 도와주어야 한다.

손주 넷을 두고 있는 아내는 손주들 보고 싶을 때 찾아가서 놀다 돌아오면 그만이다. 아내는 손주들이 예쁘기만 한 것은 양육 책임이 없기 때문일 것이라고 한다. 아내는 요즘 그동안 하고 싶었으나 이러저러한 이유로 실천하기 어려웠던 취미생활에 여념이 없다. 나는 아내의 그러한 모습에 동감하여 적극적으로 도와주고 있다. 아내는 자신이 마치 의사인 양 건강을 자신했다. 자기의 건강을 지나치게 믿고 자기 몸 관리에 게을리한 게 너무나 속상하다.

젊었을 때 날씬한 몸매를 유지한다며 혹사한 그 후유증이 서서히 나타나고 있으니 말이다. 지금이라도 더 나빠지지 않도록 스스로 다스리게 도와주는 게 남편 의무이다. 남자는 결혼하면 아내와 자녀에게는 무한책임을 지는 존재이다.

수술에 노이로제에 걸린 아내는 차일피일 미루던 정형외과에 다녀왔다. 장모님이 믿고 다니는 병원에 마지막으로 상담하러 간 것이다. 수술만이 남은 길이란다. 그동안 목 디스크로 고생하여 여기저기 수술하지 않고 시술로도 낫게 한다는 용하다는 병원은 다 섭렵해 보았다.

나도 그동안 목 디스크로 고생하다가 시술하여 아픈 것이 없어지게 한 그 병원에도 함께 다녀왔으나 헛수고였다. 결국 수술을 해야 한다. 좀 더 일찍 강제로라도 병원에 갈 걸… 너무 늦었다. 그래도 끝까지 책임지고 지켜보련다.

남편인 나는 아내에게 영원한 무한책임자이다. 아내가 건강해야 내 신수가 편하다. 나의 편함을 위해서라도 아내를 챙겨야 한다. 나이 먹을수록 일심동체가 더 실감이 난다. '아내여! 아내여! 소중한 내 아내여.'

나의 살던 고향은

문득 지난날을 떠올리며 향수에 젖는 날이 많아졌다. 그때마다 혼잣말하며 잔잔한 미소를 짓는다. 지금 여기에서 옛날 거기 그때로 되돌아가 어린 시절에 잠겨본다. 실제로 무궁화 열차나 시외버스로 시골 동네를 두루두루 돌아다닌 적도 있다. 낯설지 않은 옛 동네에 이르면 유년 시절에 나를 좋아했던 명희가 환상 속에서 뛰어나온다.

나는 충남 서천 시초에서 태어났지만 얼마 후 아버지의 근무지인 한산으로 떠났다. 한산에서 초등학교 삼 학년 일 학기까지 보냈다. 그 유년기 시절을 잊을 수 없다. 그때 교통수단은 기차, 시외버스, 그리고 합승(아이노리)이 전부였다. 보통 십 리에서 이십 리는 걸어 다녔다.

한산에서 아버지가 동료 선생님들과 장항 근처 비인해수욕장에 놀러 갈 때 따라간 적이 있다. 그날 나는 처음으로 합승 택시를 타보았다. 서천이 가까워지자 멀리서 기적을 울리며 지나가는 파란색의 비둘기호 열차를 보고 놀랐던 기억이 생생하다. 처음으로 기차를 보아 무서웠던 것 같다.

우리가 살던 집 주인이 합승 택시회사를 운영하였다. 합승은 목적지가 같은 방향의 손님들이 함께 타는 택시이다. 훗날 몽골에 가서 도로변에 한국말이 쓰인 합승 택시를 보고 놀라기도 했다.

우리는 주인집 대문 옆 별채로 지어진 흙벽돌집에서 살았다. 집 뒤꼍에 자동차 부속품이 잔뜩 쌓여 있었다. 놀이터가 따로 없던 때라 그곳은 나의 전용 놀이터였다. 그런데 거기에 명희가 늘 먼저 와 있었다. 명희랑 숨바꼭질하다가 넘어져 정강이를 몇 바늘 꿰매기도 했다. 명희는 아랫동네에서 살았는데 내 놀이터에 자주 놀러 왔다. 아마 나를 좋아했나 보다.

한산은 조선 문종 때 한산 고을의 읍성이었다. 건지산(170m)에는 백제 때 지은 산성도 남아 있다. 성(城) 안은 한산의 중심지인 지현리이다. 우리는 성(城) 밖의 호암리에서 살았다. 거기엔 한산초등학교가 있고, 아버지가 근무하던 한산중학교가 있다.

아버지는 평교사였는데도 우리는 중학교 교장 사택에서 살았다. 사택은 논 한가운데에 있었다. 논두렁을 따라가면 개울이 있다. 비만 오면 으레 소쿠리 들고 미꾸라지 잡으러 나갔다. 바지 걷고 개울가 풀이 있는 곳을 휘휘 저으며 소쿠리를 대면 미꾸라지랑 붕어가 한가득 잡혀 들어왔다. 눈치 빠른 참게도 제법 많이 잡히곤 했다.

논에는 우렁이와 메뚜기가 가득했다. 우렁이는 엄마의 된장찌개 단골 재료가 되었다. 메뚜기가 많으니 참새가 날아다녔다. 허수아비에 매단 줄을 흔들며 '허어이 허어이' 외치면 참새가 잽싸게 도망가곤 했다. 참새들은 주인 농부 옷을 입은 허수아비에 잘 속았다. 허수아비는 언제나 씽끗 웃음을 참고 있었다.

삼태기를 마당 가운데에 놓고 나무를 기둥 삼아 세우고 바닥에 곡식을 뿌려 놓는다. 기둥에 새끼줄을 길게 묶어 마루에 숨어 엿본다. 참새가 모이 먹으러 삼태기 속으로 들어오면 줄을 잡아당긴다. 참새는 삼태기 속에서 날개를 푸드덕거리며 발버둥질하며 외친다. '아차, 속았구나.' 메뚜기 구이와 참새구이는 개구쟁이들의 최고 간식이었다.

하지만 지금 생각해 보니 그때 명희만큼 순진했던 참새에게 미안하다는 생각이 든다. "내가 참새와 머리싸움을 하다니…."

주말이면 도롱뇽 잡으러 건지산을 자주 오르내렸다. 진달래꽃 이파리에 보글보글 침 같은 것이 보였다. 평소에 어른들은 문둥병자가 침 뱉고 간 것이니 만지지 말라고 일러주었다. 진달래꽃을 따지 말라는 당부였던 것 같다. 우리도 참새처럼 순진했다.

지현리에는 막걸리 양조장이 있었다. 아버지 막걸리 심부름을 자주 했는데, 집으로 오는 길이 울퉁불퉁하여 반은 흘리곤 했다. 집에 오면 '오다가 홀짝홀짝 먹었냐' 하고 꾸중을 들었다. 한산은 막걸리보다 소곡주가 더 알려져 있다.

며칠 전 인터넷으로 한산 소곡주를 구입했다. 유년 시절 한산을 떠올리며 홀짝홀짝 마셔보았다. 지난 육십여 년이 주마등같이 지나간다. 그 시절 회억에 빠져 허우적대다 스르르 눈을 뜨니 한산 흑백 사진들이 흩어져 나부낀다. 옛 시절을 끄집어내 더듬어 보는 추억만큼 신비한 활력소도 없다.

오늘이라는 이 평범한 날도 언젠가는 아름다운 추억이 될 거다. 소곡주는 달착지근하여 한 잔 두 잔 마시다 보면 자신도 모르게 취하여 일어나지 못한다. 그래서 '앉은뱅이 술'이라고 한다. 나도 정말 앉은뱅이가 되었다.

앉은뱅이가 일어나려는데 명희가 앞을 가로막는다. 무슨 할 말이 있나 보다. 나를 그토록 좋아하던 명희에게 친절히 대하지 못한 게 못내 아쉽다. "명희야, 어디 사니? 나도 네가 싫지 않았거든…."

애비야, 나 죽거든 버려라

여자는 굳세고 어질다. 여자가 아내가 되고 엄마가 되면 그 깊이는 더해간다. 며느리에게 장독을 넘길 때쯤 되면 완전히 무르익는다. 그러므로 남편들은 아내 말을 잘 귀담아듣고, 집안일은 아내에게 맡겨야 만사가 매끄럽게 흐른다.

부모님 세대는 가난했다. 집은 흙벽돌이고, 땔감은 마른 소나무 가지였다. 아이들은 영양실조로 얼굴에 버짐을 달고 다니고, 흘러내리는 허연 코는 콧구멍 속을 들락거렸다. 겨울철에 볏단 쌓아 놓은 양지바른 구석에 가면 웃통 벗고 이, 서캐를 잡는 또래들이 많았다. 멀리 떨어진 동네 우물에서 물길어 집까지 짊어지고 오면 어깨가 빠질 것같이 아팠다.

어느새 수도가 집안까지 들어와 꼭지만 틀면 물이 콸콸 나오는 시대가 되었다. 우물물은 공짜였지만 수돗물은 계량기 바늘로 돈이 돌아간다. 엄마는 여간해서는 수도꼭지를 틀지 않는다. 수도계량기가 눈치채지 못하게 꼭지를 아주 조금만 열어 둔다. 수돗물이 꼭지 틈새에서 새어 나와 산속 돌샘처럼 졸졸졸 흘러내린다. 고무통에 공짜로 모인 물이 늘 가득하다.

장날에는 언제나 시끌벅적했다. 생선, 두부, 콩나물값을 깎느라 여기저기서 실랑이가 벌어지기 때문이다. 식구가 하나둘 늘어나면 장 보러 나온 아내들은 더욱 목청이 높아간다. 시어머니는 새 며느리 데리고 장 보러 와 살림 지혜를 몸소 보여준다.

어머니들은 백 세가 다 되어 가도 여전히 수도꼭지를 확 틀 줄 모른다. 수십 년 동안 몸에 뱄기 때문이다. 집 안으로 들어온 물건은 어지간해서는 밖으로 나가지 못한다. 방 안이 온통 쓰레기다. 하지만 어머니들에게는 살림살이이다. 지출을 줄이려는 어머니들의 지혜다. 기업도 매출이 부진하면 지출을 줄인다.

내 어머니는 딸이 없다. 둘째 아들인 내가 '딸 노릇한다'고 해도 진짜 딸만 하겠는가. 딸이 있으면 쉽게 해결될 일도 아들은 어렵기만 하다. 방 안이 온통 쓰레기장이니 비염 증상이 있는 나는 어머니와 실랑이를 벌인다. 어머니 몰래 안방에 들어와 불필요한 것을 슬쩍 버리기도 한다. 그러면 영락없이 그 물건 못 봤느냐고 추궁하신다. 내가 유일한 혐의자이기 때문이다. 내 보기에는 모두 버릴 것이지만 어머니 눈엔 모두 쓸 것이란다

어머니가 열아홉 살에 시집와서 스물둘에 나를 낳았다. 결혼한 지 칠십 년이 훌쩍 넘었다. 삶이 여유롭지 못한 시골 교사 아내였으니

절약이 몸에 밸 수밖에 없었으리라. 절약은 삶이 팍팍할 때만 필요한 게 아니다. 여유 있는 지금도 역시 필요한 것이다. 아껴 모은 돈은 반드시 긴요하게 쓰일 때가 있다. 나이 들수록 더욱 그러할 것이다.

아버지는 종종 집에 들어오시지 않았다. 알고 보니 학교에서 남의 숙직을 자처한 것이다. 숙직을 하면 수당이 나오는데 순서대로 하는 숙직을 여유 있는 선생님 대신에 아버지가 도맡은 것이다. 아버지가 어렵게 번 돈을 어머니가 어찌 함부로 쓸 수 있었겠는가.

어머니는 당신 능력대로 돈을 벌어 볼 궁리를 하였다. 아버지가 숙직해서 모은 돈을 불리기 위해 아버지에게 알리지 않고 이자 놀이를 했다. 귀가 얇은 어머니는 높은 이자를 주겠다는 속임수에 넘어가 모은 돈을 몽땅 떼였다.

어머니는 가정일 제치고 빌려준 돈 받으러 쫓아다녔다. 아버지는 금방 어머니의 불안한 낌새를 알아챘다. 너그러운 아버지는 어머니의 깊은 뜻을 헤아려 더 이상 묻지 않았다. 대신 또 다른 사고를 예방하기 위해 경제권을 아버지가 가져가셨다. 어머니는 아무 말도 하지 못한다. 칠십 년이 넘도록.

나는 자주 어머니를 뵈러 간다. 훗날 제사상 차리고 '아이고 아이고' 통곡해 봐야 무슨 소용이 있겠는가. 살아계실 때 한 번이라도 더 찾아뵙는 게 진짜 효도가 아닐까 해서이다. 어머니 방은 여전히 살림이 많다. 경제권도 없으니 더욱 그러하시겠지.

어머니가 버리지 못하고 있는 것을 새것으로 슬그머니 무릎 앞에 밀어드린다. 이것 쓰시고, 저것은 내다 버립시다.

"애비야, 버리지 마라. 나 죽거든 버려라."

"제가 비염으로 고생해도 괜찮아요?"

"병원에 가 봐라. 여기 돈 있다."

그래도 자식은 자식이다.

4부

열차는 고향을 싣고

아버지들의 어깨

세상에 이렇게 험난한 길을 따라 학교에 다니는 아이들이 있을까? 포기할 것 같은데 아이들은 오히려 더 적극적이다. 히말라야 산속 깊숙한 협곡 사이로 강이 흐른다. 일 년 내내 혹한이어서 강은 꽁꽁 얼어 있다. 차라리 강물이 두꺼운 얼음 그대로라면 썰매를 타고 갈 수 있을 텐데 야속하게도 학교에 갈 때쯤이면 녹아 버린다. 할 수 없이 아이들은 강가를 따라 걸어서 학교에 간다. 그것도 동네가 아주 오지여서 무려 일주일이나 걸려서 간다.

새 학기에 학교에 가면 방학할 때까지 학교 기숙사에서 지낸다. 남녀 각 두 명의 어린이가 등굣길에 나서게 될 이 작은 마을이 며칠 전부터 부산하다. 이번 등굣길에도 네 아이의 두 아버지가 함께 보호자로 길을 떠난다. 아이들은 초조하기도 하고 두렵기도 하지만 새 친구들을 떠올리며 설레는 밤을 꼬박 새웠다.

드디어 출발하는 날이 밝았다. 험난한 일주일간의 여정을 생각하는 엄마의 눈은 벌겋게 토끼 눈이 되었다. 안고 있는 막내의 고사리 손을 대신 흔들며 억지웃음을 짓는다. “여보, 잘 다녀와요”, “얘들아, 잘 다녀 와.” 두 엄마와 어린 동생들이 배웅 나온 등굣길 아침 풍경이다.

엄마들은 아이들이 보이지 않을 때까지 손을 흔든다. 두 아버지는 오늘 아이들과 함께 학교에 도착하면 서둘러 집으로 돌아와야 한다. 왕복 두 주일을 아이들을 위해 고난을 감수해야 한다. 그리고 또 몇 달이 지나면 다시 아이들을 데리러 학교에 가야 한다.

세상의 남자는 결혼하면 아내에 대하여 무한책임을 지게 되고, 자녀를 나으면 가족에 대한 무한책임자로 어깨가 무거워진다. 아이들은 책가방만 어깨에 메었지만 두 아버지의 등짝은 묵직한 무한책임까지 짊어졌다.

한겨울이 지나 개학할 즈음 되면 꽁꽁 얼어붙었던 협곡의 강이 서서히 녹는다. 그늘진 곳은 아직 얼음이 남아 있다. 아버지들은 어깨에 맸던 썰매를 내려 아이들을 태우고 끌면서 걷기도 하고 달리기도 한다. 등짝의 무게는 가벼워졌다. 하지만 아이들이 탄 썰매를 끄는 팔 무게는 더 중압감을 느낀다.

협곡의 가장자리에는 얼음이 남아 있으나 함부로 밟을 수 없다. 강가 얼음길을 아슬아슬하게 걷기도 하고, 어떤 곳은 가장자리 얼음길이 위험하여 바위산으로 올라가 돌아가야 한다. 이를 위해서 두 아버지 등짝에는 필수 장비들이 주렁주렁 매달리게 된다. 썰매 외에도 아이들을 위한 모포, 식량, 코펠, 버너 등이 있다. 등산용 지팡이도 있어야 하고, 강물을 건너기 위한 고무장화, 혹한이기 때문에 두꺼운 장갑과 양말 여러 켤레 등도 필요하다.

두 아버지 중 한 명은 맨 앞에, 네 어린이는 중간에 그리고 다른 아버지는 맨 뒤에 선다. 오늘의 두 아버지는 네 아이의 안녕을 책임져야 하는 막중한 임무를 띠고 출발한다. 새벽길을 나섰기 때문에 모두 속이 허전하다.

날씨는 영하 십 도를 오르내린다. 얼마나 걸었을까? 선두 대장이 짐을 내려놓는다. 코펠에 얼음을 넣고 버너에 불을 지펴 따끈한 우유를 끓인다. 장작불로 손과 발도 녹인다. 얼굴마다 홍조가 새빨갛게 달아오른다.

어느 정도 몸을 달래고 다시 짐을 꾸린다. 강바닥이 약간 녹은 상태라서 매우 위험하다. 그래서 등산용 지팡이가 중요하다. 얼음의 언 상태를 콕콕 찍어서 감을 잡을 수 있다. 갈라진 얼음 틈을 각별하게 조심해야 한다. 얼음이 갑자기 떠내려갈 수 있기 때문이다.

또한 등산용 지팡이는 썰매 탈 때도 요긴하게 쓰인다. 우리 어렸을 적 논바닥이 얼면 썰매에 앉아 꼬챙이로 썰매 앞쪽을 찍고 팔에 힘을 주어 뒤로 밀면 썰매가 앞으로 나갔던 원리와 같다. 그러나 지금 이 썰매는 놀이가 아니고 안전하게 학교에 도착해야 하기에 꼬챙이 대신에 아버지가 앞에서 끌어당기는 것이다.

한참을 가는데 선두 대장 아버지가 손을 들고 대원들의 걸음을 세웠다. 비상 사태가 발생한 것이다. 강가 얼음이 다 녹아버려 걸어갈 얼음길이 없어졌다. 선두 대장 아버지가 조심스레 다가가 정탐하고 돌아왔다. 모세가 가나안에 정탐꾼 열두 명을 보냈듯이. 정탐 결과 이 구간은 위험하니 돌산 위로 기어올라 돌아가기로 했다.

아이들은 스틱이 없어 더욱 위험하다. 미끄러지면 그대로 얼음 강물에 빠진다. 간신히 다시 얼음 강가로 내려왔다. 얼굴을 마주 보며 묘한 웃음으로 서로 격려한다. 초조와 긴장감이 짙게 깔린 터라 손바닥으로 하이파이를 할 분위기도 아니다.

며칠이 지났을까, 협곡 강의 상류로 들어서니 얼음이 꽁꽁 얼었다. 두 아버지가 점점 지쳐 간다. 하지만 아이들을 생각하니 지친 기색을 보일 수 없다. 두 아버지는 등짝에 메었던 썰매를 내려놓고 각각 제 아이들을 태우고 끌기 시작한다. 아이들은 천진난만하게 신나고 재미있다.

두 아버지는 힘든 내색을 하지 않는다. 썰매가 무겁다. 하지만 등교 시간에 늦을까 봐 묵묵히 끌기만 한다. 왜 이러한 고생을 반복하는가? 도대체 자식이란 무엇인가? 아내가 좋아서 결혼하여 얻은 선물이기 때문에 사랑스럽기만 한 것인가? 오로지 내가 배우지 못한 서러움을 내 아이들에게는 넘겨주지 않겠다는 굳은 다짐이다.

그러기 위해서는 내 아이들은 배우게 해야 한다. 나의 배고픔은 나로서 끝내야 한다는 절체절명의 신념일 것도 같다. 세상의 모든 아버지는 다 그럴 것이다.

드디어 학교까지 얼마 남지 않았다. 이제부터는 버스를 탈 수 있다. 버스에 몸뚱이를 실으니 이렇게 편할 수가 있나! 학교에 도착했다. 마음껏 뛰놀 수 있는 운동장을 보니 아이들은 가슴이 탁 트인다. 기숙사 방에 가방을 던져놓고 운동장으로 달려간다. 운동장에서 교장 선생님의 훈시가 시작되었다.

두 아버지는 안심한 듯 입가에 웃음 띠며 발길을 돌린다. 일주일 동안 지나온 험난한 길을 다시 밟아야 한다. 다행히 이제부터는 둘 뿐이다. 썰매와 각종 장비를 둘러메고 뒤돌아 점점 시야에서 멀어져 가는 두 아버지의 뒷모습. 몇 개월 후에 다시 아이들을 데리러 와야 하는 두 아버지이다.

험난한 아버지의 삶은 선택인가 필수인가? 결혼은 선택이었다 하더라도 아버지가 되면 무한책임자로 위치가 바뀌게 되는 게 남자이다. 아버지는 자녀를, 그 자녀는 그의 자녀를 무한으로 책임지는 것이 순리이다. 그 순리에 '내리사랑'의 바퀴가 달렸다.

장애인과 장애자

장애를 가진 사람을 장애인 혹은 장애자라고 한다. 장애인은 신체, 정신, 시각, 지적, 척추 등 심신에 장애가 있는 사람이다. 장애자는 놈 자(者)를 사용하기 때문에 느낌이 좋지 않아 사람인(人)이 들어있는 장애인이라고 부르는 듯하다.

선진국들은 물론 우리나라도 장애인들을 위한 다양한 복지제도를 두고 있다. 얼마 전까지만 해도 길에서 장애인을 만나는 게 흔치 않았다. 그래서 우리나라에는 장애인이 없는 줄로 착각하기도 했다. 하지만 요즘은 어디서나 자주 눈에 띈다. 그만큼 장애인들을 위한 사회의 눈이 달라졌기 때문에 밖으로 나오고 있다. 참으로 다행스러운 일이다.

나는 장애인과 장애자를 구분한다. 장애인은 타고날 때부터 장애가 있는 사람, 장애자는 사고로 장애를 얻게 된 사람이라고. 나는 '조심'을 불러일으킨다는 의미에서 선천적 장애인보다는 후천적 장애인인 '장애자'에 관심을 더 쏟고 있다. 불확실성이 커지는 현대사회에서 누구나 '장애자'가 될 가능성이 크기 때문이다.

나는 좌측 시력이 낮은 편이어서 중증은 아니지만 시각 장애자이고, 청력은 유난히 떨어져 보청기를 착용해야 할 정도이므로 청각 장애자이다. 게다가 앞으로 주의하지 않으면 척추 장애자, 정신 질환으로 인한 심신 장애자가 될 가능성을 안고 살아간다. 현대인은 누구나 그럴 가능성이 있다.

우리는 장애를 안고 태어난 장애인들의 불편함을 함께 나누며 살아야 한다. 우리도 순간적인 사건이나 사고로 저들과 같이 휠체어를 타고 다녀야 할 수도 있기 때문이다. 이웃의 얘기가 아니라 바로 내 얘기가 될 수 있다. 공사장 추락사고, 교통사고, 화재 사고 등 예측하지 못한 사건 사고가 빈번하게 일어나는 것이 현실이다.

예기치 못한 사고로 장애자가 되는 것은 피할 길이 없다. 하지만 예측이 가능한 사고는 미리 막아 불행한 일이 발생하지 않도록 해야 할 것이다. 그런데 화재를 비롯한 사건 사고는 고의가 아니라면 작은 불씨에서 시작된다. 그 작은 불씨는 거의 '설마' 혹은 '이 정도쯤이야'라는 방심에서 비롯한다.

어느덧 자신도 모르게 버릇이 되어버린 나쁜 습관이 가장 무서운 불씨가 된다. 우리는 이유 없이 늘, 공연히 바쁘기만 하다. 바쁘다 보면 실수하기 쉽다. 길 건널목에서 주춤주춤 도로 안으로 들어선다든가, 도로상에 차가 없다고 바삐 건넌다든가, 심지어는 시야에 들어오는 사람이 없다고 과속하는 등, 무서운 안전 불감증이 있다. 무섭다.

길 가다가 혹은 건물 안에서 갑자기 앰뷸런스 사이렌이 요란하게 울린다든가 불자동차가 시급한 듯 경적 울리며 지나가는 소리를 들으면 가슴이 철렁 내려앉는다. 방금 내가 무단횡단하고 집에 들어왔기 때문이다. 장애인이 된 것은 내 탓이 아니지만 장애자가 되는 것은 거의 내 탓이다.

순간의 방심으로 장애인들의 고통을 내가 겪게 될지도 모른다는 것을 잊어서는 안 된다. 차분한 마음 자세를 몸에 익혀야 한다. 느림을 습관화해야 한다. 지하철 에스컬레이터를 이용할 때 손잡이를 꼭 잡고 있어야 한다. 급정거로 넘어지는 사고가 자주 일어난다.

우리 사회가 장애인들을 배려하면서 비(非)장애자들에게 경각심을 불러일으켰으면 좋겠다. 장애자가 되는 것은 순간의 방심 탓이라고. 방심은 곧 장애자가 되는 지름길이라고. '설마'가 우리를 불행하게 만든다고.

오늘도 하루를 시작하면서 '천천히', '먼저 가슈', '안전 경고문, 고맙습니다.'를 마음속으로 외쳐본다.

세조의 진인사

속세를 떠나 하늘에 닿을 듯 높이 솟아 있는 속리산(俗離山), 그 산 속 깊숙이 세심정(洗心亭)이라는 작은 정자가 숨어 있다. 말 그대로 마음을 깨끗이 씻어주는 곳이다. 조선 칠 대 임금 세조는 왜 그 세심정을 찾아갔을까? 나는 그것이 궁금하여 '세조의 길'을 찾아 나섰다.

속리산에 살고 있던 백성들은 '나라님이 오신다' 하여 머리 숙여 존경을 표하였다. 그런데 길 한가운데에 소나무 한 그루가 떡하니 왕의 길을 가로막았다. 왕이 탄 가마가 다가오자 그 소나무가 가지를 번쩍 들어올렸다. 왕이 탄 가마는 아무 일 없이 안전하게 지나갔다.

모세의 기적이 여기서도 일어났는가? 모세의 기적은 하나님이 부여하신 능력의 지팡이(하나님의 계획)로 이루어진 것이지 인간인 모세가 스스로의 능력으로 행한 것이 아니다. 소나무가 가지를 들어올린 것은 천지를 창조하신 하나님의 뜻이다.

나라님이 속리산 그 깊은 골짜기까지 오신 것은 무슨 절박한 사정이 있었을 것이다. 거기 가면 고민이 해결될 것이라는 큰 '믿음'이 있었을 것 같다. 하나님은 그 믿음을 보고 스스로 창조한 바람으로 가지를 들어 올린 것이다. 이렇게 믿으면 안 될까?

갈급한 상황에서 간절하게 부르짖으면 반드시 이루어진다. 모세의 바닷길 갈라짐도, 속리산 소나무의 가지 들어 올림도 그렇다. '하늘은 스스로 돕는 자를 돕는다.' 사람이 우선 스스로 해야 할 일을 다하면 하나님도 흔쾌히 돕겠다는 말씀이다. 나는 이것을 '진인사득천명(盡人事得天命)'이라고 부르고 있다.

세조는 한양으로 돌아와서 그 기특한 소나무에 고위급 벼슬(정이품)을 내렸다. 소나무도 나름 '진인사'하였더니 '득천명'한 것이다. 하나님은 영(靈)이시기에 사람에게 직접 행할 수 없다. 다른 사람을 감동하게 하여 그 감동한 사람이 하나님의 뜻을 전하는 것이다. 그러므로 누구든지 자연을 거스르지 않고 순응하면, 반드시 뜻한 바가 이루어진다는 것을 일깨워준다.

세조는 정이품 소나무의 지혜로 무사히 법주사에 도착했다. 법주사 스님들과 담소를 나누는 동안 자신의 많은 잘못을 뉘우치고 참회하였다. 무엇을 참회하였을까? '계유정란', '사육신 사건' 등 피비린내 나는 역사적 사건을 우리도 알고 있다.

피를 흘려 왕위를 쟁취한 세조는 권좌의 자리가 자나 깨나 가시밭길이었을 것이다. 동생인 안평대군도 강화도로 유배 보내 참수했으니 그야말로 위험한 불씨는 모조리 불살라 버린 세조였다. 세조는 법주사에서 깊은 참회를 하고 다시 더 멀리 떨어져 있는 복천사까지 찾아갔다.

하루는 꿈을 꾸었다. 조카 단종의 어머니이자 자신의 형수인 권씨가 나타나 세조의 얼굴에 침을 뱉었다. 그 후 세조의 온몸에 피부병이 번지기 시작했다. 세조는 지병인 피부병을 치료하기 위해 한양을 한 달 이상이나 비우고 속리산을 찾아갔던 것이다.

세조는 법주사에 도착하여 하루를 묵고 다음 날 신미대사를 만나러 다시 계곡을 올랐다. 신미대사는 수양대군 시절부터 알고 지낸 스님으로 복천사 주지로 있었다. 그 해가 즉위 십 년쯤 되니 어느 정도 안정기에 들어 순행차 찾아가는 길이었다

법주사에서 복천사로 가는 도중에 큰 바위가 하나 있다. 세조는 눈을 감고 그 바위 아래 그늘에 앉아 이 생각 저 생각을 했다. 이 바위의 모습이 눈썹 모양을 하고 있어 '눈썹 바위'라고 한다. 비바람과 더위를 식히고 가기에 안성맞춤인 곳이다.

속리산에 머물던 어느 날, 세조는 달이 휘영청 밝은 밤에 쓸쓸히 혼자 거닐었다. 어찌할 것인가? 본인이 저지른 엄청난 사건의 후유증을 어떻게 감당할 것인가? 지고한 유교 사상으로는 세종, 문종, 단종, 그리고 단종의 아들이 왕가를 이어받아야 하는데 이것을 단절시키고 말았으니 말이다. 달밤에 참회의 산책을 하던 중 약사여래(藥師如來)의 명을 받고 나타난 월광태자(月光太子)가 세조에게 다가와 말을 건네고 유유히 사라졌다. 말하자면 하나님의 천사가 온 것이다.

"폐하, 이 산골의 어느 깊은 골짜기에 커다란 바위가 있고, 소나무

가 많아 마르지 않고 흐르는 계곡물이 있으니 그곳에 가서 몸을 씻으면 피부병이 곧 씻은 듯이 나아질 것입니다."

세심정이 가까워지자 월광 태자가 알려준 바로 그곳이 나타났다. 몸을 씻으니 그 피부병이 말끔히 나았다. 또 하나의 기적이 일어난 것이다. 산속에 들어오면 심리적으로 안정되고 스트레스를 해소할 수 있어 피부병이 나을 수 있다. 이곳을 세조가 목욕한 연못이라는 뜻으로 '목욕 소'라고 부른다.

목욕 소 주변에는 작은 폭포들이 있고, 그 자리에 세심정이 자리한다. 세심정 바로 위에 복천사(지금은 복천암)가 있다. 세조는 거기에 한 달간 머물렀다.

조선 역사를 보면 젊은 나이에 돌아가신 왕들이 많다. 심한 스트레스 때문이 아니었을까 싶다. 세조는 칼로 권력을 잡았으니 더 심신이 피로했을 것이다. 세조는 피부병의 악몽에서 벗어나 나름대로 선정(善政)하였다.

세조가 법주사에서 복천암까지 걸어간 길이 세조의 길, 〈세조길〉이다. 많은 사람이 이 길을 걸으면서 세조의 마음을 헤아려 볼 것이다. 주변에 식물과 동물들이 많이 살아 지루하지 않게 오를 수 있다.

세심정에서 우측으로 오르면 속리산 최고봉인 문장대(文藏台)에 이르게 된다. 원래는 큰 암봉(岩峯)이 하늘을 향해 치솟아 올라 구름 속에 감추어져 있다고 하여 운장대(雲藏台)라고 하였다.

세조가 속리산에서 피부병 치료로 요양하고 있을 당시 꿈속에 어느 귀공자가 나타나 "임금께서 저 영봉(靈峯)에 올라가서 기도를 드리면 신상(身上)에 밝음이 있을 것입니다"라고 아뢰었다. 이 '신상에 밝음'이란 소리를 '피부병 치료'로 받아들여 정상(영봉)에 오르지 않을 수 없었다.

세조가 영봉에 오르니 '오륜삼강(五倫三綱)'을 명시한 책 한 권이 있어서 그 자리에서 하루 종일 읽었다고 한다. 그래서 '글(文)을 읽는 바위'라는 뜻으로 문장대(文藏台)라고 불리게 되었다.

세조의 간절함이 얼마나 뼈저렸을까. 교통이 매우 불편하던 그 당시의 속리산, 거기서도 문장대(1,054m)까지 올랐다고 하니 피부병이 낫지 않을 수 없을 것이다.

세조는 진정으로 참회의 눈물을 흘리며 용서를 빌었다. 그래서 득천명(得天命)을 했으리라.

감동

우리가 흔히 좋아하는 말 중에 〈진인사 대천명(盡人事 待天命)〉이라는 말이 있다. 사람으로서 해야 할 일을 다한 후 하늘의 뜻을 기다린다는 의미이다. 서양 속담 중에도 '하늘은 스스로 돕는 자를 돕는다(Heaven helps those who help themselves)'는 말이 있다. 둘 다 하늘은 노력하는 사람이 성공하도록 도와준다는 뜻이다. 그렇다. 어떤 일을 이루기 위해서는 무엇보다도 '자신'의 노력이 제일 중요하다는 것을 강조한다.

그런데 〈진인사대천명〉은 왠지 소극적으로 보인다. 사람이 할 일을 다 하고 나서 기다리기만 하면 과연 하늘의 도움이 내려올까. 감나무 밑에 누워서 정성을 다해 입을 벌리고 있으면 하늘이 감동하여 감을 입으로 떨어뜨려 줄까? 정말 감을 먹고 싶으면 사다리를 타고 감나무에 올라가서 감을 따야 하지 않을까?

그래서 나는 '하늘은 스스로 돕는 자를 돕는다'는 속담을 〈진인사 득천명(盡人事 得天命)〉이라는 새로운 말로 바꾸어 보았다. 〈진인사 대천명〉의 기다릴 대(待)를 얻을 득(得)으로 살짝 한 자만 바꾸었다. 기다릴 '대'와 얻을 '득'은 글자 모양이 비슷하다. 흙토(土) 대신에 날일(日)이 들어간다. 그러나 속뜻은 다르다. 기다릴 대(待)는 소극적이지만 얻을 득(得)은 적극적인 이미지이다.

사람이 최선을 다한다는 게 쉬운 일이 아니다. 말은 쉽지만 행동하기는 어렵다. 그러니까 이 말은 어떤 목표를 정하고 사람으로서 할 수 있는 대로 최선을 다해서 노력하면, 신(하늘)도 그 사람의 노력을 헛되이 여기지 않고 반드시 이루어지도록 도와준다는 그 '확신', 즉 '믿음'을 가지라는 의미일 것이다.

신이 도와준다는 그 믿음을 가지고 자신이 최선을 다해서 노력하면 반드시 뜻을 이룬다는 것을 의심 없이 굳게 믿으라는 것이다. 결국 본인이 스스로 열심히 노력하라는 격려의 말이다. 이것이 바로 〈진인사 득천명(盡人事 得天命)〉의 참뜻이다.

우리는 절대자인 신이 아니고, 절대자의 도움이 필요한 부족한 인간이다. 인간의 능력에 한계가 있음을 알고, 신이 감동하도록 자기가 할 수 있는 데까지 노력하라는 것이다. 그러면 신이 감동하여 인간의 그 한계를 반드시 채워준다는 적극적인 사고방식을 가질 것이다. 말하자면 신을 감동시킬 만큼 열심히 노력하자는 것이다. 신이 감동하는데 어찌 사람이 감동하지 않을 수 있겠는가. 그러므로 누구나 옆 사람이 감동할 만큼 어떤 일을 열심히 하면 주위 사람들도 도와준다는 깊은 뜻이 들어 있다.

사람이 신이 감동할 만큼 열심히 하는데 뜻이 이루어지지 않을 수 있겠는가. 결국 자신이 얼마나 노력하느냐에 성공 여부가 달려 있다. 하늘이 감동할 만큼 스스로 노력하면 하나님도 감동하지 않을까. 하늘은 곧 하나님이다.

사람은 동물에게는 없는 '이성'이라는 것이 있고, 사물을 오관에 위해 감각하고 지각할 수 있는 '감성'이라는 것도 있고, 특히 '감정'이라는 느낌이 마음속 저변에 깔려 있다. "진인사 득천명"이 현실화하여 옆 사람을 감동시킬 수 있는 것은 바로 이 밑바닥에 있는 감정이 작용하기 때문이다. 밑에서 감정이 살아 움직이면 위에서 감동이 일어나는 것이다.

기독교에서는 신도들에게 기도를 게을리하지 말라고 가르친다. 하나님이 감동할 만큼 간절하게 기도하면 무엇이든지 들어주신다는 그 약속을 믿고 진심으로 간절하게 기도하라고 한다.

감동은 사람에게만 있는 것이 아니라 전지전능한 하나님에게도 있다. 바로 '진인사 득천명'은 하나님의 감동을 불러일으키는 차원 높은 경지이다.

내가 하나님께 간절하게 기도하면 감동한 하나님은 옆 사람이 감동하도록 일으킨다. 하나님이 먼저 감동하고, 이어서 옆 사람이 감동하고, 결국 모두가 감동해서 하나님의 사랑을 실천하는 삶이 이루어지게 된다.

처치실 앞에서

"처치해 버려."

"예, 형님."

한때 MBC 라디오방송 인기 프로그램 '여성시대'에서 흘러나왔던 흥미로운 대화다. 시골에서 서울 어느 종합병원으로 진찰하러 온 사내가 겪는 '나'의 이야기였다.

사내가 태어나 성장해 온 곳은 시골이어서 소년 시절에는 만홧가게를 뻔질나게 들락거렸고, 커서는 라디오에만 귀를 기울이는 시대를 살았다. 어느 날 시골 병원 의사가 도시 종합병원에 가보라고 권고해 상경했다. 종합병원 담당 의사의 진료를 마치고 다음 절차를 기다리고 있었다. 눈에 익은 교실 〈○학년 ○반〉 대신에 난생처음 보는 팻말이 눈에 확 뜨였다. '처치실'. 만화에서만 숱하게 보았던 무시무시한 이름, 그 처치실이다. 내가 지금 그 앞에 앉아 있다.

시골 병원에서는 한 번도 보지 못했던 처음 보는 문구이다. 사내가 아는 것은 만화에 나오는 "처치해버려"가 전부였다. 주먹세계에서는 자기들의 활동 구역을 침범하는 상대 조직에 경고하려면 무언가 본때를 보여주어야 한다.

상대편 부하 하나를 붙잡아와 그들 조직의 내막을 불도록 강요한다. 아무리 털어도 별수 없으면 자기들의 잘못된 흔적을 없애야 한다. 두목은 쥐도 새로 모르게 없애라는 의미로 부하를 향하여 고개를 옆으로 착 돌린다. '처치하라'는 명령이다. 시골 사내는 그 생각이 들자 누가 머리를 쇠망치로 때리는 듯 엄습해오는 두려움에 떨었다.

더욱이 처치실로 들어오라고 호출당한 사람들이 하나같이 눈살을 찌푸리며 들어가기는 하는데 나오는 사람은 한 명도 보이지 않았다. 그야말로 '완전 처치'가 되는 것이 아닌가.

독일 나치들이 유대인들을 흔적 없이 몰살할 때, 따뜻한 스팀으로 샤워시켜 준다고 감쪽같이 속였다. 순진한 유대인들이 건물 안으로 들어가기만 하지 나오는 사람은 없었다. 사내는 만화를 통해서 이러한 속내를 이미 알고 있었으니 무섭고 초조할 수밖에 없었다.

게다가 혼자 왔기 때문에 이럴 수도 저럴 수도 없다. 주변 누구에게 도움을 청할 수도 없어 엉거주춤 시간만 흘리고 있었다. 마치 소(牛) 시장에서 낯선 자가 고삐를 넘겨받아 떠나려면 소가 어떻게 아는지 네 발을 움직이려 하지 않는 거나 다름이 없었다. 팔려 가는 소는 큰 눈을 끄먹거리며 눈물만 흘린다. 도살장으로 간다는 걸 안다.

사내도 갑자기 눈물이 핑 돈다. 시골에서 올라올 때 아무에게도 알리지 않았기 때문이다. 아내의 얼굴이 나타난다. 아이들이 그 옆에서 손을 흔든다. 아빠, 빨리 다녀오세요.

정형외과나 내과의 경우는 수술이나 시술을 하는 경우가 많다. 수술은 몸 일부를 절개하거나 조직을 떼어내 고치는 과정이고, 시술은 그보다는 약한 정도다. 좀 간단하게 시술할 수 있는 장소가 처치실이다.

환자는 그래도 낯설고, 무섭고, 께름칙하다. 처치실 문틈 사이로 안이 들여다보였다. 날카로운 칼, 가위, 실과 바늘, 게다가 벌겋게 피가 묻은 거즈 등이 보였다. 등골이 오싹한다. 어찌하면 좋을까? 도망갈까, 신고할까 망설이고 있는데 드디어 이름을 부르는 게 아닌가!

샤워실로 들어오라고 유대인을 부르는 나치처럼 보이는 간호사의 호출이다. 저승사자가 요즘은 하얀 가운으로 위장하는가! 저 문으로 들어가면 영영 나오지 못하는 거 아닌가!

아직도 어쩌다 병원에 가 '처치실'을 보면 머리카락이 삐쭉 솟는다. 좀 부드러운 말로 바꿀 수 없을까?

'간단 치료실'

버릇

"에이, 이번엔 진짜로 그만둬야겠어. 더 이상 참을 수가 없단 말야." 어느 고등학교 선생님이 내뱉는 한숨 소리다.

"선생이 바라보는 교정에서 담배를 피우질 않나, 심지어는 선생님한테 담뱃불을 빌려달라고 하질 않나. 버르장머리 없이. 도대체 이럴 수가 있나."

"선생님에게 대들다니 누구한테 배운 버릇이야." 요즘도 고등학교 교실에서 들리는 기가 막힌 소리이다.

이젠 수명이 늘어 세 살 버릇이 백 살까지 갈 판이다. 좋은 버릇이야 계속 살려야겠지만 나쁜 버릇은 더 굳어지기 전에 고쳐야 한다. 우리에게는 알게 모르게 생긴 눈버릇, 손버릇, 말버릇, 술버릇 등 숱한 버릇이 있다. 독서를 좋아하는 버릇이나 책을 모으기를 즐기는 버릇이나 글쓰기에 취미를 붙인 버릇은 바람직한 버릇이다. 그러나

'버릇'하면 흔히 나쁜 버릇, 악벽(惡癖)을 지칭하기 때문에 가능한 한 빨리 고쳐야 한다.

버릇은 흔히 본인이 느끼지 못하는 사이에 굳어지기 전에 고쳐야 한다. 그러나 남의 나쁜 버릇을 '고쳐 주겠다'는 좋은 뜻이 자칫 역효과를 낼 우려가 있어 나서기가 쉽지 않다. 술만 먹고 들어오면 손찌검하는 남편의 술버릇을 고쳐 줄 사람이 없어 울고 지내는 아내도 있다.

말버릇 때문에 괜히 손해 보는 경우가 있다. 예쁘지 못한 말투 때문이다. 나쁜 손버릇에는 아내를 때리는 남편 말고도 손톱을 깨무는 손버릇도 있고, 남의 물건을 아무 죄의식 없이 훔치는 손버릇도 있다.

자손이 귀한 집안에서 태어난 녀석은 버릇이 나빠지기 쉽다. 돌아가신 내 장인은 부잣집 장손으로 태어나 부모가 귀하게 키워서 무서운 사람 없이 자랐다고 한다. 그 애지중지 탓에 이슬비에 옷 젖듯이 오직 자기밖에 모르는 독불장군이 되어 갔다.

식구들과 한 상에서 식사할 때 어린 장손이 먼저 먹고 난 후 식구들이 식사했을 정도였다고 한다. 그때 몸에 밴 버릇이 돌아가시기 전까지 계속되었다. 손주들과 식사를 할 때도 여전히 본인이 식사를 마치면 밥상 내가라고 발로 내밀었으니, 도대체 있을 수 없는 못된 발버릇이 아닌가.

나는 중학교 시절부터 왼쪽 손으로 턱을 괴고 책을 읽는 버릇이 생겨 시력이 왼쪽 눈이 오른쪽보다 약하여 짝눈이 되었다.

사춘기쯤 되면 어른에게 말대꾸하거나 심지어는 대드는 경우가 있다. 성장하고 있다는 징후이다. 이때에는 혼내지 말고 잘 타일러서 말대꾸가 버릇되지 않게 해야 한다.

나는 다행히 좋은 버릇이 하나 생겼다. 오래전부터 어떤 음식이든지 먹고 나면 자동적으로 칫솔질한다. 그렇지 않으면 입안이 개운치 않아 참지 못하기 때문이다. 덕분에 잇몸이 상하거나 썩은 이가 없다.

나는 아내가 장인 닮아서 어깨가 둥글게 굽었다고 놀려댄다. 하지만 아내는 그게 아니라고 한다. 고등학교 시절에 다른 친구들보다 키가 커서 늘 고개를 숙이고 다닌 버릇이 생겨 어느새 등이 동그랗게 휘었다고 둘러댄다.

아내는 이야기할 때, 눈을 맞추지 못하고 시선을 다른 곳에 두는 버릇이 있다. 내성적인 성격이어서 상대방을 쳐다보며 이야기하는 것이 쑥스럽다고 한다. 이제 법적인 노인이 되었으니 나쁜 버릇을 고치기에는 늦었다. 하지만 아직 평균수명이 멀었기에 요즘 아내의 그 눈높이 대화를 시정해 주는 데 신경 쓰고 있다.

나는 아내 마음을 아프게 한 나쁜 버릇이 있다. 아내와의 대화 도중 나머지 내용을 예단하고 중간에 '됐어'하고 끊어 버리는 것이다. 나도 모르게 버릇이 되었다. 지금은 많이 나아졌다고 하지만 그동안 상처를 받았던 아내에게 마음의 빚을 지고 산다. 하지만 나의 이 나쁜 버릇은 아내로 그친 게 아닐 것이다. 나의 이 버릇으로 상처를 입었을 친구들을 생각하니 미안하고 미안하다.

난 요즘 주술가처럼 중얼거리는 버릇이 생겼다. '마음에 들지 않더라도 상대방 말을 끝까지 듣자.' '입은 닫고, 지갑은 열자.' '멋지게 나이 먹어간다는 말을 듣기 위해서라도 참자.', '남의 말을 귀담아 듣자.'

나이 들어가면서 이것이 모두 아름다운 버릇이 되기를 소망해 본다.

호칭

"당신, 이래도 되는 거요?"

"뭐라고요? 당신이라고요?"

부산 사람과 충청도 사람 간에 벌어진 말다툼이다. 충청도 사람들은 다툼이 있을 때 '너' 대신에 '당신'이라고 한다. 경상도에서 '당신'은 높임말이다. 그러니까 경상도 사람은 존댓말로 했는데 충청도 사람은 하대로 들은 것이다. 우리나라는 복잡한 호칭 때문에 말도 많고 탈도 많다.

'영감'은 지난날에 널리 불리던 호칭이다. 벼슬이 높은 자를 부를 때도 '영감'이라고 불렀다. 나이가 들어 중년이 지난 남자를 높이 불러줄 때도 '영감'이라고 했다.

심지어 아내가 남편을 부를 때에도 영감이라고 불렀다. 유교 사상이 지배하고 있을 때, 남존여비 풍조로 결혼 후에도 아내가 남편을 대하기가 어려운 존재이었기 때문이었을 것이다. 지금처럼 연애 과정을 거쳐 정이 든 후 결혼하는 게 아니라 얼굴도 보지 못하고 그냥 혼례식 때 처음 보았으니 그럴 만하다.

요즘 아내들이 다른 이에게 남편을 이를 때, '내 남편'이라고도 부르는 이는 그리 많지 않고 대부분 '애들 아빠'라고 부른다. 아내가 남편을 직접 부를 때에도 연애 시절에 불렀던 '오빠'라는 호칭을 그대로 사용하거나 아니면 '여보' 대신에 아이 이름 뒤에 아빠를 붙여 부르곤 한다. 예를 들어 '미경이 아빠'라고 하는 식이다.

처음에는 별로 개의치 않게 여겼으나 아무래도 어색하다. 타인에게 자신의 남편을 지칭할 때, '남편'이라는 듣기 좋은 말 대신에 '애들 아빠'라고 하면 마치 자기가 낳은 아이가 아니라 새 남편이 낳은 것 같이 여겨지기 때문이다.

또한 부부가 상대방을 부를 때, 듣기 좋은 '여보' 대신에 아이 이름 뒤에 아빠나 엄마를 붙이면 역시 자신과는 관계가 없는 사람인 듯하다. 마치 부부 사이에 어떤 갈등으로 화가 난 상태에서 '여보'라고 부르지 못하고 남 부르는 것처럼 들리기 때문이다.

여보, 당신, 아내, 남편은 정겨운 말이다. '여보'는 '여기를 보세요.'에서 시작하였다. 옛날에는 부부 사이라도 아내가 남편 대하기가 어려웠고 지켜야 할 도리도 많았기 때문에 마땅한 호칭이 없어 낯선 사람을 부르듯이 "여기 보세요."라고 불렀다.

또한, '여보'는 어른이 자기와 비슷한 또래의 사람을 부를 때 사용하는 경우도 있다. 하지만, 대개는 부부 사이에 서로 상대편을 부르는 아주 정다운 호칭이다. 또한 이인칭 대명사인 '당신'은 분위기상

'너'라고 말하기가 어려울 때, 특히 문어체에서 상대를 높여 이르는 말이다. 말하자면 '귀하'라는 의미이다. 하나님께 기도할 때에도 사용한다. "하나님, 당신의 아들이 간절하게 기도드립니다."

내가 외국인에게 한국어를 가르칠 때 늘 천천히 그리고 자세히 힘주어 가르치는 대목이 바로 호칭이다. 나라마다 문화 차이로 갈등을 빚기 때문이다. 특히 우리나라는 언어와 호칭이 지방마다 유별나게 달라 이해하기가 어렵다. 외국인들이야 더 말할 나위가 없을 것이다. 게다가 우리나라 말은 강약이나 높낮이에 따라서도 그 의미가 달라 다른 지방 사람들 사이에 갈등을 빚기도 한다.

아내가 나와 결혼하면서 가장 신경 쓴 것은 우리 집안사람들 간의 호칭이었다. 잘못하면 예의범절에 어긋나기 때문이다. 그러니 외국인들이야 말해 무엇 하겠는가.

영어는 누구에게나 '미스터'라고 하면 충분한데 우리나라는 반드시 '~님, ~께서' 등 존칭을 붙여야 한다. 가족 호칭도 많다. 동사나 형용사도 다양하게 변한다. 그때그때 적절하게 사용할 수 있다는 장점이 있으나 외국어로 번역하거나 외국인들이 배울 때에는 무척 어렵게 느껴질 것이다.

성인들 대상으로 하는 평생교육원 등에서는 가르치는 선생님이 배우는 학생에게 선생님이라고 한다. 서로 선생님이라고 하니 옆방에서는 헷갈릴 수도 있으리라. 그러나 서로 예의를 지키니 신선하기도 하다.

이래저래 우리나라는 호칭 왕국이요, 호칭 강국이다. 좋은 건가? 나쁜 건가?

백신

지구촌 사람들이 코로나19를 예방하기 위해 백신 주사를 맞기 시작했다. 정부는 집단 면역을 앞세워 예방주사 접종 비율을 높이느라 목청을 돋운다. 갖가지 실험을 마쳤다고 해도 사망자가 나오니 선뜻 맞는 것을 꺼린다. 아직 일본뇌염이나 홍콩 감기 같은 독감 예방주사처럼 안전성이 입증되지 않아 꺼림칙하다.

역병 위험에 노출된 위급한 환자들, 면역력이 낮은 요양원 입원 환자들, 육십오 세 이상의 노인들 그리고 환자들을 치료하는 의료진들을 우선 접종 대상자로 삼았다. 백신 종류도 우선 대상자들에게는 면역력이 좋은 것을 선택했다.

이제는 서서히 나이를 낮춰 가며 전 국민이 집단 면역을 향해 간다. 처음에는 국민 전체에 맞힐 백신 확보에 어려움을 겪었으나 다행히 그 어려움이 해결되어 삼차 접종까지 하게 되었다.

산에 오르다 보면 소나무 숲속에서 군데군데 도장병에 걸린 것처럼 잎이 하얗게 말라가는 나무를 본다. 가까이 가보면 소나무들이 몇 년 전에 재선충 예방주사를 맞았다는 증명서를 가슴에 달고 있다. 초등학교 입학생 이름표를 떠올리게 한다.

이 주사는 소나무재선충을 가진 매개충이 땅에서 기어올라 수분과 영양분을 가로막아 몸 전체가 말라 죽는 것을 예방하기 위한 것이다. 예방주사 맞은 효과가 궁금하여 꼭대기를 올려다보니 옆 건강한 소나무들 색깔과 얼추 비슷해 보인다.

소나무재선충병은 걸렸다 하면 사람의 에이즈처럼 말라서 죽게 되는 무서운 병이다. 하지만 다행히 지금 우리가 겪는 이 역병은 걸렸다 해도 치료하면 나을 수 있다. 그러고 보니 소나무나 사람이나 처지가 비슷하다. 다만 병원균이 재선충이냐 바이러스냐의 차이일 뿐이다.

소나무는 마스크를 하지 않으나 사람은 자거나 먹을 때만 빼고 그걸 종일 달고 다녀야 한다. 사람은 백신 주사를 두세 번 맞으면 된다. 하지만 소나무는 한 번이면 족하지만 맞는 시간은 많이 걸린다. 소나무도 거리 두기를 할 필요가 있고 병세가 심하면 몇 그루가 베어지는 희생을 피할 수 없다.

세상은 가까이에서 보면 울퉁불퉁해 보이지만 멀리서 보면 수평선처럼 평평해 보인다. 등산하다 보면 오르막이 있고 내리막도 나온다. 하지만 조금씩 오르고 있다는 것을 알기에 힘들어도 오르게 된다.

아침이 지나면 저녁이 찾아오고 어둠이 지나면 밝음이 온다. 어떠한 어려운 일이라도 참고 견뎌내면 웃는 날이 온다. 터널도 잠시 지나면 멀리서 끝이 희미하게 보인다. 조난자에게 구세주처럼 나타난 산속 오두막 불빛처럼.

그러니 하루살이처럼 오늘이 마지막이라고 여기고 열심히 할 일 다 하고, 하루를 주심에 감사하며 살아야겠다. 하루하루가 쌓이면 천리 길이 열리는 것이다. 천 리 길도 한 걸음부터라는 말은 진리이다.

백신을 맞았다고 해서 마음을 놓으면 안 된다. 만병통치 예방이 아니기 때문이다. 일상생활에서는 위생에 좀 더 신경을 써야겠다. 그동안 전문가들이 아침에 일어나자마자 창문 열고 공기 순환시키고, 외출 후 밀폐된 공간 오래 머물지 말고, 귀가 즉시 손 씻으라고 경고해왔지만 우리는 그동안 못 들은 척해왔다. 미안한 마음에 고개가 저절로 숙이게 된다.

지구온난화로 말미암은 기상이변이 기존의 창조 질서를 마구 파헤쳐 예상치 못한 현상들이 끊임없이 나타날 것 같다. 바이러스도 생명체이기 때문에 살려고 새로운 변이를 일으키며 아등바등할 것이기 때문이다.

우리가 사는 이 세상에 영원한 것은 없다. 나 스스로가 환경 보호에 더욱더 비상한 관심을 두지 않는 한 우리를 향한 저들의 습격은 멈추지 않을 것이다. 백신은 임시방편에 지나지 않는다. 덜 쓰고, 덜 먹고, 덜 버리는 낮은 자세의 실천만이 진정 중요하리라.

우리는 더 이상 자연을 함부로 대해서는 안 된다. 우리는 자연을 이루는 하나의 구성원에 불과하다는 것을 다시 한번 새겨본다. 자연은 나와 함께, 우리도 자연과 함께 더불어 산다. 자연 속에는 예방 백신이 존재할 필요가 없다. 자연 그 자체가 백신이기 때문이다.

하나밖에 없는 지구, 우리의 삶의 터전인 지구에 '자연 그대로의 신발, 하얀 신발, 백신을 신겨야겠다.' 하얀 백신을 신은 우리가 순결한 자연 앞에 고개를 떨구는 날부터 우리를 공동운명체로 인정해주겠지. 그런데 과연 우리가 죽기 전에 그날이 오기는 오려나.

열차는 고향을 싣고

"한국에서 가장 긴 이름을 가진 배우는?" 1980년대 개그에 등장했던 우스갯소리이다. 배우 김수봉이 예명을 지을 때 익살스럽게 하려고 '장항선'이라고 했다. 장항선은 천안에서 장항까지 운행하던 기차 노선이었다. 그 후 장항—군산 다리가 놓이면서 장항선도 익산까지 연결되었다. 장항선은 이제 천안—익산 노선이 되었다.

장항선은 대전역이나 서대전역을 거치지 않는다. 기차로 대전에서 서천으로 가려면 두 가지 방법이 있다. 서대전역에서 익산역까지 호남선을 타고 가고, 거기서 다시 서천역으로 가는 장항선으로 갈아타야 한다. 아니면 대전역에서 천안역까지 가서 거기서 다시 장항선으로 갈아탄다. 어느 것이나 총 두 시간이면 충분하다.

외모에서 풍기는 기품과 무게감 그리고 온후함이 함께한 인기 배우 장항선을 머릿속에 그려가며 본향인 서천과 고향인 한산을 가기 위해 서대전역에서 열차에 올랐다. 서대전역을 출발한 호남선 무궁화 열차는 몇몇 작은 역들에 손만 흔들어 주고 계룡역, 연산역, 논산역, 강경역을 거쳐 익산역에 도착한다.

계룡산의 이름을 딴 계룡역은 삼군 본부가 있는 신흥 도시이다. 계룡산은 천황봉에서 쌀개봉, 삼불봉으로 이어지는 능선이 흡사 '닭벼슬의 형상을 한 용의 모습과 같다' 하여 지어진 이름이다. 설명이 마뜩잖아도 우리나라 사대 명산 중 하나이다. 산세가 수려하고 계곡물이 쪽빛으로 맑아 산의 인상이 전체적으로 푸르게 보이고 그윽하여 신비감을 자아낸다.

서대전역 다음의 흑석리역은 인근 시멘트 공장 전용선이 부설되어 화물만 다룬다. 계룡역 다음의 개태사역은 가까이에 개태사라는 절이 있어 붙여진 역이다. 개태사(開泰寺)는 고려 태조 왕건이 이룬 후 삼국 통일의 업적을 기리기 위해 세운 절이다.

개태사를 지나면 멀리 계룡산이 다시 나타난다. 계룡산은 목련, 개나리, 진달래, 벚꽃이 한데 어울려 뽐내는 모습이 한 폭의 그림이다. 수채물감을 엎질러 놓은 것 같기도 하고 어린이집으로 가는 아이들의 가방 무리 같기도 하다.

스치고 지나가는 논밭은 푸릇푸릇 새 살 돋아나고 앙상하던 나뭇가지들이 새 옷을 입기 시작한다. 개울가에는 봄 소풍 나온 오리 떼가 억새 사이로 힐끗힐끗 보인다. 산과 들이 온통 봄 신학기 교정 같다.

연산역에 도착하니 철도문화체험용 열차 한 칸이 외로이 어린이들을 기다리고 있다. 내가 제일 좋아하는 색은 봄 나뭇가지 껍질을 벗기면 드러나는 야들야들한 연초록이다. 이른 봄의 색깔도 연초록이다. 연초록은 새 생명의 상징이다. 연초록은 점차 초록으로, 녹색으로 짙어간다. 우리 아이들의 성장 모습을 보는 것 같다.

봄은 온실에서 먼저 맞는다. 채소들은 억지 봄인 줄 알면서도 주인이 만들어준 봄을 따라 파릇파릇 웃는다. 참 순수하다. 자연은 계절에 민감한 천재이다. 채소들이 순진하다고 해서 바보가 아니다. 다만 사람들이 빨리 나오기를 원하기 때문에 더불어 살기 위해 눈감아 주는 것이다.

자연과 눈 대화를 나누다 보니 새우젓 고장 광천을 지나 어리굴젓 고장 강경역에 도착했다. 새우젓과 어리굴젓은 내 밥상을 잊지 않고 찾아오는 단골이다.

나는 지금 고향을 가는 길이다. '아이들이 벽장이나 종이 상자 속으로 숨기 좋아하는 이유가 무얼까, 어른이 되면 고향을 그리워하는 이유는 뭘까, 누가 죽었다는 말을 '돌아가셨다'라고 표현하는 이유는 뭘까.' 이런저런 상념을 끄집어내 회억과 추억을 오가다 보니 익산 가까이 왔다.

아기 꽃들이 키가 큰 목련, 벚꽃, 복숭아, 살구꽃이 활짝 펴 그늘지기 전에 들과 산에서 형, 언니들과 한데 어울려 사이좋게 놀고 있다. 어릴 적 꿈속의 동네 여자애들도 담장 밑에서 소꿉놀이를 했다.

익산역에서 다시 장항선을 타고 서천으로 향한다. 대아역, 군산역, 장항역을 거쳐 서천역에 도착한다. 대아역 주변에 넓은 들판이 펼쳐진다. 무주, 진안, 장성 평야를 합친 '무진장(無盡藏)' 만큼 넓지는 않지만 아름다움은 끝이 보이지 않는다. 장항 해안에는 굴뚝이 높이 솟아 있다. 장항의 상징인 비철금속제련소이다.

서대전에서 호남선과 장항선을 이용하여 두 시간 만에 서천역에 도착하였다. 타향도 정들면 고향이라지만 아니다. 그냥 하는 말이다. 고향이 마음을 편하게 해주는 건 어린 시절이 생생히 살아있기 때문이다. 세상에서 가장 안전한 가옥, 안가(安家)는 향수가 그윽한 엄마 자궁이다. 벼락이 쳐도 폭풍이 몰아닥쳐도 끄떡없다. 고향도 그런 나의 안가이다.

고향 가는 길은 젊어서나 늙어서나 변함없이 설렌다. 세상에 가장 편한 사람, 엄마와 같은 푸근함이 있기 때문이다. 킁킁, 고향 냄새가 나기 시작한다. 엉덩이가 들썩거린다. 얼마나 변했을까. 누구 누구네는 잘 있을까. 고향으로 가는 열차는 오늘도 꽃마음으로 활짝 피어난다.

5부

김빱쓰 김빱

제주 오름

제주도 한라산을 네 번째 올랐다. 세 번은 백록담까지 갔지만 이번에는 '사라 오름'까지만 갔다. 백록담의 첫 등정은 대학교 이 학년 때였고, 두 번째는 교수 시절 학생들 졸업여행으로 함께 갔다. 몇 년 전 아내와 함께 성판악에서 백록담을 거쳐 화엄사 쪽으로 하산한 것이 세 번째다. 이번 등산은 등산회 회원들과 같이 갔으나 내게는 그림 소재를 찾기 위한 테마 등산이었다.

나는 2020년 39회 대한민국 미술대전(국전)에서 목판화 부문에 응모하여 입선했다. 그때 주제가 백록담이었다. 2021 사십 회 국전에서는 특선 이상에 도전하고 싶어 또 한라산 등반길에 올랐다.

실경(實景)산수화는 대상을 직접 보고 그 자리에서 그려야 한다. 이것을 사생(寫生)이라고 한다. 하지만 사생하기가 현실적으로 어려움이 있어 스케치하고 사진을 찍은 후 화실로 돌아와 그리게 된다. 지난번에는 한라산의 백록담을 주제로 했고 이번에는 백록담, 오름, 사려니숲길, 주상절리 등을 주제로 삼고자 한다.

제주도의 상징은 뭐니 뭐니 해도 한라산이다. 한라(漢拏)란 하늘의 은하수(漢)를 잡아당길(拏) 만큼 높은 산(1950m)이란 뜻이다. 이런 한라산의 꽃은 역시 백록담이다.

백록담(白鹿潭)은 하얀 노루가 물 마시는 연못이다. 오래전에는 노루가 백록담까지 내려와 풀을 뜯고 물도 마셨다. 지금은 풀도 물도 메말라 노루가 백록담까지는 내려오지 않는다. 실제로 사라오름의 산정호수나 백록담의 물이 메말라 있었다. 왠지 내 마음도 메마른 듯 짠했다.

한라산은 높이에 따라 자라는 식물대가 다르다. 그래서 정상까지 올라가는 길에서 다양한 식물대를 만날 수 있다. 한라산을 오르는 길은 다섯 개의 탐방로가 있으나 우리는 백록담을 가기 위해서 성판악—백록담—성판악코스를 택했다.

정상에 올라 백록담에서 제주도를 사방으로 내려다보면 크고 작은 봉우리들이 한눈에 보인다. 이 봉우리를 제주말로 '오름'이라고 하는데, '오르다'의 명사형이겠다. 한자로는 악(岳) 혹은 봉(峯)이라고 하며 제주도 전체에는 삼백육십팔 개의 오름이 있다.

이 오름들은 한라산 기슭에 분포하는 작은 화산체로서 기생화산(寄生火山) 혹은 측화산(側火山)이라고도 한다. 오름은 지형학적으로 단성화산(單成火山)의 한 유형이며, 화구로 분출되어 올라온 화산쇄설물이 화구 주변에 모여 생기는 화쇄구(火碎丘)라고 하는 구릉이다.

제주에는 왜 이렇게 많은 오름이 있을까? 과학적으로는 화산이 분출한 결과물이겠지만 신기한 현상에는 늘 전설이 따른다. 가장 흥미로운 전설은 제주에 살던 거대한 덩치의 할머니를 지칭하는 '설문대할망' 이야기이다. 그의 이름은 지역에 따라 선문대할망·설문대할망·설명두할망·세명뒤할망 등 여러 가지가 있다.

이 설문대할망이 덩치가 얼마나 컸던지 한라산을 베개 삼아 누우면 다리가 관탈도(冠脫島)에 걸쳐졌다고 한다. 관탈도는 추자도와 제주도 사이에 있는 섬이다.

오백 명이나 되는 아들 나한(장군)들의 옷을 빨 때는 한라산 꼭대기를 짚고 관탈도에 발을 올려놓고, 우도를 빨래판 삼아 발로 문질러 빨았다고 한다. 관탈(冠脫)은 옛날 귀양살이차 오는 죄수가 이곳에 이르면 유배지로 들어섰다고 하여 드디어 입던 관복을 벗었다는 뜻이다.

힘이 장사인 이 거구 할멈이 삽으로 한반도 육지의 흙을 일곱 번 떠서 옮겨 만든 게 한라산이고, 구멍난 치마폭으로 나르던 흙이 조금씩 떨어져 삼백육십팔 개의 오름이 생겼다고 한다. 만들어진 한라산 꼭대기가 너무 뾰족하여 삭둑 자르니 백록담이 생겼고, 자른 부문을 내던져 생긴 것이 바로 제주 서남쪽에 있는 산방산(山房山)이라고 한다. 산방산의 모양과 지질이 백록담과 똑같다.

제주 사람과 이야기할 때, 조심해야 할 것은 제주의 상징인 오름과 하루방 관련 이야기이다. 오름은 민속신앙이 된 신성한 지역으로 지금도 곳곳에 제사를 지내던 터와 당(堂)의 흔적이 남아 있다. 제주 사람들은 이 오름을 중심으로 삶의 터를 잡고 촌락을 이루었다.

오름 기슭에 화전(火田)을 일구고, 밭농사를 짓고 목축을 하였다. 제주 지방의 전통 가옥인 초가지붕의 띠와 새를 조달한 곳이 바로 '오름'이다. 오름은 몽골이나 왜구들이 쳐들어왔을 때 항쟁의 거점이 되었고, 봉수대로 통신을 한 곳이기도 하다.

대표적인 오름이 애월읍 '붉은 오름'이다. 고려 시대 삼별초 난 때 수장 김통정과 칠십여 명의 장수들이 흘린 피로 오름 전체가 붉게 물들었다고 한다. 〈4·3사건〉 때에는 민중 봉기의 본거지였다는 이유로 무고한 양민이 학살당하기도 하였다. 오름은 제주 사람이 죽어서 돌아갈 영혼의 안식처로 여기는 신령스러운 곳이다.

제주도는 여전히 매력적인 관광지며 여행지이다. 관광은 특별한 목적 없이 그냥 놀러 가는 것이고, 여행은 어떤 특별한 목적을 가지고 그것을 탐방하러 가는 것이라고 나는 생각한다. 내가 과거에 제주에 온 것은 관광이었지만 이번에는 그림과 시의 소재를 찾기 위해 온 테마 등산이고 여행이다.

나는 단체여행을 할 때마다 일행에게 미리 양해를 구한다. 카메라에 소재를 담고, 스케치하기 위해서이다. 점점 사물이나 자연을 보는 눈이 달라진다. 나무도 바위도 풀도 모두가 그림 소재요 시의 소재가 되고 있다. 자연이 이렇게 오묘하고 아름다울 수가 없다.

자연은 내 스승이다. 그런 스승이 곳곳에 있어 나는 기쁘다.

야외 사생 수업

뒤늦게 시작한 산수화와 목판화 창작 활동을 하느라 바쁘다. 배워야 할 것들이 너무 많다. 산수화는 스스로 터득한 실력으로 그림 대회에 출품해 입상하여 커트라인은 넘었으나 갈 길은 아직 멀다. 목판화도 〈대한민국 미술대전〉이라는 최고의 대회에서 두 해 연속 입선하였다. 초년생 출품으로써 괜찮은 수확이지만 역시 갈 길이 멀기만 하다.

산수화 기초를 제대로 다지려고 곰곰이 궁리해보았다. 미술대학에 입학하기에는 너무 늦은 나이라 그냥 문화원, 시민대학, 평생교육원 등을 찾아다니며 공부하였다.

중국 하남성 신샹에서 일 년 동안 지낼 때, 텔레비전에서 유명한 산수화 화가들이 출연하여 그림을 그리는 장면을 눈여겨보았다. 산수화 책을 구입해 틈틈이 참고했다. 중국 미술 전공 교수에게서 사사하려 시도해 보았으나 수업료도 비싸고 통역 문제가 있어 포기했다.

산수화를 독학으로 배웠지만 내 그림 실력을 평가받고 싶어졌다. 하남성 정쩌우에 있는 〈중원서화원〉이라는 단체가 주최한 산수화대전에 두 작품을 출품하였다. 한 편은 이백가상(二百家賞, 특선에 해당)을 또 한편은 가작상(佳作賞, 입선에 해당)을 받았다.

2020년 가을, 국내 어느 대학 평생교육원 산수화 반에서 야외 사생 수업을 했다. 가을학기 마지막 수업을 야외로 나간 것이다. 나로서는 첫 사생 수업이라 설렘이 컸다.

중국에서는 텔레비전에서 유명한 화가들이 수강생들을 인솔하여 야외로 사생하러 가는 광경을 자주 보았다. 야외 사생은 그림 그리기에 좋은 소재들이 있는 곳을 찾아가기 위해 대개 널리 알려진 장소를 찾는다. 경치가 웅장하고 아름다운 곳에서 스케치하고 그림 그리는 장면을 보니 부러웠다. 배우는 사람이 이름 있는 화가를 지도 선생님으로 모시는 것은 영광스러운 일이다. 그런데 사람들에 둘러싸여 그림을 그린다는 것은 어지간한 용기가 아니고서는 어려운 일이다.

아무튼 그날 갑사 가는 날은 늦가을이라 햇볕이 따사하고 날이 화창하여 그림 그리기에 아주 좋았다. 하지만 오후가 되자 햇살이 수그러들기 시작하고 산속이라 제법 쌀쌀했다.

나는 갑사에서 동학사로 넘어가는 트레킹을 몇 차례 해 본 적이 있다. 그때는 금잔디 고개를 넘어 삼불봉에 오르는 게 목적이었다. 그래서 트레킹 도중 길옆 나무, 나뭇가지, 돌, 물, 꽃, 홍시, 대추 등 자연의 아름다운 자태에 시선을 돌릴 여유가 없었다. 그러나 이번은 다르다.

주차장 입구 쪽으로 가니 천여 년 되었다는 고목 나무가 늠름한 젊은 시절을 추억하는 듯 커다란 이름표를 달고 우뚝 서 있었다. 얼른 사진을 찍어 두었다. 주변에 감이 달린 나무가 앙상한 가지만 남긴 채 하늘 높이 솟아 있었다. 그 가냘픈 나뭇가지에는 까치 대가족이 살았음 직한 커다란 둥지가 그대로 남아 있었다. 아, 좋은 소재.

내년 봄에 저 둥지의 주인 새가 돌아오면 리모델링 해서 다시 살까, 아니면 허물고 다시 지을까? 갑사 방향으로 발길을 옮기다가 단풍이 제대로 물들고 낙엽으로 뒤덮인 장면이 괜찮아서 거기에 자리 잡았다.

간이 접이식 의자를 펴고 바위를 받침대 삼아 밑그림을 그리기 시작했다. 한참이 지나니 으슬으슬 한기가 돌아 주섬주섬 싸서 아래로 내려왔다.

젊었을 적에는 삼원색, 명도가 높은 색, 채도가 낮은 색에 눈길이 끌렸다. 이제는 디지털보다는 아날로그, 칼라사진보다는 흑백사진, 그리고 산수화도 채색화보다는 수묵담채화가 좋아진다. 나이 탓일까?

아내도 젊었을 적에는 화장을 화려하게 하고, 옷도 화려한 것으로 골랐다. 그러더니 어느새 화장 했는지 안 했는지 모를 정도에 그치고 옷도 차분한 색상으로 변해간다.

옷이 날개라지만 옷보다는 입에서 나오는 말투, 억양, 단어에서 깊은 맛과 멋이 우러난다. 잠깐보다는 오래 볼수록 깊은 맛이 난다. 김치도 충분히 숙성돼야 제맛이 난다. 품위가 우러나는 아름다움이 진짜 멋이다. 첫 야외 사생 수업은 좋은 추억으로 남아 있다. 그리고 깊은 아름다움이 뭔지도 알게 해주었다.

동양화 읽기

한국화를 포함한 동양화를 읽다 보면 몇 가지 의구심을 떨칠 수 없다. 자연의 이치나 상식에 어긋나는 경우가 많고, 사실적인 풍경(眞景)을 그렸다는데 실제와는 상당한 거리감이 있고, 같은 형식의 그림이 예나 지금이나 여전히 반복되고 있다는 점 등이다.

예를 들면, 꽃이 피는 계절에 다른 계절 꽃들을 한 폭에 동시에 그리는 것이다. 또한, 동물들의 세계에서 새끼를 보호하고 끝까지 책임지는 것은 암컷이다. 하지만 동양화에서는 주인공이 언제나 수컷이고 암컷은 조연에 그친다.

그림을 '보는' 서양화와는 달리, 그림을 '읽는' '동양화'는 해당 그림이 '읽혀질 수 있도록' 그려야 한다. 그러기 위해 작가는 선택된 소재를 활용해 의도하는 그림을 그려, 그 의도를 다시 문자로 재현하고자 한다. 이것은 마치 시인이 가을 속에서 겨울이나 봄을 노래하는 것과 같고, 사랑하는 사람에게 내가 가지지 않은 것까지 모두 주겠다는 글을 쓰는 것이나 마찬가지다.

'그림을 읽는다'는 것, 즉 '그림을 글자로 바꾸어 본다'는 것은 동양화의 정립된 규칙이다. 그림을 보고 화가가 표현하고자 한 뜻을 파악하는 것이 아니라, 그림을 읽고 문장이나 문자로 바꿔봐야 화가가 표현하고자 하는 뜻을 헤아릴 수 있는 것이다. 이러한 규칙은 기명절지도(器皿折枝圖: 접시 그릇이나 꽃가지 꺾어 놓은 그림), 화조도(花鳥圖: 꽃과 새 그림), 초충도(草虫圖: 풀과 벌레 그림), 산수화(山水畵: 산과 물 그림) 등 모든 동양화 장르에 적용된다.

우리가 책(글)을 읽는다는 것을 독서(讀書)라고 하듯이 동양화를 감상하는 것을 '그림을 읽는다'는 의미로 독화(讀畵)라고 한다. 서양화는 그림을 본다는 의미로 간화(看畵)라고 한다. 즉, 독화는 그림을 그린 화가가 표현하고자 한 내용을 읽는 것으로서 그림을 책 속의 문장처럼 읽는 것이며, 간화는 눈으로 보이는 조형미를 감상하는 것이다.

옛날 그림의 형태는 화첩(畵帖)으로써 그림을 보는 것이 아니라 읽는 것이었기 때문에 죽간(竹簡)이나 첩(牒)의 형태를 이루었다. 동양화는 가운데 접히는 부분에 금이 가고 그림에 훼손이 되어도 읽는 데는 지장이 없었다. 만일 동양화가 보는 그림이었다면 가운데 금이 가면 훼손된 작품이었을 것이다.

세한도(歲寒圖)를 그린 추사 김정희의 제자 이상적은 그 세한도를 읽고 느낌을 다음과 같이 나타냈다. "한 폭을 엎드려 읽음에 눈물이 저절로 흘러내리는 것을 깨닫지 못했습니다." 즉, 그는 그림을 보고 감상한 것이 아니라 그림을 읽어 감상하였다는 것이다.

우리가 동양화를 읽을 때, 적용되는 규칙 특히 '읽는 방향'을 알아야 제대로 읽게 된다. 가로쓰기가 일상인 지금은 눈의 시선을 왼쪽에서 오른쪽 그리고 위쪽에서 아래쪽으로 읽지만 세로쓰기가 유행했던 지난날에는 오른쪽에서 왼쪽으로 그리고 오른쪽 행간에서 왼쪽 행간으로 이동해야 했다.

이에 따라 동양화 그림에서도 위쪽 구석(ㄱ자 코너)에 그림 제목을 적고 이어서 대주제별로 차례로 왼쪽으로 이동하면서 마지막으로 왼쪽 아래 구석(ㄴ자 구석)에 최종 주제를 그린 후 관지(款識)를 찍었다.

지금도 동양화, 한국화를 그리는 화가나 이 그림을 읽는 애호가들도 그림을 그리거나 감상할 때 눈의 시선과 화가의 의도를 꿰뚫고자 노력해야 제대로 읽을 수 있다.

나는 그림을 그릴 때, 내가 그린 그림을 읽고 시로 표현할 수 있고, 동시에 내가 지은 시를 읽고 그림으로 그려볼 수 있도록 노력하고 있다.

이제부터는 갤러리에 산수화를 읽으러 가자. 산수화를 읽고 시로 표현해 보자.

나는 내가 지은 시를 그림으로 그린다. 바라건대 나의 독자들도 내 시를 읽으면서 한 폭의 그림을 그릴 수 있기를 기대해 본다.

글

글은 크게 산문과 운문으로 나눈다. 산문에는 수필, 감상문, 소설, 일기문, 편지글, 설명문, 논설문 등이 있고, 운문에는 시와 시조 등이 있다. 그래서 이러한 글을 전문으로 쓰는 사람을 가(家)나 인(人)으로 칭한다. 산문 작가는 수필가, 극작가, 소설가 등으로 운문 작가는 시인, 시조시인으로 부른다.

산문은 운문에 비해 운율(韻律)이나 정형(定型)의 제약이 거의 없는 보통의 문장이다. 그러나 요즘엔 산문율이라는 시적 리듬이 깃든 산문도 많이 있다. 물론 운문에도 운(韻)이 없는 경향을 보이는 것이 있다. 운문은 어떤 형식적인 자구(字句)에 제약받지 않고 감정에 호소하여 감정의 고양이나 약동을 불러일으키는 문장이고, 산문은 오성(悟性)에 호소하여 서사적이거나 논리적인 파악을 하게 하는 문장이다.

내가 고등학교 때 교내에 '한모'라는 이름의 문예반이 있었다. 그 당시에는 대학입시가 우선이어서 교내 문예활동이 활발하지 않았다. 그래서 나는 학교 밖에 있는 돌샘이라는 문학동인회에서 시 부문으로 활동하였다. 내가 좋아하는 스타일의 여학생이 있었기 때문에 더욱 적극적으로 활동하였던 것 같다. 시가 무엇인지, 어떻게 쓰는 것인지 전혀 알지도 못하고, 체계적으로 일러주는 사람도 없었다. 그냥 각자 시를 써와서 발표하면 지도 선생님이 평을 해주시곤 했다.

그 후 대학교에 진학하면서 아주 오랫동안 시와 멀리 지냈다. 오십 년 후 어느 날 다락방 구석에 팽개쳐져 있던 시집들을 꺼내 보았다. 2017년 팔월 말 정년퇴임을 하자마자 방글라데시 선교사로 파송되어 외지 생활을 시작했다. 이때 다시 '시'가 나를 불렀다. 오랜만에 옛 친구를 다시 찾은 것이다. 2018년 11월부터는 중국에서 생활하게 되었는데 방글라데시보다는 시간이 많아 그림과 시를 직접 그리고 쓰게 되었다. 둘 다 독학이다.

2020년 일월 국내 『시와 이야기』라는 계간지를 발행하는 문학사로부터 창작시 다섯 편을 보내라는 소식을 받았다. 어떻게 그러한 소식이 내게 왔는지는 기억이 나질 않으나 참으로 반가운 소식이었다.

다섯 편 중 세 편 이상이 선정되면 시인이 된다는 것이었다. 다행히 다섯 편 모두가 선정되었고, 2020년 봄 호에 그 다섯 편이 모두 실렸다. 생애 처음으로 시 전문지에 실려 시인으로 등단하게 된 것이다.

그것이 계기가 되어 그 문예지가 운영하는 시인들의 모임에 가입하여 꾸준히 발표하다 보니 제법 많이 쌓였다.

어느 기성 시인을 만나 대화를 나누면서 시집을 발간해도 되겠다는 용기를 얻었다. 그림도, 시도 발표회를 열어야 한 단계 더 오르게 된다는 충언이었다.

그러던 중 내가 삼십오 년 동안 재직했던 대학교 출판원에서 저서 발간비를 지원한다는 공고를 접하였다. 준비된 자만이 숱한 기회를 내 것으로 만들 수 있다는 나의 좌우명, 〈진인사 득천명〉의 실현이 다가온 것이다. 준비된 시를 제출하여 다행히 선정되는 감격을 누렸다.

'시 감상문'을 써 주겠다고 약속한 그 기성 시인에게 출간을 위해 준비해 둔 시 백 편을 보냈더니 '시 감상문'을 보내왔다. 이렇게 해서 나는 2021년 이월 일일 첫 시집 『나무도 보고 숲도 보고』라는 제목의 시집을 출간하였다. 일 년 후 2022년 삼월 초하루에 두 번째 시집, 『천 마리 학을 접는 마음』이라는 제목의 시집을 출간하였다.

그동안 유명 시인들의 시와 시평을 읽으면서 나는 아직 세상에 내놓을 시집 출간이 멀었다는 생각만 하고 있었다. 그러나 이러한 과정을 거침으로써 시가 더욱 다듬어지고 독자층도 생긴다는 충고를 받아 용기를 냈다.

그런데, 내가 아주 좋아하는 피천득이라는 분은 전혀 다른 장르인 시와 수필을 동시에 쓴 사람이다. 그것을 알고 나는 수필도 공부하고 싶어졌다. 내게 수필의 가장 좋은 교과서는 피천득의 『수필』이다. 이 수필집은 그의 『산호와 진주』라는 시문선집, 『금아 문선』이라는 수필집과 함께 1976년에 발간한 후 현재까지도 끊임없이 읽히고 있는 베스트셀러이다.

그의 수필을 읽노라면 부담이 없다. 문장이 간결하고, 한두 쪽에 불과하다. 하지만 내용을 곱씹어 보면 한 권의 책만큼이나 깊은 내용이 들어 있다. 절제된 언어를 어떻게 저렇게 잘 구사할 수 있는가? 도입 단계, 전개 단계, 그리고 마감 단계가 질서정연하게 구술되는 이야기체의 글이 매력적이다. 시도 산문화되어 가고, 수필도 시를 닮아가기도 한다지만, 시와 수필의 차이가 분명한데도 어떻게 저렇게 양쪽을 다 섭렵할 수 있을까?

시인이 된 나는 시인들을 위한 시보다는 평범한 일반인들을 위한 시를 쓰고 싶다. 삶이 윤택한 독자층보다는 열악한 환경 때문에 자신의 능력을 발휘하지 못하고 있는, 넘어져 일어나질 못하고 있는, 일어나고 싶어도 일어날 용기가 나질 않는, 딱한 이웃들에게 힘이 되는 시를 쓰고 싶다. 그러면서도 한편으로는 시보다는 수필이 일반인들과 더 가깝게 지낼 수 있지 않을까 싶기도 해 수필 쪽에 마음이 더 쏠리고 있다.

길 가다가도, 버스 안에서도, 등산하다가도 문득 떠오르는 주제가 있으면 나는 즉시 휴대폰을 켜고 카카오톡 〈나와의 채팅〉에 들어가 관련된 소재, 어휘, 사진, 느낌을 주섬주섬 적어 넣는다. 다시 서재로 돌아와 그것들을 〈수필 구상 꾸러미〉에 넣어 정리해 보면 하나의 글이 탄생한다.

어느 날 불현듯 과연 내가 지금 쓰는 글이 제 길을 걷고 있는 건지 어떤지를 검토받아 봐야겠다는 필요성을 느꼈다. 그리하여 평소에 눈여겨봤던 월간문학 수필창작반의 문을 두드렸다. 이 수업을 통하여 글이 다듬어져 세련된 모습으로 숙성되어 가는 모습을 보고 있다. 그래서 독자들이 함께 웃고 울고 공감할 수 있는 글을 쓰고 싶다. 내 글을 읽어주는 독자가 없다면 그건 글이 아니라 낙서에 지나지 않을 것이 아닌가.

임산부 배려석

아랫배가 남산만 하게 나온 여성들을 우대하기 위해 시작한 것이 지하철 임산부 배려석이다. 거긴 분홍색 카페트와 태어날 아기 닮은 알로록달로록한 인형까지 앉혀놓았다. 가방에 분홍 리본을 달고 당당하게 인형을 안고 핑크 의자에 앉아있던 임산부는 분명히 나라의 보배였다. 아기 울음소리 듣기가 어려운 요즘, 우리 사회가 그들에게 해줄 수 있는 아름다운 배려였다.

그런데 언젠가부터 그 자리가 비는 날이 잦아졌다. 그 자리를 더 늘리자는 목소리가 나온 지 얼마 되지 않았는데, 이제는 그 목소리가 계면쩍어졌다. 그동안 무슨 일이 있었나, 귀 기울여본다.

임산부들이 배가 부풀어 올라 분홍색 꽃자리가 좁았나? 사람들의 존경스러운 시선이 오히려 부담스러웠나? 아니면, 불임 자들의 시기 질투가 그들 귀에 들어갔나? 임산부 배려석이 쓸쓸히 주인을 기다리는 시간이 길어지자 가짜인 듯 아닌 듯 아리송한 배불뚝이들이 슬그머니 앉기 시작했다. 처음에는 늦게 결혼하는 풍조라서 나이 든 여자들이 임신한 줄 알고 애써 눈감았다. 아니면 나라 보배들이 리본 달기가 거북스러워서 리본 없이 앉아있나 했다. 그런데 그게 아니었다.

아랫배든 똥배든 배 나온 자들이 자기 몸 지탱하기가 힘들어서 천연덕스럽게 앉았다. 할머니도 할아버지도 임신한 듯 태연하게 앉는다. 그런데 왜 하나같이 조는 시늉을 하나? 진짜 임신부는 고개 숙이고 휴대폰에 몰입하는 젊은이들인데.

미래 세대를 뱃속에 고이 안고 있던 임신부가 분홍 카펫 의자에 앉아있을 때는 꽃밭에 핀 아름다운 두 송이 꽃이었다. 분명히 애국가를 이중창 하는 꽃이었다. 임신부 배려석에 나라꽃 두 송이가 피었더랬다. 그런데 그 자리가 지금은 때가 꼬질꼬질해 임신부를 앉힐 마음이 사라질 듯하다. 그 예쁜 아기 인형도 어디론가 떠나버렸다.

갑자기 색맹 환자들이 늘어났나? 배가 불뚝 튀어나와 서 있기가 불편한 자에게 배려한 자리로 착각했나? 초고령 노인이 특별 배려석으로 착각하였나? 그것이 궁금하여 눈 감고 있는 그들에게 바싹 다가가 본다. 어디 불편하냐고. 아니면 색맹 환자냐고. 왜 눈 감고 있느냐고. 그들의 대답은 정정당당하다. 임산부들에게 보내는 시위라고 한다. '난들 여기 앉아있으면 마음이 편하겠느냐' 고 큰소리도 친다.

길바닥에서나 에스컬레이터에서나 아무데서나 껴안고 애정 표시하면서 왜 청접장은 날아오지 않느냐고 한다. 코로나 시대에도 진심으로 축하하려고 어렵게 예식장을 다녀왔는데 왜 아직도 할아버지

되었다는 소식은 들리지 않느냐. 마흔이 넘어서 신혼여행을 가니 아기가 금방 생기겠느냐. 자녀가 나중에 초등학교 입학식 때 담임선생님이 "할아버지 할머니 모시고 왔느냐"고 하면 어쩌지.

만삭이 다가오면 운동 삼아 시내는 아니더라도 둑길은 다녀야 하는데, 도대체 이 땅에서 배부른 아낙을 보기가 어렵다. 지하철에서 임신부를 보기가 어려워졌으니 이제 임산부 배려석에 무단으로 앉아 있는 이들을 떳떳한 시민으로 되돌려주어야 하지 않을까.

임산부 배려석은 이제 유효기한이 지난 우유 같다. "배려석이 곧 폐기처분 되기 전까지 임신 못 하는 우리라도 앉아있는 게 뭐가 잘못되었는가"라는 그의 대답에 할 말을 잃고 돌아서고 말았다.

임신부들이 자가용을 이용하느라 지하철을 이용하지 않는다면 다행스러운 일이다. 그런데 그것도 아니다. 산부인과 병원 분만실이 줄어들었다. 산후조리원도 문 닫는 소리가 여기저기에서 들린다.

눈이 쏙 들어간 서양인들 흉내 내느라 눈두덩에 파란색을 칠하고, 노랑머리 빨강머리가 부러워 유치원 미술 시간처럼 울긋불긋 물들이는 젊은이들이여. 미국은 출산율이 2명이 넘고 독일은 1.6명이 넘는다. 우리는 0.8에 그치고 있다. 왜, 출산율은 이들을 따라 하려 하지 않는가?

교육비가 많이 든다, 맞벌이로 육아비용을 충당할 수 없다, 자식을 맡길 수 있는 사회시스템이 마련되어 있지 않다는 이유는 변명이다. 자유민주주의에서의 자유는 사회 규칙 준수 하에서의 자유이지 제멋대로 하는 방종이 아니다. 지식인이냐 아니냐의 구별은 나, 사회, 국가를 동시에 중요하게 여기느냐 아니냐이다. 지식인이 되고 싶다면 자신만 생각하지 말고 사회와 나라도 고려해야 하지 않을까.

돈으로 모든 게 해결되지 않는다. 자식이 있어야 한다. 늙으면 서럽고 아프면 돌보아 줄 이가 있어야 한다. 아무리 돈으로 해결한다고 해도 그런 돈을 댈 만한 부자가 몇이나 될까? 나중에 나이 들어 혼자 떠돌아다니는 모습은 처량할 뿐이다.

좋을 호(好)의 글자를 보자. 여자(女)와 남자(子)는 결국 붙어야(好) 한다. 떨어져 있으면 여자와 남자일 뿐이지만 둘이 좋아해서 하나가 되면 천지를 창조한다. 둘이 하나가 되어 아기를 낳으면 얼마나 좋은가(好)를 체험해보라.

코로나 시대에 임산부들이 잠시 그 자리를 비웠거나, 태어날 아기를 위하여 자가용이나 택시로 이동하고 있겠지. 만나지도 말고, 말도 하지 말라고 하니 결혼도 임신도 지연시키고 있을 뿐인가. 사실이 아니길 빈다.

지하철 임산부 배려석아, 조금만 더 참아. 곧 돌아온단다. 아기 인형도 오고, 그 아줌마도 온대. 그때까지 더 참아, 안녕!

뿌리

입춘이 지나니 낮에는 제법 봄기운이 난다. 겨우내 팔다리 꼼짝하지 않던 나뭇가지며 목을 잔뜩 움츠리고 미동도 하지 않던 물고기들은 과연 어떻게 지내고 있을까. 냇가에는 얼음이 녹아 졸졸 흐르고 있다. 윗마을에서는 어떤 일이 일어나고 있는지 궁금하여 물줄기를 따라 올라가 본다.

상류 쪽으로 오르니 냇가에 심어진 나무는 가지만 남아 있어도 싱싱하다. 성급한 녀석은 벌써 새순도 틔운다. 마를 날이 없는 냇가에서 물을 실컷 마시고 햇볕을 충분히 받아 광합성 작용을 잘하고 있나 보다.

녹색 식물은 빛 에너지를 이용하여 자신이 필요로 하는 유기 양분과 에너지를 만드는 일을 한다. 초록색을 띤 엽록소가 빛 에너지를 모아서 이산화탄소와 물을 원료로 하여 탄수화물을 만들어 낸다. 냇가에 사는 나무는 건강할 수밖에 없다. 성경 구약 시편 저자 다윗도 '시냇가 물은 하나님이요, 냇가 나무는 자녀들이라' 하고 노래하고 있지 않은가.

조금 더 올라가니 상황이 영 달랐다. 냇가를 멀리 벗어나서 사는 나무는 가지가 메말라 금방이라도 부러질 것 같다. 땅이 메말라 나무가 먹을 물이 적어서 그렇다. 건드릴 수가 없다. 나무라고 하기조차도 민망할 정도로 생기가 없다. 마치 며칠 감기몸살 앓다 겨우 깨어난 아내처럼 먼 산만 바라보는 듯하다.

냇가 아래로 다시 돌아왔다. 이곳 나무가 싱싱한 건 분명히 충분한 물 때문이다. 땅속 깊이 박힌 뿌리로 냇가의 물을 마음껏 들이켜기 때문이다. 물이 충분해 줄기도 잎도 건강하다. 겨울이 지나고 잎이 무성해지면 광합성 작용을 활발하게 한다. 공기 중 이산화탄소를 들이마시고 물과 햇빛을 받아 포도당을 만들고 산소를 밖으로 내 뿜는다. 이 산소를 우리가 마시고 있다. 고마운 나무들이다.

그렇다. 냇가도 중요하고, 나무의 광합성 작용도 중요하다. 하지만 그 모든 것의 근본은 나무의 뿌리라는 것을 새로이 알게 되었다. 뿌리는 수분과 양분을 빨아올리고 줄기를 지탱하는 작용을 한다. 뿌리가 얕으면 바람이나 홍수에 쉽사리 무너지게 된다.

소나무 가지가 굽은 것은 뿌리가 얕아 영양분을 잘 빨아들이지 못하기 때문이다. 생명력이 강한 소나무는 뿌리를 옆으로 퍼지게 하여 물을 조금이라도 더 빨아들이려 안간힘을 쓴다. 안타깝게도 소나무 뿌리가 마치 하지정맥 질환을 앓는 환자의 종아리와 흡사하다.

맞다. 뿌리가 튼튼해야 건강하다. 뿌리는 곧 기초이다. 식물들이 뿌리가 깊어야 오래 견디듯이 사람도 뿌리가 튼튼해야 오래 산다. 조상의 뿌리도 중요하고, 몸체의 뿌리인 등뼈도 튼튼해야 한다. 학문의 뿌리에 해당하는 물리, 화학, 수학 등 기초 과목이 중요한 것도 이런 이치이다.

뿌리가 깊고 허리가 곧추선 나무는 비바람이 몰아쳐도 끄떡없다. 사람도 뿌리인 허리와 다리가 튼튼해야 한다. 그래야 나이 들어도 꼿꼿하게 어디든지 갈 수 있다. 어릴 때부터 바른 자세를 몸에 배도록 해야 하는 까닭이다. 뿌리 사랑, 허리 사랑은 아무리 강조해도 지나치지 않으리라.

십 년 전 허리디스크 수술 이후 통증은 사라졌으나 일어나 걷지 못하고 있는 아버지를 생각하면 끔찍하다. 수출 이후 집으로 돌아오지 못하고 요양병원 신세를 면할 수 없게 되었으니 말이다. 그날 이후부터 아버지는 어머니와 생이별하게 되었다.

내 나이가 아버지가 수술하셨던 나이를 벌써 지나쳤으니 허리 관심이 남 일이 아니다. 하루 팔천 보를 걷고, 주말에 반드시 등산에 나서는 것은 아버지의 산 교훈을 잊지 않기 위해서다. 내 건강의 뿌리가 허리라는 것을 잠시도 잊지 않고 있다.

봄이 되어 나무가 싱싱해지는 것은 나무의 뿌리가 살아있어서이니, 나의 삶도 튼튼한 허리가 살아있어야 싱싱해질 것이다.

"애비야, 너나 네 아들도 나처럼 되지 않게 한 살이라도 젊었을 때 허리 사랑 잊지 말아라. 제발 부탁이다. 명심해라."

고등학교 국어 은사이신 아버지는 내 문학의 뿌리이고, 내 존재의 뿌리이면서 내 건강의 뿌리이기도 하다.

씁쓸한 졸업식

무슨 일이든지 시작은 기대가 부풀게 마련이다. 그래서 그런지 얼마 전까지만 해도 입학식 날은 제법 격식을 갖추고 들떠있었다. 하지만 입학식을 끝낸 후 몇 년이 지나면 주위에 익숙해지고 들뜬 기분도 사라져 학교생활이 시들해진다. 결국 졸업식은 쓸쓸하다 못해 씁쓸하게 맞이하게 되는 것이 요즘 풍경이다.

지난날 졸업 시즌이 되면 남학생들은 머지않아 입사해서 입을 겸해서 양복 한 벌 맞춰 입고 여학생들은 한복 차림으로 한껏 성장(盛裝)하기도 했다. 스승을 위해 준비한 사은회가 결혼식장을 방불케 할 만큼 풍성했다. 초중고의 경우는 봄이면 소풍으로 가을이면 운동회로 학교마다 떠들썩했다.

대학의 경우는 가을학기가 되면 수학여행으로 캠퍼스가 술렁이고 관광버스가 교정을 가득 메웠다. 스승의 날이면 학교 주변 큰 식당마다 학생회 주관으로 축하 행사하느라 눈코 뜰 새 없었다. 벚꽃축제 계절인 오월이면 캠퍼스와 주변 동네가 한꺼번에 잔치 분위기로 야단법석이었다. 이름난 대학생 가수들은 캠퍼스마다 초청 가수로 초대받아 즐거운 비명을 울리기도 하였다. 내가 가르친 어느 학생 가수는 수업일수가 모자라 졸업이 늦어지기도 했다.

졸업식 날이면 캠퍼스 입구부터 교정 곳곳마다 차량으로 몸살을 앓았다. 꽃다발 장수들은 새벽부터 좋은 자리 잡으려 잠을 설치곤 하였다. 일 년에 한 번 있는 대목을 보느라 하루 종일 피곤하면서도 즐거웠다.

사진사는 커다란 견본 사진을 등에 멘 채 사진 찍느라 여념이 없었다. 사진사 가족이 모두 동원되어 활기찬 하루를 보내기도 했다. 심지어는 먹을거리 포장마차가 캠퍼스 안에까지 밀고 들어오는 것을 막느라 학교 당국은 진땀을 빼기도 했다. 그래도 모두가 즐거운 날이었다.

그런데 언젠가부터 수학여행도 사은회도 사라지더니 최근에는 입학식도 졸업식도 없어졌다. 최근에는 대학 교문에 게시된 플래카드에 '졸업을 축하합니다.', '입학을 축하합니다.'라고 쓰여 있을 뿐, 장소와 시간이 사라졌다. 코로나19 탓으로 졸업식과 입학식을 하지 못하는 것이다. 몇 년 전까지 강당에서나 운동장에서 축하 행사를 했었다. 아마도 코로나 시대가 가도 모두 슬며시 없어질 것 같다.

십 년 전쯤 내가 미국 캘리포니아 주립대학교에서 객원교수로 지낼 때 마침 아들이 오하이오 주립대학교를 졸업하게 되어 식장에 간

적이 있다. 무려 삼만 명이 넘는 축하객이 교내 스타디움을 가득 메운 걸 보고 얼마나 부러워했던지, 지금도 그 부러움이 남아 있다.

왜, 우리나라는 입학식과 졸업식이 사라지고 있을까? 이러다가 예식장도 없어지는 거 아닌가? 결혼할 젊은이가 결혼을 염두에 두지 않으니 결혼식장도 문을 닫을 수밖에 없는 거 아닌가. 대학에서 졸업여행이 없어지고 사은회도 사라진 건 취업이 어려워졌기 때문일까. 대학교와 대학생 수가 많아 졸업장이 갖는 희소성이 없어져 졸업식에 의미를 부여하기가 어려워서일까.

올봄 나는 제자의 박사학위 수여식에 참석하려고 가벼운 발걸음으로 교정을 찾았다. 옛날 같으면 이때쯤 꽃집도 사진관도 심지어는 학교 주변 식당과 포장마차가 북새통을 이루었을 것이다. 제자와 사진 찍으려고 준비해간 내 박사학위 가운도 별 의미가 없었을 뿐만 아니라 너무 조용해 세상이 사라진 것 같았다.

도서관 앞에서 직선으로 바라다보이는 교문까지 삼백 미터의 도로도 너무나 쓸쓸하였다. 도로가 사람과 차량으로 북적이던 그때를 떠올리며 돌아오는 내내 발걸음이 씁쓸했다.

봄기운이 스치고는 있으나 아직 나뭇가지가 앙상하여 씁쓸함을 더해 준다. 이제 내 박사학위 가운도 벽장 속에 깊이 넣어 두어야 하는가 보다. 십 년 후 손주들이 입학식, 졸업식 할 때 다시 그 묵직한 가운을 꺼내 입을 수는 있으려나.

주황색 스카프의 여인

매주 한 번 수필 공부하러 서울에 간다. 내가 쓴 수필을 미리 온라인으로 선생님께 제출하고 오프라인으로 검토받으러 가는 것이다. 어느덧 정기적인 일정이 되었다.

서울행 기차에 오르자마자 한 시간 정도는 지정 좌석을 놔두고 자유 칸에서 보낸다. 자유 칸은 출퇴근하는 손님들을 위해 만든 공간이다. 대전에서 서울까지 가는 시간은 수필 한 편을 읽고 다듬고 숙고해보는 시간이다. 나는 이 시간이 감미로워 무궁화 열차를 애용한다.

얼마 전까지만 해도 역 출입구에서 역무원이 펀치로 표를 일일이 검사했으나 지금은 표 검사가 없어졌다. 좌석 칸에서는 역무원이 빈 좌석만 확인한다. 자유 칸에서는 표를 확인한다. 알고 보니 역무원이 없는 간이역에서 탄 손님들에게 탑승권을 팔기 위해서였다..

자유 칸에는 앞 손님이 마주 보이는 의자도 있고, 스탠드식 의자도 있다. 나는 유리창으로 밖을 볼 수 있는 스탠드식 의자를 좋아한다. 주황색 스카프 휘날리는 여인 같은 무궁화 열차의 품에 안긴 채 여유로운 시간이 시작된다.

자유 칸의 의자는 한 명씩 따로따로 앉게 되어 있는 것도 아니고, 푹신한 스펀지도 깔리지 않았고, 곡선의 인체 구조도 고려하지 않았으니 불친절하게 보인다. 하지만 출퇴근 시간에 피곤함을 덜기 위해 되도록 많은 손님이 앉을 수 있도록 배려했다고 생각하니 참으로 '친절한 의자씨'로 다가온다. 이 의자에서 얼마나 많은 이가 꿀맛 같은 휴식을 취했을까? 내게도 이 자유 칸은 학창 시절부터 수많은 추억이 쌓인 공간이다.

나의 무궁화 열차는 대전역에서 서울역까지 운행하는 출근용이어서 작은 역은 그냥 지나친다. 하지만 다른 무궁화 열차는 시간대를 달리하여 골고루 작은 역을 거친다. 작은 역사(驛舍)는 한두 명이라도 찾아오는 승객을 위하여 말없이 굳건히 지키고 있다.

대전역에서 서울역까지 고속열차(KTX)는 한 시간 정도 걸린다. 하지만 주황색 스카프 두른 무궁화 열차는 두 시간 정도 걸린다. 하루만에 일을 볼 수 있는 시대가 되어 불가능하던 하루 일정도 가능해졌다. 하루면 되던 일에는 넉넉한 여유가 생겼다. 내가 그 혜택을 톡톡히 누리는 사람이다.

무궁화 열차는 종종 고속열차를 먼저 보내기 위해 잠시 스카프 매무새를 가다듬으며 기다릴 때가 있다. "바쁜 분 먼저 가슈!" 등산객들이 산에서 만나 서로 길을 비켜주듯이 그렇게 우아한 매너도 보인다. 스피드 시대의 고속열차는 생각도 할 수 없는 예의범절이다.

대전—서울 간 고속기차는 서는 역이 몇 개 되지 않다. 하지만 무궁화 열차는 들르는 역이 많다. 방송이 자주 들린다. 지나치지 않도록 친절하게 알려주는 음성이다. 지금 막 '전의역'을 지난다. 오래전 대전여자중학교에서 열렸던 충남 도내 탁구대회에서 이곳 전의여자중학교 선수들이 탁월한 솜씨를 보여 대전 전체가 박수를 보냈던 기억도 스쳐간다.

회덕, 매포, 내판, 직산, 서정리 등 지나치는 역들의 들녘이 한가롭다. 아직 농번기가 아닌 듯한데 부지런한 농부는 논밭을 갈고 있다. 소가 끌던 쟁기가 트랙터로 바뀌었다. 농부는 고랑과 이랑을 가지런히 예쁘게 다듬어 놓는다. 논밭을 가로지르는 네 갈래 길에서 트랙터와 자동차가 서로 양보하며 길을 비키고 있다. 마당에 자가용 승용차도 보인다.

회덕, 신탄진, 매포, 부강을 지나가는 기찻길 옆에는 고물상 가게들이 줄지어 자리 잡았다. 개울도 굽이굽이 흐르고, 논밭도 제법 많다. 천안을 지나 서울이 가까워 오니 창밖에 고층 건물이 보이기 시작하고, 상가가 다닥다닥 붙어 있다. 철로 옆에 방음벽이 설치돼 좀 딱딱한 도시 분위기가 나타나지만 담쟁이넝쿨이 있어 싱그러움을 준다.

천안부터는 지하철이 운행되어 무궁화 열차가 정차하는 역이 더 적어진다. 드디어 영등포역이다. 내릴 준비를 해야 한다. 두 시간의 느림 여행이 지겹기는커녕 아쉽게 끝나간다. 따끈한 커피 한 잔을 마시며 마지막 느림의 여유를 즐긴다. 괜스레 바쁘기만 한 현대생활에

이 느림의 시간은 더할 나위 없이 행복한 '나'의 시간이다.

한강철교를 지나니 유람선도 유유히 흘러간다. 오늘 하루 남은 일들도 무사히 흘러갈 것 같다.

주황색 스카프를 휘날리는 이 여인과 오래오래 사귀고 싶다. 아니, 본디부터 나의 죽마고우였지만 앞으로도 영원한 벗으로 지내고 싶다. 그러려면 내가 서울을 자주 드나들어야 한다. 서울을 자주 드나든다는 것은 아직 할 일이 많고 배울 일이 많다는 것이다.

서울로 이사 가기 전까지는 일주일에 한 번 꼭 이 여인의 얼굴을 보련다. 주황색 스카프 휘날리는 무궁화 열차여! 언제나 나와 함께 마음의 춤을 추어요.

김빱쓰 김빱

바쁠 때 감초처럼 나타나는 비장의 무기, 김밥! 무지갯빛으로 단장한 속살을 함부로 보여주지 않으려는 듯 검은색으로 돌돌 두른 김밥. 김밥은 무궁화 열차와 더불어 흥미로운 이야깃거리가 많다.

기차는 비들기호로 시작하여 통일호, 무궁화호, 새마을호, ITX새마을호에 이어 KTX로 발전하면서 속도 경쟁을 하고 있다. KTX가 2004년 첫 운행하던 날, 나는 '누가 타려나' 내심 걱정했다. 서울–부산 간 요금이 비행기 요금과 엇비슷했기 때문이다. 그런데 이게 웬일인가. 어느새 주중 할인 혜택이 사라질 만큼 인기 만점이었다. 정말 '걱정도 팔자'다.

나는 대전에서 고등학교까지 다니다가 대학은 서울에서 다녔다. 자연스럽게 기차를 자주 이용하기 시작했다. 파란색의 비둘기호가 1964년에 첫 운행하여 2000년까지 운행되었고, 주황색의 무궁화호가 1983년부터 운행하였다. 나는 주로 대전—서울 무궁화호 노선을 이용했고 가끔 부산행도 이용하였다. 무궁화 열차를 이용하면서 차곡차곡 쌓인 사연들이 많다. 이만한 오랜 친구가 또 있으랴! 요즘도 이 죽마고우 보러 무궁화 열차를 자주 이용한다.

무궁화 열차에는 반가운 이동식 매점이 있었다. 대전역 가락국수의 인기도 유명 연예인 못지않았다. 그래서 느려도 이용하는 손님이 많았다. 때론 입석표도 감사할 따름이었다. 입석 이용객들이 너무 많아 좌석에 앉아있어도 마음이 편하지 않았다. 연세 지긋한 분이 서 있으면 자리를 양보하지 않을 수 없었다. 그것도 도착할 때까지….

대전역 가락국수는 맛도 좋고 아랫배를 따뜻하게 해주어 장거리 여행에 더할 나위 없었다. 당시 서울역에서 밤 여덟 시 사십오 분에 출발한 기차는 영시 사십 분에 대전역에 도착했다. 이 기차가 다시 목포로 가기 위해 기관차의 방향을 반대편으로 바꾸는데 약 십 분 정도가 소요된다. 이 기차는 영시 오십 분에 목포를 향하여 출발한다.

기막힌 십 분의 시간. 이 시간은 밤 여행객들에게는 황금의 시간이다. 여행객들은 대전역 플랫폼 간이식당에서 가락국수로 시장기를 달랜다. 배가 따끈따끈해져 흡족한 기분으로 열차에 오르면 세상 부러울 게 없다.

1959년 여가수 안정애가 '대전 블루스'를 발표한 무대가 대전역이다. 대전역에서 영시 오십 분에 출발하는 목포행 완행열차에 얽힌 청춘 남녀의 이별을 노래한 트로트 곡이다. 십 분의 기다림이 '대전 가락국수'와 '대전 블루스'를 탄생시킨 것이다. 기다림은 단순한 소비가 아니라 창조의 시간으로 보답한다. “대전발 영 시 오십 분.”

기차가 출발하자마자 기다렸다는 듯 이동식 매점이 덜커덩거리며 통로에 나타난다. 손님들 얼굴을 차근차근 곁눈질하며 나지막한 목소리로 유혹한다. “심심풀이 땅콩 있어요. 오징어, 소주 있어요.” 여기저기서 주머니 부스럭거리며 매점 아저씨를 세운다.

빨간 비닐 망에 든 삶은 달걀은 누구나 좋아했다. 혼자 먹기가 어색하여 주위 사람에게도 한 개씩 나누어 주던 훈훈함. 둘씩 앞뒤로 마주 보며 네 명이 앉았기 때문에 세 명 모두에게 골고루 한 알씩 나누어 준다. 삶은 팍팍해도 인정은 팍팍하지 않았다.

마른오징어와 땅콩은 소주 안주에 일품이다. 동행하는 친구가 따라준 소주 한 잔을 단숨에 들이킨다. 저절로 터져 나오는 감탄사, “캬~.” 마른오징어 몸통을 쭉쭉 찢어 땅콩에 싸서 고추장 찍어 먹던 아저씨의 흐뭇한 표정이 지금 생각해도 신선 풍모 같다.

서울서 사는 숙부와 촌수로 아버지뻘 되는 아저씨가 부산으로 제사 지내러 가는 무궁화 열차는 지루하지 않았다. 두 분이 주거니 받거니 하다 보면 금방 부산역에 도착한다. 왜, 마른오징어와 땅콩이 소주 안주로 올라왔을까? 유유상종이라고, 아마 무궁화 열차와 어울렸겠지.

무궁화 열차는 모든 역에 정차하여 친절하게 손님들이 내리고 오르도록 기다려 준다. 이때 사람들이 자리를 잡도록 이동 매점도 열차와 열차 사이 공간에서 기다려 준다. 기차도 기다리고, 매점도 기다리고 모두 배려의 손길들이다.

이 틈을 타서 동네 청년들이 양손에 김밥을 들고 열차 안으로 비집고 들어온다. 열차가 정차하는 촌음의 시간에 김밥 장사를 하려는 것이다. 우간다 엔테베 공항 인질 구출 작전을 펼친 이스라엘 특전사 요원도 이걸 배웠으리라. 잘해야 열차 한두 칸을 거칠 수 있다. 재깍 재깍 육십 초 후 폭발물 터질 시간 소리가 들려오는 듯, 빠르게 외쳐댄다. "김빱쓰 김빱.", "김빱쓰 김빱."(김밥 있어요, 김밥)

손가락 사이에 잔돈 끼운 채 좌우로 고개 돌리며 잽싸게 지나간다. 잘하면 준비해 간 김밥을 다 팔기도 한다. 기차가 서서히 이동하기 시작하면 출입구 손잡이에 매달려 착지점을 물색한다. 공수부대원 낙하산 착륙 자세 같기도 하다. 체조선수 마무리 착지하는 실력 못지 않다.

대전 인근의 시골에서 대전으로 통학하던 친구들은 이런 장면을 매일 보니 대수로이 여기지 아니했으리라. 어쩌면 그 친구들도 학교 가지 않는 날이면 기차에 올라 "김빱쓰, 김빱쓰"를 외쳐댔을지도 모르고. 예나 지금이나 김밥은 한 끼 식사로 손색없다. 외국인들도 영양학적으로 훌륭하다며 김밥을 잊지 못한다. 김밥 재료를 준비하는 과정은 복잡하더라도 만들기 편하고, 영양도 좋고, 값도 비싸지 않아 남녀노소, 국적 관계없이 누구나 좋아하는 김밥.

"김밥을 노벨상 후보로 천거합니다."

6부

함바식당

체질

"새카만 후배가 여기 왜 왔어?"

동창 모임에 나가 자주 듣는 말이다. 자기들보다 젊어 보이니 질투하는 말 같다. 내 머리카락은 반백이지만 숱이 무성하고 얼굴에는 주름 하나 없다.

내 머리카락과 피부는 고희인 내 나이를 무시한다. 이발소에 가도 한마디씩 듣는다. 수많은 손님을 대하고 있으니 이발사는 금방 알 거다. 이발사는 숱이 적은 손님에게 요금을 받으려면 좀 미안할지 몰라도 나에게는 그렇지 않은가 보다. 오랜만에 임자 만난 듯 숨죽이며 머리카락 깎는 데만 집중한다. 제값 받고 일한다는 자부심을 느끼는 것 같다.

나의 체질은 어머니를 닮았다. 백 세가 다 된 어머니는 아직도 머리카락이 까맣고 숱도 많다. 아버지는 연세에 걸맞게 머리카락도 하얗고 숱도 거의 다 빠졌다. 하나 있는 형은 아버지를 닮고, 나는 성격까지도 어머니를 빼닮은 듯싶다.

질병에 걸리는 경향, 작업의 능력, 기타 여러 가지 조건에 견디는 힘의 차이를 '체질'이라고 한다. 체질이 형성되는 요인은 신체 전체에서 나타난다. 신체는 유전적인 것과 환경적인 요인에 의해서 만들어진다. 말하자면 현재의 환경 속에서 만들어진 몸과 마음의 자세가 바로 체질이라는 것이다.

나는 어머니의 DNA에 있는 머리카락과 피부라는 신체적 기능을 이어받은 것으로 보인다. 물론 어머니의 이러한 체질은 외할아버지나 외할머니로부터 이어받았겠고.

하지만 나는 이러한 체질에 대한 설명에 완전히 동의하지 않는다. 체질은 어머니로부터 이어받은 유전적인 것도 있지만 내가 칠십 년을 살아오면서 겪은 환경적인 요인도 있으리라 믿기 때문이다.

가령 머리카락이 빠지는 것은 자연적인 현상이기도 하지만 외부적인 요인도 무시할 수 없다. 스트레스를 많이 받으면 머리카락이 급작스럽게 빠지다가 그 스트레스가 해소되면 다시 머리카락이 되살아나는 사람을 자주 보았다.

그래서 나는 좋지 않은 일이 생기더라도 크게 고민하고, 자포자기하고, 우울하지 않다. 동물이나 사람은 왜 귀를 양쪽에 달아 주었나를 생각해 본다. 균형을 맞추기 위해서일 것이다. 그런데 나는 그 균형 말고도 또 하나가 있다고 생각한다.

언짢은 소리가 한 쪽 귀로 들려오는 것을 막을 길은 없다. 하지만 나는 금방 재빠르게 판단하여 불필요한 것은 다른 쪽 귀로 흘려 내보내는 탁월한 능력이 있다. 불필요한 소리가 한 쪽 귀에서 다른 쪽 귀로 통과하는 시간 동안만 신경이 쓰일 뿐이다. 물론 이 능력도 타고난 것일지 모른다.

그런데 그런 능력 때문에 달갑지 않은 부작용도 있다. 한쪽 귀로 들어온 달갑지 않은 소리를 금방 다른 한쪽 귀로 흘려보내다 보니 일찍 난청이라는 복병이 들어온 것이다. 나도 모르는 사이에 난청이 온 것을 아주 늦게야 알게 되었다. 그런데 어머니도 이른 나이에 난청이 왔다.

결국 어머니로부터 물려받은 체질이 한두 가지가 아니다. 긍정적인 체질도 있지만 부정적인 체질도 많이 이어받았다. 나를 낳아 주신 어머니이기 때문에 불만은 없다. 오히려 그러하기에 정상인보다 더욱더 노력한다. 나는 청각 장애자임을 숨기지 않는다. "청각 장애자들이여, 귀를 열어라, 노력의 귀를 열어라. 그리하면 이루어지리라."

포지션

"자, 얘들아 제자리로 돌아가 다음 수업 준비해라." 고등학교 때 특별 활동을 끝내고 담임 선생님께서 늘 하시던 말씀이다.

"지안아, 장난감 가지고 놀았으면 제자리에 갖다 놓자." 어린이집이나 유치원에서 가르치는 '바른 생활' 교육 시간 모습이다.

모두가 '제자리를 지키라'는 말이다. 제자리는 자기 본래의 위치를 말한다. 굴러가는 돌멩이는 멈춘 곳이 바로 제자리이지만, 말똥은 몇 번 굴러야 제자리를 찾는다. 사람이나 사물은 제자리인 포지션을 지킬 때 안정을 찾게 된다.

나는 이를 수학의 X, Y 좌표로 비유한다. 우리가 마땅히 있어야 할 제자리 좌표가 (0, 0)이라면, 이 위치를 벗어났는지 어떤지를 확인해야 한다. 만일 내가 다른 위치에 놓여 있음을 알면 재빠르게 제자리 (0, 0)로 돌아가야 한다. 국민으로서, 자녀로서, 학생으로서, 공무원으로서 제자리에 놓여 있는지를 수시로 점검해야 한다. 그래야 사회와 나라가 제대로 돌아가게 된다.

제자리를 축구·배구·농구에서는 '포지션'이라고 한다. 선수 각자가 맡아야 할 위치이다. 운동선수는 마땅히 주어진 포지션에 충실해야 한다.

요즘 손흥민이라는 축구 선수가 잉글랜드의 북부 도시 토트넘 헛스퍼(Tottenham Hotsur)팀에서 크게 이름을 떨치고 있다. 프랑스 리그21, 스페인 프리메라리가, 이탈리아의 세리에 A, 독일의 분데스리가 그리고 영국의 프리미어 리그(Premier League)는 세계 5대 프로축구 리그다. 영국에는 프로축구가 1~4부까지 있고, 그중 제1부가 바로 프리미어리그이며 20개 프로축구팀이 들어 있다.

손흥민 선수가 소속되어 있는 토트넘 핫스퍼는 프리미어 리그에서 4~5위에 든다. 그는 골 득점 순위에서도 상위를 달리고, 팀 내에서 주전으로서 높은 대우를 받는다. 그의 몸값이 비싼 이유는 골잡이인 퍼워드 포지션 때문이다.

그가 골잡이 포지션을 맡았다고 해서 꼭 골을 잘 넣는 것은 아닐 것이다. 오케스트라가 아름다운 음악을 선사하는 것은 지휘자의 손짓으로 악기들이 제 역할을 훌륭히 소화해 내기 때문이다. 손흥민 선수는 골잡이이므로 상대 선수들이 호락호락 그냥 놔두지 않는다. 그래서 골을 넣도록 공을 정확하게 센터링해 주는 동료 선수의 도움이 필요하다.

우리 사회도 마찬가지이다. 오천만 명의 국민이 제자리에서 자기

일에 충실하게 되면 나라가 잘되게 마련이다. 대통령, 국회의원, 나아가 동사무소 직원까지 모두가 제자리에서 맡은 바 일을 성실하게 하면 나라 발전은 저절로 이루어진다.

수필가는 수필로, 시인은 시로, 화가는 그림으로, 성악가는 노래로, 운동선수들은 운동으로 뭇사람에게 위안을 주면 세상은 환해질 것이다. 보이지 않는 포지션 질서가 선을 넘으면 안녕이 사라진다.

국가는 국민 하나하나에 의해서 이루어진다. 삼림도 나무 한 그루 한 그루에 의해서 이루어진다. 나도 마찬가지이다. 내 포지션에서 내 본래의 임부를 다하면 국가라는 삼림에 기여할 것이다. 내가 첫 시집을 내면서 제목을 『나무도 보고 숲도 보고』라고 한 것도 이런 뜻에서였다.

누룽지와 숭늉

할아버지를 모시고 살던 아버지가 장손이라 거의 매달 제사를 지냈다. 제사가 끝날 때쯤이면 으레 마지막으로 올리는 숭늉이 있다. 우리에게는 전통적으로 내려오는 식사 문화가 있었다. 그중 하나가 숭늉이다. 식사를 마치면 먹은 밥이 목구멍 아래로 쑥 내려가도록 반드시 물을 먹는 습관이 있는데, 그 물이 곧 숭늉이다. 그래야 식사를 다 마친 것으로 여겼다. 나는 유소년 시절까지만 해도 누룽지와 숭늉을 거의 매일 먹다시피 했다.

어렸을 적에 먹어본 음식은 희한하게도 평생 잊히지 않는다. 요즘 아이들이 누룽지나 숭늉 대신에 천연광천수나 보리차를 먹는 게 일상인 것과 마찬가지다.

나는 전라북도 군산 바다 건너 장항에 인접한 서천군 시초면에서 태어나 바로 옆 한산면으로 이사했다. 거기서 초등학교 3학년 1학기까지 유년 시절을 보냈기 때문에 전라북도 지방 음식이 입맛에 배어 있다.

한편, 어머니가 지어주신 밥을 먹은 기간보다 아내가 지어준 밥을 먹은 기간이 더 길다 보니 자연스럽게 아내의 음식 맛에 길들었다. 그렇지만 아내가 지어주는 내 밥상 위에는 어머니가 밥상에 올렸던 새우젓, 마늘, 청양고추가 떨어질 날이 없다. 어머니와 아내 음식 맛이 조화를 이루어 멋을 이루고 있다.

대전에 백 세가 가까운 부모님이 살아 계시기 때문에 자주 찾아뵐 겸 대전에 화실을 마련했다. 자연스레 대전에 있을 때는 밥 대신 누룽지를 즐겨 끓여 먹는다. 조미료를 많이 사용하는 식당 음식을 피하고 싶어서이다. 조미료를 전혀 사용하지 않는 아내 입맛이 내게는 그대로 배어있다.

전통적인 숭늉은 큰 무쇠솥에서 만들어진다. 밥알이 무쇠솥 밑바닥에 찰싹 들러붙어 갈색으로 변한 누룽지에 물을 붓고 한소끔 끓이면 누런 물이 만들어지게 되는데, 이것이 바로 원조 숭늉이다. 이 숭늉의 특징은 철분이 많이 들어 있고, 맛도 냄새도 구수하다는 것이다. 한국인만이 느낄 수 있는 멋과 맛이다. 구수한 맛은 혀끝에서 바로 느끼고, 멋은 그냥 눈으로 그 자리에서 보인다.

쌀로 밥을 짓는 방식이 비슷한 중국과 일본에서는 누룽지나 숭늉은 없으니 당연히 이러한 맛도 멋도 있을 리 없다. 중국이나 일본에서는 숭늉 대신에 차(茶)가 발달하게 되었고, 우리나라는 숭늉이 있어 차가 발달하지 않았다. 그래서 이 '구수하다'는 표현을 외국어로 제대로 표현하기가 쉽지 않다. 한국인 감정에 와 닿는 영어의 적확한 표현이 뭐가 있을까? '구수하다'의 맛과 멋은 숭늉을 먹어보지 않은 사람은 표현할 길이 없을 터이다.

어른들은 밥을 먹고 나서 숭늉을 마셔야 식사를 마친 것으로 여겼다. 그러다가 무쇠솥이 사라지고 전기밥솥으로 대체되면서 누룽지도 덩달아 사라지고 숭늉도 사라졌다. 그 자리에 슬그머니 보리차가 들어섰다.

다행히 이러한 누룽지와 숭늉이 부활하고 있다. 입맛이 떨어지거나 밥을 지을 시간이 부족하거나 날씨가 쌀쌀하여 따끈한 물이 생각날 때는 누룽지로 만든 숭늉만 한 것이 없다.

게다가 누룽지나 숭늉은 농사짓는 농민들도 살린다. 쌀은 저장소에서 수년간 쌓아놓으면 쌀가마니의 무게로 낟알이 자디잘게 부스러지게 되어 상품성이 떨어진다. 이런 묵은쌀이 가마솥에 눌려서 누룽지로 탄생하고, 숭늉으로 변하여 다시 입맛을 불러낸다.

더욱 놀랄 만한 사실은 이러한 누룽지가 우리의 식탁을 장악하고 있는 산성 식품을 중화시키는 대표적인 알카리성 식품이라는 점이다. 누룽지나 숭늉은 소화 기능을 높이는 데 도움을 주고, 혈관 기능에도 도움을 주며, 다이어트, 숙취 해소, 간 기능향상, 당뇨 예방에도 도움이 된다고 한다. 누룽지 만세!

그런데 요즘 젊은이들은 이걸 모른다. 인스턴트 수프나 아메리카노를 더 좋아하니 시대를 원망하지 않을 수 없다. 그래도 언젠가는 조상 대대로 입에 밴 누룽지 맛을 알 날이 올 것이라는 희망의 끈을

놓지 않는다.

안타까워만 할 게 아니라 가정에서 적극적으로 누룽지와 숭늉을 만들어 먹는 문화를 이어갔으면 좋겠다. 누룽지와 숭늉이 우리 식사 문화로 다시 돌아오기를 손꼽아 기다린다.

손녀가 제 어미한테 이런 명언을 남길 날이 오려나? "엄마, 숭늉 주세요"

세월

"요즘 어떻게 지내나?"

"슬렁거리는 강아지풀 흐름에 맞춰 세월 보내고 있을 뿐이지. 어찌할 도리가 있어야지."

휴대폰 속에 입력된 지인들을 하나하나 찾아보다 한동안 소식이 끊긴 친구 이름이 반갑게 나타났다. 우리는 오랜 친구였으나 아주 사소한 일로 오해가 생겨 그동안 뜸했다. 내가 손을 먼저 내밀어 다시 회복되기는 했으나 옛날 같지는 않다. 그래서 혹시나 해서 문자를 보냈더니 돌아온 대답이다. 그동안 세월이 많이 지나 근황을 물을 분위기도 아니었다.

어제 밤늦게까지 집안일 하다 잠든 아내를 깨우기가 안쓰러웠다. 아내는 해가 중천에 떠 있어도 여전히 속옷 차림으로 침대에 웅크리고 누웠다. 얼마 전까지만 해도 새벽녘에 일어나 부지런히 하루를 시작하던 아내이다. 나이는 속이지 못하나 보다. 아내가 김장을 서른 번 하니 할머니가 되었다고 푸념을 한 적이 기억난다. 역시 세월 타령이었으리라.

우리나라 교육시스템은 두 학기 제도를 고수하여 삼월과 구월에 신학기가 시작된다. 학기가 시작되면 학생들은 공부로, 엄마는 뒷바라지로 바빠진다. 학기가 끝나 방학이 되면 아이들은 신난다. 하지만 아이들과 씨름해야 하는 엄마는 비상이다.

대학의 경우는 십오 주 수업이라 너무 길어 학생도 교수도 지치기 일쑤다. 그러나 기말고사 두 번 치루면 일 년이 가버린다. 세 학기제도를 실시하면 세월이 좀 더디게 갈 것 같은데 말이다.

'세월'이라는 말은 그냥 막연히 흘러가는 시간, 한평생의 세상, 요즈음 지내는 형편이나 사정 등 여러 가지 의미로 쓰인다. 그러나 한탄조로 사용하는 '세월아 네월아'는 좀 다르다. 일종의 '언어유희법'의 하나로 볼 수 있는데, 달 셋(세 월) 달 넷(네 월)을 뜻하여 석 달 넉 달 그냥 시간을 흘려보낸다는 의미이다.

세계적인 코로나19 사태로 지구가 잠시 멈춘 듯 정지 상태에 놓인 요즘 나는 오히려 바쁘게 지내고 있다. 지금까지 독학해 온 것들을 전문가를 통해 업그레이드하는 시간으로 활용하는 데 세월을 보내기 때문이다.

은퇴하여 시간적 여유가 있기도 하지만 역병 탓하고 그냥 세월을 흘려보내는 것이 너무 아쉽다. 지지난해 중국에서 일 년간 체류하면서 산수화 화단(畵壇)에 발을 디뎠고, 지난해에는 시단(詩壇)에 상투를 틀어 올렸으며, 작년 봄에 이어 올해 두 번째 시집을 출간하였다.

이 세상에 첫발을 딛고 나와 언젠가는 다시 온 곳으로 돌아가기 전까지 한세월을 보내면서 하고 싶은 일은 다 해 보고 가야겠다는 다짐을 하게 되니 세월이 너무 빠르게 지나고 있다.

그야말로 세월이 흐르는 물 같고, 쏜 화살 같기만 하다. 허송세월을 하는 게 너무 안타깝다. 모르고 지낸 헛세월은 뒤돌아보지 말고, 앞으로의 세월에 더욱 충실하리라.

한세월 살아가면서 참기 잘한 때도 있고 억울한 적도 있다. 억울한 경우는 세월이 지나면 잊히겠지 하고 참고 지내니 정말 세월이 약이 되었다. 오히려 그때는 억울했지만 나를 억울하게 만든 상대방의 마음도 평생 편치 못할 것이라 여기니 그 상대방이 오히려 안쓰럽게 여겨진다.

얼마 전 나는 유일하게 낙으로 삼던 '한국화 교실'이 문을 닫아 답답한 마음에 평소 눈여겨 둔 한적한 섬을 찾아갔다. 지금까지 배운 것을 연습해 볼 겸해서 붓, 먹, 화선지 몇 장을 챙겨 마스크를 착용하지 않아도 되는 곳을 택한 것이다. 거기 가면 지인 혼자뿐일 테니 한동안 머무를 마음으로 찾아간 것이다.

아뿔싸, 배로 도착하니 나보다 먼저 온 사람들이 몇몇 있었다. 모두 나와 같은 심산으로 와 있다. 정말 이들은 세월이 가는지 오는지 모르고 사는 조선 초기 한량들이었다.

반대로 역병 탓에 음식 배달원, 우편 배달원, 퀵서비스 맨 같은 사람들은 바쁘게 세월을 난다. 이 사태가 지나면 좀 나아지겠지 하며 세월에 속아 사는 자들이 훨씬 더 많아 안타깝기도 하다. 하지만 나에게는 이러한 세월이 오히려 반가운 새 친구가 되었다.

"세월아, 세월아. 나와 함께 소꿉놀이 하자. 너는 엄마, 나는 아빠. 두껍아, 두껍아, 헌 집 줄게, 새 집 다오."

입춘

"여러분 안녕, 반가워요. 나는 여러분 담임 선생님이에요."

개구쟁이는 엄마 손 꼭 잡고 가슴팍에 예쁜 손수건 달고 학교 교문으로 들어선다. 어리둥절하면서도 설렘으로 가득 찬 말썽꾸러기는 교문에서 밝은 미소로 인사하는 엄마 같은 선생님께 덩달아 꾸벅한다. 하얗게 빛바랜 그 옛날 흑백사진이다.

오늘은 봄이 시작하는 첫날이어서 그런지 저 멀리 창 너머로 옛날 이야기들이 아지랑이로 피어오른다. 나도 모르는 사이 세월이 켜켜이 쌓여 입춘을 일흔 번이나 맞이하다니 믿어지지 않는다.

대한과 우수 사이에 놓인 봄은, 시를 쓰고 그림을 그리는 나에게는 특별히 와 닿는 계절이다. 동물이나 식물이 음지에서 겨우내 움츠리고 있다가 살짝 목을 내밀고 나랑 이야기하고 싶다는 듯이 두리번거릴 때가 온 것이다.

겨울에 텃새들은 앙상한 나뭇가지 사이를 마음껏 날아다닌다. 하지만 봄이 되면 마음대로 날기가 어려울 만큼 잎이 무성해진다. 겨울에는 시(詩)나 그림 친구들이 보이질 않아 을씨년스러웠지만 이제 화폭이 풍성해질 수 있으리라 생각하니 또 설렌다. 이 마음은 해마다 똑같다.

아직 겨울이지만 절기상으로는 입춘이니 봄이다. 어젯밤은 지난해 마지막 날이 지난다는 의미의 해넘이였다. 이십사절기의 마지막인 절분(節分)이었으니까 입춘인 오늘은 연초(年初)인 셈이다.

머지않아 봄비가 내리고 싹이 튼다는 우수가 온다. 얼었던 땅이 녹기 시작하고, 겨울잠 자던 벌레들이 부스스 움직이기 시작하겠지. 얼음 밑에선 물고기들이 꼬리를 흔들기 시작하리라. 그런데 봄이 왔다고는 하지만 아직 봄이 아니다. 내가 봄을 기다리는 걸 시샘하는 듯, 가는 겨울이 아쉬운 듯, 추위가 마지막 몸부림을 친다.

입춘은 늘 간절한 소망을 품고 온다. 인간의 소망은 미신도 아니고 비과학적인 것도 아닌 그저 간절한 기도이다. 그야말로 사람으로서 할 일을 다하는 것(진인사, 盡人事)일 뿐이다.

해마다 반복되는 절기이지만 나에게 봄은 참으로 소중한 계절이다. 예수의 부활처럼 다시 깨어나는 것이 봄이니 말이다. 겨우내 숨죽이며 새근새근 잠자다가 내 눈앞에서 부스럭대며 새싹을 틔우며 부활하고 있다.

참고 견디면 봄이 온다기에 매서운 겨울을 날 수 있다. '희망이 있다'고 확실하게 믿기 때문에 어떠한 어려움도 이겨낼 수 있을 것이다. '봄이 온다.'는 믿음이 없다면 어찌 혹한을 넘기랴.

그래서 첫 절기인 입춘이 입하, 입추, 입동보다 더 기다려진다.

'아, 입춘! 시와 그림으로 다가올 나의 봄. 봄. 봄.'

가르침이 큰 달, 5월

내 앞에서 네 명의 손주가 재롱을 떤다. 친손주와 외손주 각각 둘씩이다. 친손주는 모두 손녀이고, 외손주는 큰놈이 사내이고 작은놈이 계집애이다. 아내는 첫 손주를 첫사랑이라면서 끔찍이 사랑한다. 그놈이 아내를 할머니로 불리게 하였으니 나로서는 괘씸한 녀석일 뿐이다. 온 식구가 온통 첫째에 몰입되어 갔다. 뭐든지 처음은 신기하고 작은 건 귀엽다.

얼마 후 둘째로 외손녀가 태어났다. 이제 다시 가족의 관심은 둘째로 쏠렸다. 그러다가 아들이 장가들어 손녀를 안겨주었다. 그러는 사이 두 외손주는 어느새 커버렸고, 셋째 놈에게 시선이 집중되어갔다. 셋째가 이제 막 걸음마 배우느라 가족 모두 난리인데 막내 손주 넷째 손녀가 태어났다. 연년생이다. 요즘 우리 가족은 넷째 녀석 바라보느라 사팔뜨기가 되어가고 있다.

덩치 큰 코끼리도 새끼는 어찌 그리 귀여운지, 심지어는 파리도 새끼는 귀엽지 않은가. 동물들의 새끼는 귀엽다는 표현보다 '구엽다'는 게 더 어울릴 것 같다. 동물만이 아니다. 식물도 마찬가지다. 왜 그럴까?

막내 손녀가 하는 짓을 보고 키득대느라 시간 가는 줄 모르고 지낸다. 이제 제법 커버린 외손주 둘은 멀리 말레이시아에서 살기 때문에 얼굴을 직접 보지는 못하고 사진과 동영상으로만 그리움을 달랠 따름이다.

그러나 다행히 친손주는 가까이에서 살기 때문에 보고 싶으면 달려간다. 그러나 안타깝게도 코로나19 사태로 마찬가지로 사진과 영상으로 대신하고 있다. 자기 전에도 누워서 동영상을 보며 그리움을 달래다가 스르르 잠이 든다.

내 책상 위에는 내 백일 때의 사진과 지금 두 아이 엄마인 딸이 백일 때 내 품에 안겨있는 사진이 나란히 놓여 있다. 나는 손주들의 동영상을 보며 나의 그 시절을 추억해 본다. 막내 손녀가 재롱떠는 모습을 보며 나의 그때 그 시절을 떠올려 본다. 손녀의 현재의 모습을 보며 과거의 나를 손녀 옆으로 데려온다.

잠시 후 막내 손녀를 나의 백일로 데려가 본다. 막내 손녀는 할머니를 닮은 듯하다. 머리카락이 곱슬이며, 쟁반같이 큰 얼굴이며, 포도 좋아하는 거나, 느릿느릿한 코알라 같은 행동도 영락없이 제 할머니 닮았다. 막내 손녀 입술이 완전히 닫히지 않고 반쯤 열려있는 건 아비 어렸을 때와 똑 닮았다. 현재의 손녀를 과거의 나의 모습으로 데려가고 있다.

우리는 흔히 추억과 회억 사이를 수시로 오고 간다. 그래서 종종 태어난 본향을 찾아 나선다. 거기에 가면 나의 옛 모습을 찾아볼 수 있고, 현재의 손주들을 데리고 가서 회억의 시간을 갖기도 한다.

나는 요즘 아버지 어머니를 보며 어린 시절을 떠올리는 추억의 시간을 자주 갖는다. 빛바랜 흑백사진을 보거나 옛이야기를 나누며 추억의 시간을 갖는다. 어머니와의 대화는 옛날이야기가 안성맞춤이다. 서로 공감하는 부분이 많기 때문이리라.

회억과 추억은 머지않아 자녀들과 공유하리라 본다. 그래서 부모는 자녀들과 많은 추억거리를 남겨야 한다. 부모는 옛날로 돌아가는 회억의 시간을 갖고, 자녀와는 추억의 발자취를 함께 더듬는 시간을 가질 수 있기 때문이다.

오월은 가정의 달이다. 추억과 회억의 시간을 나눌 수 있는 달이다. 추억은 과거를 현재로 가져오는 것이고, 회억은 현재를 과거로 들어가 보는 것이다.

어린이날이면 할아버지도 손주들 챙기느라 분주하다. 어버이날이면 자녀들이 바쁘고, 나도 부모님이 계시니 바쁘다. 스승의 날이면 나는 더 바쁘다. 아버지가 내 고등학교 은사이기 때문이다. 부부의 날이면 온 식구가 함께 지낸다. 추억과 회억이 비빔밥처럼 먹음직스럽게 버무려지는 시간이다.

이팝나무에 꽃이 만발하는 오월이 오면 우리 식솔에도 사대가 함께 어울려 이야기꽃을 피운다. 앞으로 오월을 몇 번이나 더 즐거이 맞이할 수 있을까. 내가 건강을 지켜야 할 이유가 바로 여기에 있다.

코로나19의 큰 교훈

사람은 자연과 더불어 살아가야 하는 공동운명체이다. 사람이 이것을 잊지 않았을 때 지구는 평화로웠다. 하지만 사람이 자연과 멀어지기 시작하면서 지구의 불행이 시작되었다.

6세기 유스티니아누스 전염병, 14세기 흑사병, 15세기~19세기 천연두, 황열병, 우역(牛疫), 기아, 이상기온 등이 나타나기 시작했다. 20세기에는 홍콩 독감, 일본 독감, 중동호흡기증후군(MERS), 에볼라가 창궐하였고 현재 COVID19가 누그러질 줄 모른다.

게다가 다시 COVID19의 신종 변이 바이러스가 지구촌 구석구석을 휘젓고 있다. 지금까지 나타난 바이러스는 숙주(가축) 세포를 감염시킬 뿐 다른 종(사람)에게는 감염시키지 않았다. 하지만 요즘은 하나의 바이러스가 다른 종에 직접 전염시키는 변이 바이러스가 퍼지고 있다. 게다가 바이러스 스스로 새로운 바이러스로 변이되고 있다.

COVID19와 변이 바이러스의 세계적 유행(팬데믹)이 오래 지속되자 사람들이 지쳐 간다. '언제나 끝날까.' 걱정이 이만저만 아니다. 전염병 종료에는 '의학적 종료'와 '사회적 종료'라는 두 가지 유형이 있다. 전염병 발생률과 사망률이 최저치에 이르면 '의학적으로 종료' 된다. 사람들이 전염병 공포에서 누그러지면 '사회적으로 종료' 된다.

'사회적 종료'는 전염병이 완전히 사라졌기 때문에 종료된 것이 아니다. 사람들이 전염병에 시달리면서 살아가는 데 한계에 이른 경우에 나타난다. 그리하여 전염병과 더불어 살아가는 방법을 터득하여 새로운 돌파구를 찾은 후 종료시키는 것을 의미한다. 자연을 지배하며 살아가던 것을 포기하고 전염병과 더불어 살아가려는 것이다.

이때 의학적 종료와 사회적 종료 간에 갈등이 생긴다. 의학적으로는 아직 종료되지 않았는데도 너무 지쳐서 사회적 거리 두기나 마스크 착용을 거부하는 경우이다. 이 모습이 최초로 미국과 유럽 일부 국가에서 나타났다.

깨끗하게 씻는 것은 병원균 전염 경로를 막는 예방 수칙일 뿐이지 해결책이 아니다. 병원균이 일으킬 대재앙의 원인을 제대로 알아야 해결책을 찾을 수 있다. 인간은 자연의 한 구성원에 불과하다는 것을 받아들여야 한다. 자연 앞에서 인간은 한없이 무력하다. 이러한 인식의 전환이 시급하다.

공중 보건 위생을 잘 지켜 치사율이 높지 않다고 방심해서는 안 된다. 전염병 예방에 최선을 다하고, 수시로 진단하여 발생 초기에 치료하여야 한다. 만일 발생하면 정부 차원에서 신속하게 대응하여 확산을 막아야 한다. 백신이 개발되어 주사를 맞는 것은 예방 차원이다. 한편, 미국, 일본, 유럽 등은 전염병 발생 초기 단계에 신속하게 대응하지 못하여 문제가 커졌다. 강대국에 대한 이미지가 크게 손상되었다.

어수선한 가운데 봄은 잊지 않고 또 찾아왔다. 의리 깊은 친구다. 내게도 이만한 친구가 있으면 좋으련만. 농부들도 오랜 친구인 봄이 다시 찾아오니 두 손이 모자란다. 논밭을 갈기 위해 트랙터 운전으로 땀깨나 흘린다. 겨우내 얼었던 땅의 속과 겉을 교대시켜 주려는 농부의 마음이다. 마치 지난날의 일상을 뒤집어엎는 오늘날의 세태를 연상하게 한다.

여태껏 음지에서만 지내다 햇볕 쬘 기회가 없던 얼굴들이 환해지고 있다. 황달병 환자처럼 얼굴이 누렇게 된 소외자들이 세상으로 나온다. 면대면에서 비대면으로 바뀌자 퀵서비스 맨, 택배원, 음식점 배달원들이 바쁘다. 마스크와 소독약 제조사가 신났다. 공공장소나 버스 종점에서 소독하는 새로운 일자리가 생겼다. 칸막이 용도의 투명 비닐 제조사의 공장이 바쁘게 돌아가고 있다.

사람이 세상을 변화시켜왔으나 이제는 세상이 사람의 생활 방식을 변화시키도록 강요하고 있다. 입 안에 음식물을 머금은 채 이야기하는 잘못된 습관을 버리라고 일러주고 있다. 손 씻기를 생활화하도록 강조하고 있다. 마스크를 쓰고 다니니 감기 환자 수가 적어졌다.

내과 의사들은 감기 환자가 줄어 소득이 줄었다고 울상이다. 하지만 덕분에 그들은 자유로운 시간이 많아지지 않았는가. 정부는 보험료 지출이 적어져 보험 재정에 보탬이 되고 있다. 해외 관광이 중단되어 여행수지가 흑자로 반전되었고, 외환보유고가 최고치를 경신하고 있다.

바이러스가 더 이상 변이를 일으킬 원인을 제공하지 않아야 한다. 덜 쓰고, 덜 먹고, 덜 버리면 된다. 그렇지 않으면 바이러스는 바이러스대로 생존을 위하여 끊임없이 새로운 변이를 일으킬 것이다. 사람은 자연의 일원으로서 자연과 더불어 살아가야 함을 새로이 깨닫게 해준다. 자연은 사람에게 끊임없이 가르친다.

자연만 한 선생님이 어디 있으랴! 자연 선생님께 머리 숙여 감사해야 하련다.

함바식당

농부는 사월 곡우(穀雨)에 비가 내리면 못자리에 볍씨를 뿌린다. 아기가 태어나기 전에 엄마 자궁에서 열 달 동안 지내듯이 볍씨도 못자리에서 움이 튼다. 못자리는 볍씨의 자궁(인큐베이터)이다. 볍씨가 자라 모가 되면 인큐베이터에서 나와 논으로 이사 간다. 이른바 '모내기'이다. 모내기 철이 되면 일손이 턱없이 부족하다. 이때 농활이 시작된다.

여름이 가까워 오면 대학생 봉사동아리는 농활을 가기 위해 자원봉사자들을 모집한다. 대학생들은 농촌봉사활동을 '농활'이라고 한다. 벼가 중학생만 하게 크면 덩달아 벼 옆에 꼽사리 껴 무성하게 자라는 잡풀들이 있다. 벼와 다르게 생긴 잡풀은 쉽게 솎아낼 수 있지만 '피'는 벼와 비슷하여 구별하기 어렵다. 피는 솎아내고 솎아내도 무성하게 자라 농부를 지치게 한다. 그래서 '피 다 잡은 논 없다'는 말이 나왔나 보다. 이런 잡풀들을 쏙쏙 뽑아내야 벼가 풍성하게 자라

가을 황금빛 들판이 된다. 농활에서는 모내기도 하지만 피를 뽑아내는 일도 중요하다.

피는 볏과의 한해살이풀로 열매는 먹기도 하고 사료로도 쓴다. 지리산에 '피아골'이 있다. 반야봉에서 연곡사 사이에 있는 계곡이다. 여기에서 '피'는 사람의 피(血)가 아니라 농부들을 괴롭히는 그 잡풀이다. 피아골 입구 마지막에 직전(稷田)마을이 있다. 피〔稷〕밭이 있는 마을이다. 옛날에 농사지을 땅이 부족했던 직전마을 사람들은 풀과 나무를 불살라 버리고 그 자리를 일구어 골짜기 시냇물을 끌어들여 피밭을 만들었다. 그 피죽으로 생계를 이어갔다.

나는 어머니의 음식 맛에 길들어진 기간보다 아내의 음식 맛에 익숙해진 지가 더 오래되었다. 아내는 조미료를 쓰지 않는다. 나는 식당에서 밥을 사 먹는 경우가 거의 없다. 식당 밥은 먹을 때는 맛있지만 돌아서면 조미료 냄새로 뒷맛이 개운치가 않다.

게다가 식당에서 주는 밥은 흰쌀밥이기 때문에 더욱 그렇다. 흰쌀밥은 싱겁고 달아 좋아하지 않는다. 나는 잡곡밥을 좋아하는데 잡곡밥을 내놓는 식당이 흔하지 않다. 쌀보다 잡곡이 더 비싸기 때문이다. 하지만 나도 점점 식당에 드나드는 날이 잦아진다. 아내도 이제 밥하기가 싫은 나이가 되었으니.

다행히 요즘 집에서 먹는 밥과 같은 백반집이 유행한다. 이것도 옛날 짜장면, 옛날 소주, 옛날 식혜처럼 옛것을 찾는 소비자들의 기호에 맞추려는 마케팅 전략인 듯싶다. 백반은 집밥이다. 식당 음식은 아무리 맛있어도 몇 번 먹으면 물린다. 희한하게도 집밥은 평생 먹어도 물리지 않는다. 아기 때부터 길들어진 입맛이라 그럴 것이다.

백반은 잡곡을 섞지 않고 흰쌀로만 지은 밥이다. 옛날 어렵게 살 때 흰쌀밥은 생일에나 먹었고 평소에는 보리밥으로 끼니를 때웠다. 요즘 백반집에는 흰쌀밥과 잡곡밥을 함께 내놓는다. 흰쌀보다 잡곡이 건강에 좋다고 여기기 때문이다. 나도 자연스럽게 백반집을 자주 찾는다.

백반집 유행에 따라 덩달아 신난 것이 함바식당이다. 함바식당은 여럿이 함께 밥을 먹는 집, '함밥집' 같이 들리기도 하여 정겹다. 함바식당은 주로 공사 현장 근처에 있다. 공사장 인부들이 점심 식사 때 멀리 가기가 어려워 건설 현장 근처에 생긴 간이식당이다. 저렴하면서도 푸짐하다. 인부들은 뜨거운 국을 좋아한다. 드럼통에 구멍을 뚫고 장작개비로 불을 지펴 큰 가마솥에 잡뼈를 푹 고아 시래깃국을 끓여 내면 인부들의 얼굴에 '함박꽃'이 핀다.

'함바식당'은 원래 일본어 '한바(飯場, はんば)'에서 온 말이다. 일본의 건설 공사 현장에 임시로 지어놓은 식당을 일컫는다. 국립국어원에서는 '현장 식당'이라고 다듬어서 쓰기를 권한다. 하지만 시중에서는 여전히 함바집, 함바식당이라고 해 우리말처럼 들리기도 한다.

그런데 나는 '우리말처럼'이라는 말에 동의하지 않는다. 일본에서 건너온 함바식당이라는 단어가 우리말처럼 여겨지는 게 아니라 본디부터 순수한 우리말이기 때문이다. 공사 현장에 있는 식당에서 먹어보면 금방 알 수 있다. 함바식당의 메뉴는 백반 단 한 가지이다. 집에서 아내가 해준 밥과 똑같아 집밥이고, 밥집이다. 게다가 집에서는 하기 어려운 사골 시래깃국이 나온다. 식사 시작부터 끝날 때까지 인부들의 얼굴에 '함박꽃'이 활짝 핀다. 그래서 '함박꽃이 피는 집', 함박집, 함바집, 함바식당이 된 것이다.

농부가 농사철에 수시로 논에 나가 잡풀을 뽑고 피를 솎아주어야 벼가 한여름 태양 볕을 받아 풍성하게 자란다. 우리말도 풍성하고 아름답게 잘 가꾸려면 잡풀을 내쳐야 한다. 평소 알게 모르게 쓰는 우리말에는 외국어가 너무 많다. 한때 세계화의 물결을 타고 슬며시 파고든 영어 표기가 아무런 거리낌 없이 마구 쓰인다. 아파트 이름, 회사 이름, 하물며 아이 이름까지도.

일본 찌꺼기를 없애버리자고 다짐을 거듭하면서도 아직도 알게 모르게 사용한다. 특히 건설 관련 용어에 일본어가 함부로 쓰인다. 하지만 건설 현장과 관련된 것처럼 보이는 함바식당은 일본어가 아니라 순수한 우리말, '함박꽃이 피는 집'이다.

백반집은 복고풍의 유행으로 상업화되어 가지만, 건설 현장에서 일하는 인부들의 얼굴을 환하게 해주는 함바식당은 푸근함을 더해준다. 맛있는 식사를 마친 인부들은 환한 얼굴로 다시 일터로 간다. 일을 마치고 집으로 돌아가면 아내가 해준 저녁 집밥이 또 따뜻하게 기다리고 있을 것이다.

우리나라 경제성장의 원동력은 이 함바식당에서 왔다. 그래서 나는 함바식당을 늘 예찬한다. 집에서도 일터에서도 함박꽃이 피는 집, 그 '함바집'은 바로 우리나라 고유의 식당이다.

자장면

신혼 초 아내의 생일날 외식하러 가자고 하여 따라나섰다. 방향이 서울 청계천 낙지 골목이었다. 나는 멋진 낙지요리 식당을 찾느라 이 집 저집 기웃거리는데 아내가 가리킨 식당은 중국집이었다. 요리 하나 시키자고 했더니 들은 척도 하지 않고 메뉴 중에서도 제일 싼 '자장면'을 택했다. 못 말리는 아내였다. 아내는 지금도 뻥 튀김, 붕어빵을 좋아한다. 가난하게 자라지도 않았는데 싼 음식을 즐겨 찾는 건 예나 지금이나 변함이 없다.

자장면의 효시는 중국 산둥성 음식인 작장면(作醬麵)이다. 이 작장면이 1905년 강 건너 우리나라로 넘어왔다. 이 메뉴는 인천 제물포 공화춘이라는 중국 식당에서 우리나라 사람들에게 첫선을 보였다. 이때만 해도 작장면은 외국 요리였으니 귀한 음식이었다.

우리나라는 해방이 되고 정부가 수립되면서 자본유출을 막아보고

자 화교들의 재산을 제한하였다. 중국에는 공산당이 들어섰다. 한국전쟁이 발발하자 우리나라에 거주하던 중국 화교들은 완전히 고립되었다. 이때 화교들이 생계를 위해 할 수 있는 일은 중국 식당 개업뿐이었다.

1960년 당시 우리나라의 경제 수준은 아프리카의 D.R.콩고와 서남아시아의 방글라데시와 엇비슷하였다. 미국으로부터 밀가루 원조를 받지 않으면 살아갈 수 없는 극빈국이었다. 지금 내 선교지역으로 두 나라가 선택된 것은 이런 배경이 깔려있다. 이때 화교들의 아이디어가 적중했다. 값싸고 열량 높은 자장면을 탄생시킨 것이다.

자장면은 작장면과 비슷하지만 만드는 과정이 다르다. 작장면에는 짠 첨면장(甛麵醬)을 사용한다. 첨면장은 콩으로 만든 된장을 사용하기 때문에 짜다. 화교는 한국인의 입맛에 맞게 콩 대신에 원조로 받은 밀가루에 캐러멜을 넣어 반짝반짝 윤기 나는 춘장을 개발했다. 이 춘장이 자장면 맛의 정수가 되었다.

우리나라로 이주해온 작장면은 자장면이라는 이름의 우리나라 음식으로 탈바꿈하여 영구 귀화하였다. 자장면은 값은 싸면서도 맛에 한 번 빠져들면 학력, 지위, 체통 다 잊게 한다. 일종의 마약이다. 1960년대 싼 음식의 대명사가 된 자장면이 전국을 강타하기 시작했다.

졸업식 날 전국의 자장면 식당은 북새통을 이루었다. 꽃다발을 든 졸업생과 대가족이 모두 자장면을 먹느라 혼이 빠질 지경이었다. 입가에 묻은 시커먼 춘장 흔적이 멋지게 보였던 시절이다.

경제개발 5개년계획을 시작한 1962년 당시에는 먹을거리가 턱없이 부족했다. 이때 농촌 인구가 일자리를 찾아 도시로 밀려들어 왔다. 이들은 기념할 만한 날이면 기다리고 기다리던 별식, 자장면을 먹었다. 최고의 별식이었다.

자장면 휘젓다가 젓가락이 부러져 춘장이 옷에 튄 경험을 한두 번씩은 다 했다. 우리나라 산에는 땔감으로밖에 사용하지 못하는 소나무만 무성했다. 그 소나무 젓가락은 결이 약해 잘 부러졌다. 나중에 중국에서 대나무 젓가락이 들어와 옷을 버리는 일이 적어졌다.

그 후 외환위기가 불어닥쳐 중국 화교들이 중국 본토로 송금하는 것이 어려워지고 재산권 제한도 지속되자 하나둘씩 한국을 떠났다. 그 후부터 한국인들이 중국 식당을 운영하기 시작했다.

오늘날 자장면에는 옥수수가 얹히고 달걀 반쪽도 올라온다. 영양소가 조금 첨가되었다. 하지만 밑반찬은 여전히 단무지와 양파 그리고 새 눈물만큼 떨어뜨려 놓은 춘장이 전부다. 중국집은 비싸지도 않은 춘장을 왜 인색하게 주는지 이해가 되지 않는다.

자장면 검은 면발의 유혹은 데이트하는 날까지 이어졌다. 마땅한 게 없으면 언제나 자장면이었다.

자장면인가, 짜장면인가? 표준어는 자장면이다. 짜장면으로 된소리로 발음하는 것이 일반화되어 짜장면도 인정한다. 오늘날 자장면은 싼 음식은 아니다. 하지만 아직도 하루에 육백만 그릇을 비우고 있다니 그 위력은 변함이 없다.

가난했던 시절의 추억이 담긴 자장면이 요즘 복고풍 시대에 다시 식탁을 장악한다. 삶이 여유로워지자 아련한 옛것을 찾고 싶은지 요즘 소주도 하늘색 병에 든 옛날 소주가 대세이고, 옛날 자장면도 중국집 메뉴판에 빨간 글씨로 〈오늘의 메뉴, 옛날 자장면〉이라고 벽을 장식해 준다.

그러고 보니 아내가 요즘도 자장면을 찾는 것은 그 옛날의 추억을 찾는 나이가 되어서인가 보다. 나는 대학생 때 자장면으로 끼니를 때우느라 물렸다. 하지만 다음 아내 생일날 옛날 자장면 외식하자고 불러내야지. 환영받겠지.

7부

●
●
●

파란 기다림

이른 말

배냇니가 빠지고 새 이가 나던 어린 시절, 엄마로부터 혼났던 기억이 생생하다. 엄마가 이르신 말('이른 말')을 듣지 않았기 때문이다. '미운 일곱 살'이 어디서나 말썽을 피우는 바람에 부모님들이 자주 곤경에 빠지곤 한다. 하지만 말썽꾸러기는 얼마 가지 않아 의젓한 중학생으로 성장한다. 어른들의 '이른 말'을 잘 안 듣는 것은 아름다운 성장통이려니.

하지만 안타깝게도 그 '미운 일곱 살'이 그냥 아름다운 성장 과정으로 끝나는 게 아니다. 성인이 되어서도 계속 이어지는 경우가 흔하기 때문이다. 개인 간에는 물론이고 사회적으로나 행정적으로 '이른 말'을 듣지 않아 갈등이 끊이지 않는다.

지하철 에스컬레이터 곳곳에 '걷거나 뛰지 마시오'라고 큼지막한 글씨로 경고하고 있다. 하지만 이에 아랑곳하지 않고 걷는 것은 물론

이고 뛰어 오르내리기가 일쑤다. 바빠서 그런 경우도 있겠지만 그렇지 않은 경우가 대부분이다. 에스컬레이터에서 내리면 다시 천천히 걷는다. 참, 이상하다.

대부분 나라는 사람이나 차량의 우측통행을 시행한다. 영국 지배를 받았던 일부 나라만 좌측통행을 한다. 네거리 건널목 바닥에 '우측통행'이라고 노란색 화살표가 크게 그려져 있으나 거의 지키지 않는다. 아무런 의식 없이 그냥 부딪치고 부딪힌다. 비싼 예산을 들여 표시해 놓은 노란색 화살 표지가 계면쩍어 보인다.

우리 사회는 일제 강점기의 잔재로 한때 좌측통행을 해 오다가 오래전부터 우측통행으로 바뀌었다. 하지만 아직도 길 건널목에서 좌측, 우측을 가리지 않는다. 이렇게 고착되어버린 버릇이 등산에서도 이어져 눈살을 찌푸리게 한다. 사회적으로 '이른 말'을 듣지 않고 있으나 혼내주는 사람도 없다. 모두가 못 본 채 그냥 슬며시 지나치는 사회가 되었다.

요즈음 코로나19 관련한 행정명령도 마찬가지이다. 여러 명이 모이지 말라는 '이른 말'을 듣지 않고 있어 말썽을 일으킨다. 상대방이 싫어하는 말이나 행동을 하게 되면 갈등이나 다툼이 일어나게 마련이다. 행정명령은 시민으로서 지켜야 하는 '상식'으로써의 '이른 말'에 해당한다. 본인이 싫은 말이나 행동은 상대방도 마찬가지라는 것을 무시하니 갈등이 생긴다.

법 없이도 상식적으로 통용되는 질서를 스스로 지켜 사회생활을 원만하게 할 수 있으면 얼마나 좋을까. 하지만 '자율'의 뜻을 알지만 실제로 생활하다 보면 많은 제약이 따른다. 그래서 법으로 정해 놓고 지키도록 요구하고 있다.

복잡해가는 현대사회에서 자율은 하나의 이상이 되어버렸다. 아무래도 어릴 적 '미운 일곱 살'의 말썽꾸러기 흔적이 나이 들어서 다시 돋아나나 보다. 어릴 적에는 스스로 판단하는 능력이 부족하여 어른들이 '이른 말'을 듣도록 타이른다.

하지만 어른이 되어 바삐 살다 보면 자율을 이행하기가 어려울 수 있다. 하지만 건전한 사회생활을 하려면 법률이나 행정 조치를 따라야 한다. 그렇지 못하면 갈등이나 다툼은 끊임없이 일어난다. 정말 우리는 평생 말썽꾸러기에서 벗어나지 못할 것인가!

파란 기다림

"달력 나왔으면 하나 주세요."

"아직 본부에서 내려오지 않았어요." 은행 직원은 무뚝뚝하게 대답했다.

섣달이 되면 사람들은 다음해 달력을 찾는다. 내년을 미리 보고 싶어서 그럴 것이다. 재작년에는 새 달력을 구하기가 어려웠다. 코로나19 바이러스 사태로 공장이 돌아가지 않았기 때문이었다. 내가 스스로 달력을 만들어야 할 판이었다. 다음에는 내가 필요로 하는 달력을 직접 만들어야겠다고 생각했다.

달력은 달마다 넘기는 것이 대표적이지만 한 장에 열두 달이 들어 있는 연력(年曆)도 있다. 이 한 장짜리 달력은 따분하다. 한 장에 두 달 혹은 석 달이 들어 있는 달력도 지루하기는 마찬가지이다. 같은 장면을 두세 달이나 들여다보아야 하기 때문이다.

매일 뜯어내는 일력은 귀찮기도 하고 어제가 금방 잊혀 아쉽기도 하다. 그러고 보니 한 달에 한 번 뜯어내는 월력(月曆)이 제일 무난하다. 월력은 벽에 걸어 놓는 것도 있고, 탁상 위에 삼각형 모양으로 세워 놓는 것도 있다. 요즘 캘리그래피, 판화, 산수화, 유화, 수채화 화가들은 자기 그림을 넣어 탁상 달력을 만든다. 나도 언젠가 그러한 달력을 만들어봐야지.

나는 책상 위 가장 잘 보이는 곳에 탁상 달력을 세워 놓는다. 고흥 나로도 우주센터에서 인공위성을 쏠 때 세는 카운트다운처럼 하루하루를 빗금으로 지우기 위해서다. 하루의 삶이 지겨워서 그러는 게 아니다. 제대 말년에 부대 정문을 나서는 날 기다리는 군인의 심사도 아니다.

나는 해군 중위로 복무했는데, 그때까지만 해도 탁상 달력 날짜에 빗금을 긋지 않았다. 교수직에서 정년으로 퇴임한 직후부터 자연스럽게 생긴 습관이다. 살아온 기간보다 앞으로 남은 기간이 점점 짧아지기 때문에 하루하루를 알차게 보내고 싶어서이다. 오늘 할 일을 착실하게 실천하고자 하는 결심이다. 하루살이 인생처럼.

그런데 요즘 자주 볼 수 없어 귀한 몸이 되어버린 일력이 뜬금없이 떠오른다. '일력'은 책상 위에 올려놓고 메모하게 되어 있어 생활에 유용하다. 일력에는 그림이나 사진이 들어갈 자리에 간단한 메모를 할 수 있는 공간으로 남겨놓았다. 일력은 뜯어내는 형식이 아니라 오른쪽에서 왼쪽으로 넘기게 되어 있어 지난날을 더듬어 보려면 거꾸로 한 장 한 장 넘기면 된다.

요즘은 토요일도 휴무이어서 금요일이 불금(불타는 금요일)이라고까지 부를 정도로 기대되는 요일이 되었다. 그러나 얼마 전까지만 해도 토요일은 반 공휴일이라고 해서 오전 근무만 하면 일에서 벗어나기 때문에 기다려지는 요일이었다.

일력에서 가장 기다려지는 요일은 바로 금요일이다. 금요일이 되면 다음 장에 반 공휴일인 토요일 글씨가 파란색으로 희미하게 비치기 때문이다. 토요일의 색깔은 파란색이고 일요일은 빨간색이다. 금요일 저녁이면 으레 성급한 마음에 미리 넘기기가 일쑤였다.

파란 속살이 들여다보이는 신나는 토요일. 신혼 첫날밤 색시가 속이 훤히 비치는 드레스만 걸치고 나오던 그 모습이 눈에 선연하게 연상되는 파란 토요일. 참으로 아름다운 옛이야기이다.

반 공휴일이 온 공휴일로 바뀐 지 상당한 세월이 지났다. 하지만 일력을 보면 여전히 파란 토요일이 비치는 금요일이 반갑기만 하다. 불타는 금요일보다 파란 토요일을 비추는 금요일이 더 그리워진다. 나를 설레게 했던 '파란 금요일'이여, 안녕하십니까?

참선진국, 그 멀고 험한 길

우리나라는 선진국인가? 이 질문에 아무도 자신 있게 대답하지 못할 것 같다. 후진국이라고 말할 수는 없어도 분명히 선진국은 아니기 때문이다. 왜, 자신 있게 대답하지 못할까.

일반적으로 돈이 많은 나라는 선진국이고 그렇지 못한 나라는 후진국이라고 한다. 틀린 말은 아니다. 돈이 있으면 못할 것이 없는 세상이기 때문이다. 그런데 돈을 주고도 살 수 없는 것이 있다.

지난 세기말, 세계 각국은 21세기에는 과연 어느 나라가 미국을 이어 패권을 거머쥘 것인가에 대하여 논란이 많았다. 미국의 절대적 위치는 여전히 크지만 상대적 위치가 떨어지고 있었기 때문이다.

전 세계 국가를 대국과 소국으로 구분하려면 경제, 군사, 정치, 문화의 측면에서 바라보아야 한다. 미국은 모든 분야에서 독보적인 위치를 차지하고 있다. 그래서 미국을 기준으로 하여 미국의 자리를 이을 만한 국가가 있는지 살펴보자.

공산당 일당 체제하의 사회주의 중국은 경제적인 면에서 미국을 위협하기 시작했으나 군사, 정치, 문화면에서는 아직 갈 길이 멀다. 일본은 문화면에서는 미국에 조금 가까이 갔지만 경제, 정치, 군사 측면에서는 아직 까마득하다. 제2차 세계 대전 패망국인 일본이 군대를 다시 창설하려고 무리수를 두는 이유가 여기에 있다. 다음으로 독일이다. 모든 면에서 가장 근접한 국가로 인정받으나 절대적으로는 미국의 수준에 미치지 못한다. 아무래도 가까운 시일 내에 미국을 대체할 나라는 보이지 않는다.

오랫동안 패권국으로 군림해 오던 '위대한 미국'이 몰락할 위기에 몰리고 있었으나 바이든 대통령이 그 면모를 회복해 가고 있다.

유럽연합이 완전 통합을 이루어 가는 도중, 영국이 탈퇴하였다. 유럽 통합에 커다란 암초로 작용할지 모른다. 유럽연합이 다시 순항하게 된다면 독일이 선장 역할을 할 것으로 보인다. 그렇게 된다면 유럽연합은 미국과 어깨를 나란히 하는 대국이 될 것이다

나는 이러한 독일을 오래전부터 마음속 깊이 동경하였다. 도대체 어떤 나라이기에 미국과 견줄 수 있는 나라라고 칭찬하는가. 오랜 기다림 끝에 드디어 짝사랑 연인을 만나 볼 기회가 왔다. 매년 정월 첫 주 하노버에서 열리는 정보통신기술전시회(CeBIT)에 참관하러 간 것이다. 전시회 관람을 끝낸 후 나는 독일 도시들을 만나보러 갔다.

기차와 지하철을 많이 이용하였다. 그런데 참으로 이상한 것은 기차표를 검사하는 역무원이 없다는 것이다. 물론 요즘 우리나라도 기

차역 입구에서 역무원이 집게 들고 표 검사하지 않고, 기차 안에서나 도착지에서조차 검표하지 않는다. 신용사회로 가는 도중이다.

독일은 우리나라보다 훨씬 앞서 신용사회를 정착시킨 나라이다. 물론 우리나라도 경제적으로는 선진국 수준에 가까워졌다. 이에 더하여 정신적으로도 선진국 대열에 진입해야 '참선진국'이 될 것이다. 누가 보지 않아도 정해진 규칙을 스스로 잘 지키는 신뢰 사회, 실수로 규칙을 위반했으면 아무 변명 없이 잘못을 용인하는 자치(自治) 사회가 진정한 선진국일 것이다.

코로나19 사태가 우리에게 가르쳐 준 교훈 하나는 '신뢰'가 모든 것을 결정짓는 중요한 잣대가 되어간다는 점이다. 코로나19 사태를 겪기 시작하자 처음에는 비대면(非對面)을 의미하는 언컨텍트(Uncontact)라는 용어가 잠깐 유행하였다. 지금은 온라인으로 대면한다는 온텍트(On-line contact)라는 용어가 자리를 잡았다. 사람과 사람이 접촉하되 휴대폰이나 인터넷 등 SNS(Social Network Service: 사회통신망서비스 등)를 통해서 접촉한다는 뜻이다.

우리 사회도 전화나 이메일로 물건을 구입하고, 인터넷을 통하여 문전 서비스(door-to-door service)도 누린다. 이러한 사회에 절실하게 요구되는 것이 '신뢰'이다.

코로나19 펜데믹이 가라앉더라도 과거처럼 다시 컨택트 세상으로 회귀할 것 같지는 않다. 온택트를 기반으로 한 새로운 질서가 형성되어 갈 것이다. 기존의 많은 반복적인 일이나 위험한 일들은 컴퓨터 인공지능이나 기계화 등의 온택트에게 맡기면 된다. 정해진 패턴을 벗어나는, 그래서 기계가 대신할 수 없는 것만 창의력을 요구하는 사람이 맡게 된다.

이러한 온텍트 시대에는 '신뢰'가 가장 큰 요소로 작용할 수밖에 없다. 믿고 맡기는 시대가 바로 신뢰의 사회이고, 선진화된 사회이다. 과연, 우리나라가 이러한 신뢰의 사회로 접어들기 위해서는 얼마나 많은 시간이 더 필요할까?

우리나라는 총 국내생산(GDP)의 측면으로는 세계 십이 위 안에 들고 일인당 국민 소득으로도 삼십 위 안에 든다. 그런데 과연 세계가 한국을 선진국, 선진사회라고 믿어줄까?

경제적인 측면에서 선진국 대열에 들었으니 그에 합당한 의무를 다하라고 목청 돋운다. 하지만 국민의식 수준으로는 아직 선진사회가 아니라고 한다. 섭섭해할 일이 아니다. 남이 그렇게 보고 있기 때문이다.

신뢰 사회나 선진국은 돈으로 살 수 있는 일이 아니다. 스스로 국민의식 수준이 높아져야 한다. 앞으로 수십 년의 시간이 더 필요할 것이다. 선거 때마다 불거지고 있는 매표 행위는 물론 횡단보도에서 우측통행도 하지 않고, 에스컬레이터에서 뛰거나 걸어도 누구 하나 지적하지 못하고 있는 현실이 우리의 현재의 모습이기 때문이다.

정치가 국민을 두려워하는 그 날, 신뢰가 사회의 기반이 되는 그날이 바로 선진국이 되는 날이다. 신뢰의 나라, 국민의식 수준이 선진화된 나라 대한민국, 그러한 날을 손꼽아 기다린다. "아, 참선진국 대한민국이여!"

서리

하루하루가 피곤하고 지친 나날이었지만 수박밭이나 참외밭 심지어는 닭장이나 오리 우리에서 슬금슬금 쥐도 새도 모르게 하나씩 없어져도 그냥 투덜대면 그만이었다. 누구누구가 슬쩍했을 거라고 짐작하며 그냥 껄껄 웃어버리던 그 시절, 이른바 참외 서리, 수박 서리, 닭서리, 토끼 서리 이야기이다. 서리는 그냥 웃고 넘기는 순진한 장난 정도에 지나지 않았다. 주인도 소싯적에 그랬으니까.

대개 수박이나 참외 서리는 아이들이 모여, 몇몇은 주인에게 들키지 않게 띄엄띄엄 망을 보고, 나머지 몇몇은 밭에 낮은 포복으로 기어들어가 서리했다. 수박의 경우는 땅바닥에 굴리고, 참외는 옷 속에 서너 개씩 감추었다. 큰 애들은 닭장이나 토끼 우리에 들어가 잡아오기도 하였다.

세월이 흐르면서 삶이 나아지고 도시화 되자 사정은 달라지기 시작했다. 정서가 메말라 가듯, 수박밭이나 참외밭에도 원두막이 서기 시작했다. 말하자면 서리 단속 망루가 세워진 것이다.

벼가 무르익을 즈음 논에는 참새 떼들의 나락 서리를 막으려고 농사꾼 닮은 허수아비를 논 군데군데에 세워 망보게 했다. 그 허수아비는 대개 논 주인이 입었던 헌 옷을 걸치고 있었다. 비슷하게 보이려고 그랬을 것이다.

참새가 허수아비 무서워 나락 못 쪼아 먹을 리는 없었다. 마찬가지로 원두막이 세워졌다고 참외나 수박 서리는 없어지지 않았다. 그 당시는 너그러운 정서가 마을 개울물처럼 잔잔히 흐르고 있었다. 그러니 서리는 그저 아이들의 장난 정도였다.

그러다가 점점 시간이 흐르면서 밭에는 작은 나무나 탱자나무로, 나중에는 철망으로 울타리가 쳐지기 시작하면서 서리는 도둑질이라는 범죄로 돌변하게 되었다. 그 후 서리는 아련한 추억 속으로 사라지고 말았다.

여름철이면 마땅한 놀이터가 없어 아이들은 더위를 피해 개울에서 물놀이하거나 멱 감는 게 고작이었다. 먹을 게 풍족하지 못하던 터라 한창 자라는 아이들은 늘 시장기가 돌았다. 이때 개구쟁이들은 작전을 짜기 시작한다. 개울가 수박밭이나 참외밭에 들어가 서리를 할 묘략을.

제일 중요한 것은, 만일 들키더라도 그냥 꾸지람 정도로 끝낼 만한 주인네 밭인지를 고려해야 하는 일이다. 성미 고약한 아저씨네 밭은 서리 대상에서 제쳐야 한다. 말하자면 서리를 하다 발각되어도 현장에서 무릎 꿇고 손들고 벌 받거나 훈계를 들으며 혼쭐나는 것으로 끝날 서리인지를 궁리해야 한다.

이를 위해 주인의 동태를 알아볼 정탐 요원 서너 명이 있어야 한다. 특수 전투사처럼 낮은 포복으로 밭에 기어들어가 먹을거리를 조달해 오는 현장 투입 요원 서너 명도 필요하다. 그리고 주인이 오는지 망을 보는 후방 요원 서너 명도 필요하다. 지금 생각하니 군대도 가지 않은 아이들이 정탐이며, 낮은 포복은 어디서 배웠는지 신기할 따름이다.

그러나 지금은 노지(露地)에서 재배하던 참외나 수박이 비닐하우스 안으로 들어가 버리는 바람에 과수원의 탱자나무 울타리도 사라졌다. 더구나 남의 농작물을 주인 몰래 취하면 절도죄가 성립되기 때문에 서리 장난도 완전히 사라졌다.

끼니를 거르는 것이 일상이었던 그 당시에는 마을 어귀가 놀이터였고, 나무를 잘라 만든 자치기나 헌책을 뜯어 접은 딱지(빠찌)나 구슬이 놀이 도구 전부였다. 배가 고프면 아이들은 논밭으로 나가 두렁에 심어놓은 콩을 삭둑 잘라 마른 가지에 불을 피워 구워 먹기도 하였다. 개구리를 잡아 두툼한 뒷다리만 구워 소금 찍어 먹었다. 심지어 메뚜기는 반찬으로 올라오기도 하였다.

나이가 들수록 그때 그 시절이 그리운 것은 단순히 향수 때문만은 아닐 것이다. 삶이 고달파도, 먹을거리가 부족해도, 서로를 아끼고 따뜻하게 감싸주던 푸근한 그 정이 그립기 때문일 것이다.

스릴 만점인 참외 서리를 하며 장난꾸러기 친구들과 티 없이 놀아보았으면 좋겠다. 그러면 내 칠십 인생 스트레스가 확 달아날 것 같다.

당구

"사장님, 여기 났어요."

아기가 낳는지, 알이 낳는지 알 수 없는 용어였다. 나중에 알게 되었지만 "끝났다"에서 '끝'자를 뺀 것이었다. 그러면 주인은 게임 시간을 계산하여 요금을 받는다. 당구장마다 건물 외벽에 '한 시간에 ○○ 원'이라고 플래카드를 내걸고 손짓했다.

대학생 시절, 친구들은 틈만 나면 당구장에서 살았다. 하지만 나는 당구장이 눈에 띄면 나도 모르게 눈이 감겨버렸다. 당시 당구와 트럼프 놀이가 대학생들 사이에 유행했는데, 나는 둘 다 멀리했다. 그때 난 공인회계사 시험 준비에 올인하고 있었다.

둘 다 공부에 방해가 되는 것으로 금기시했으니 어지간히도 고지식했던 '나'이다. 지금도 나는 유행을 별로 따르지 않는다. 옷을 사더라도 유명상표의 이월상품을 주로 산다. 어느덧 '이월상품'이 내

별명이 되었다.

당구장에서는 자장면 시켜 먹는 게 일반적이었다. 먹고 난 자장면 그릇이 아무렇게나 널브러져 있는 모양이 싫었다. 담배 연기로 자욱한 실내도 질색이었다. 게다가 막대기(큐)로 공의 뒤통수를 쳐서 상대방 공을 맞히는 것이 왠지 싫었다.

당구에 관심이 없었기 때문에 우리나라에서는 당구 시대가 지나가 버린 줄 알았다. 그런데 몇 년 전부터 텔레비전에서 당구 장면이 자주 방영되어 놀랐다. 요즘 친구들끼리 당구 동호인 모임을 만들어 즐기고 있는 것도 뒤늦게 알았다. 어쩌다 친구들을 만나 식사한 후 당구 치러 간다면 나는 죄진 자처럼 슬쩍 빠지기 일쑤이다.

국내에서 당구가 스포츠로 서서히 기지개를 켜는 것은 아마도 세계당구대회가 구리시에서 열리고 있기 때문인 듯하다. 〈세계 3쿠션 당구 월드컵〉대회가 2012년까지는 수원시에서 열리다가 2013년부터는 구리시에서 열리고 있다. 2016년 제6회 대회도, 2019년 제7회 대회도 구리에서 개최되었다.

당구의 역사는 오래되었는데 우리나라에 소개된 것은 일제 강점기이다. 그래서 아직도 당구 용어가 일본어로 버젓이 사용된다. 게임 비용을 '깽값'이라고 부른 것도 일본말에서 비롯된 듯하다

당구의 종류에는 케럼 게임(4구, 보크라인, 스리쿠션 등)과 포켓 게임이 있다. 이 중 4구 게임은 모든 당구의 기본이며, 보크라인게임은 한국에서는 즐기지 않고, 포켓 게임은 주로 미국과 영국에만 즐긴다. 그러므로 우리나라 당구 애호가들이 즐기는 당구는 거의 4구 게임과

스리쿠션이다. 최근에는 3구 게임도 등장했다.

끌어치기, 밀어치기, 회전 등 당구의 용어를 보면 당구를 어떻게 치는지 알 수 있다. 자기 공('내공')의 뒤를 쳐서 나머지 공을 치기 때문에 공들의 위치와 거리를 계산해야 한다. 자연스레 머리를 많이 사용하게 되고, 고도의 기술을 필요로 한다. 이를 위해서 발의 위치와 무게 중심이 매우 중요하다. 어느 스포츠나 마찬가지로 당구도 '내공'으로 다른 공을 맞힐 때 맞히는 공을 되도록 모아야 하고, 남의 '내공'은 멀리 떨어지게 쳐야 한다.

요즘 재미를 위해서나 게임 후 식사비를 마련하기 위해서 내기를 걸기도 한다. 내기를 걸기 때문에 재미보다는 경쟁심이 생겨 신경이 쓰이게 된다.

당구가 요즘 노인들 사이에 복고풍을 일으키고는 것은 치매 방지 효과가 있을까 해서일 것이다. 당구는 생각을 많이 해야 한다. 하지만 요즘 대학생들 사이에서는 별 인기가 없는 듯하다.

요즘 젊은이들은 생각하는 걸 멀리한다. 뭐든지 쉽게 하려는 생각뿐이다. 고생을 해 본 경험이 적기 때문에 그럴 것이다. '뭐, 저렇게 골치 아프게 머리 굴리고 남의 공 뒤통수치며 한두 시간을 허리 굽히고 있는지 모르겠다'고 어른들을 측은하게 바라볼지 모른다.

내가 학창 시절 당구를 멀리했던 이유와는 영 다르다. 요즘 당구장은 담배도 피울 수 없고, 자장면도 먹지 못하고, 공기정화기 시설이 갖추어져 있어 분위기가 쾌적하다. 노인들에게 이보다 더 좋은 놀이 공원이 어디 있을까 싶다.

하지만, 젓가락 사용 요령을 어렸을 때 배우지 못하면 평생 못 하듯이 당구도 이제 배우려 하니 거의 불가능하다. 이래저래 나는 식사 후 당구 치는 모임에는 나가지 못할 것 같다. 당구 놀이공원에 따라가서 친구들 노는 모습 물끄러미 바라만 보고 있는 게 영 내키지 않아서다.

한편, 절친한 친구가 '늦었다고 생각할 때가 가장 빠른 때'라고 부추긴다. 나도 이제부터라도 신상품도 사고, 최신 유행도 따라가 볼까. 촉새가 황새 따라가다 가랑이 찢어지더라도 친구를 놓칠 수 없으니 말이다.

2026년 어느 날

어! 승차 손님 열 명 중 예닐곱은 그냥 당당하게 오르고 있네. 우리는 비싼 요금 내고 탔잖아. 옆에 앉은 아내도 놀란 표정이다. 저 노인들의 요금은 누가 내는가. 젊은이들이 부담하겠지. 저분들도 젊었을 때는 비싼 요금을 내고 탔다고 주장할 거다. 저축하였다가 만기가 되어 찾는 정기예금이라고 말할 것 같다. 일본 나고야대학교에서 객원교수로 지낼 때 겪었던 일이다.

일본은 버스, 기차, 택시, 전기 등 공공요금이 비싸다. 사회주의 요소가 들어 있기 때문이다. 소득이 많은 자는 세금을 많이 내고, 그렇지 못한 자에게는 감면이 일반화되어 있다. 유치원도 소득이 없는 부모는 수업료가 무료이고, 소득이 있는 부모는 많이 낸다. 아기가 있는 한국 유학생 부모는 수업료를 내지 않는다.

2000년에 '고령화사회'에, 2017년에 '고령사회'에 진입한 우리나라는 2026년에 '초고령사회'에 진입할 것으로 예상한다. 이에 따른 심각한 문제가 눈에 훤히 보인다. 선진국들은 초고령사회의 예상되는 문제점을 백 년 동안 차근차근 준비하여 오늘날 큰 어려움 없이 안정된 사회를 유지하고 있다.

하지만 우리나라는 미처 준비도 안 된 상태에서 불과 이십오 년 만에 고령화사회에서 초고령사회로 진입하려고 한다. 앞으로 불과 몇 년 후에 우리 사회에 나타날 심각한 사회문제를 어떻게 할 것인가. 불행하게도 정부의 눈에는 이러한 심각성이 보이지 않는다.

1970년에 고령화사회로 진입한 일본은 1994년에 고령사회로 진입했다. 그런데 초고령사회는 우리나라보다 십 년 후인 2035년에 진입할 것으로 예측한다.

어째서 선진국들의 초고령사회로의 진입 기간 백 년을 우리는 이십오 년으로 단축하려 하는가. 게다가 우리보다 먼저 늙기 시작한 일본을 앞질러 더 빨리 늙어버리려고 하는가. 경제의 '빨리빨리'를 여기에도 적용해 일본을 따라잡으려 하는가. 게다가 인구절벽까지.

눈만 뜨면 새로 생기는 건 요양원, 요양병원, 재활병원이다. 그런데 병원 분만실은 축소되고, 산후조리원이나 아기 기저귀 가게들의 문 닫는 소리가 여기저기서 들린다. 출생률이 1.0 이하로 떨어졌으니 인구 감소는 불 보듯 뻔하다.

우리나라가 초고령사회에 진입하는 첫해로 예상되는 2026년 어느 날을 상상해 본다. 앞으로 불과 몇 년 후의 일이다. 어린아이를 제외하면 길거리에서 마주치는 사람들 다섯 명 중 한 명은 백발의 노인이다.

지하철의 노인 좌석은 현재보다 더 많이 늘고, 임산부 배려석은 대폭 줄거나 아예 없어졌다. 시내버스에는 노인들의 안전을 위하여 입석은 허용하지 않고 전부 좌석으로 바뀌었다. 그 좌석 등에 버스가 정차할 때까지 '절대로' 일어서지 말라고 빨간색으로 대문짝만하게 써 놓았다.

식당의 메뉴판에 그동안 젊은이들 메뉴에 밀려 있던 노인용 메뉴가 다시 등장하였다. 피자와 부침개, 마카롱과 인절미, 칠리소스와 청양고추, 스파게티와 국수 중 어느 것이 살아남을까.

옛날 자장면, 옛날 국수 등도 노인들을 대상으로 '옛날'이 상품화하기 시작했다. 젊은이들을 겨냥한 복고풍이 아니라 노인들의 취향에 맞추기 위한 특이한 흐름이다.

모임에 나가도 칠십 대는 일반 회원이고, 팔십 대가 되어야 총무를 할 수 있고, 회장은 구십 대가 되어야 가능하다. 한집안에는 손자에서부터 증조할아버지까지 사 대(四代)가 동시대를 산다. 어쩌다 특별한 날이면 한 상에 수십 명이 둘러앉는다.

내가 어렸을 때는 삼 대, 사 대가 한집에서 살았기 때문에 집이 한 채만 필요했다. 초고령사회에서는 각각 따로 살게 되어 네 채가 필요하다. 주택난이 더욱 심각해지지 않을 수 없다.

주택난은 현재의 문제이기도 하지만 앞으로 갈수록 더욱 심각해질 것이다. 버스 운전사는 칠십 세를 넘어 팔십 세 노인이 맡아 사고율은 높아질 것이고, 그로 말미암아 보험료 수가도 치솟을 것이다. 몇

되지 않은 젊은이들의 소득세율은 오륙십 퍼센트를 넘게 될 것이다.

불과 몇 년 후의 일이다. 그런데 누구도 이러한 예측 가능한 사태를 심각하게 고민하지 않는다. 대통령 선거에서 오로지 나랏돈 뿌려 이길 생각뿐이다. 어찌하오리까.

이번 대통령 선거에서는 초고령화 사회에 대한 구체적인 대안을 제시하는 후보와 정당을 지지할 수밖에 없다. 나 자신과 내 자손들의 미래를 위하여.

가까운 미래를 내다보는 현명한 유권자들이여, 깨어 눈을 부릅뜨고 올바르게 선택합시다.

여행과 관광

나는 관광보다 여행을 좋아한다. 여행 중에서도 생산적인 여행을 좇는다. 관광은 국내 다른 지방이나 외국에 가서 그곳의 풍경, 풍습, 문물 등을 '단순히' 구경하는 것이다. 정부는 문화관광부를 두고 있고, 대학에는 관광대학 혹은 관광학과가 있다.

내 처가가 서울 종로구 청운동 청와대길 도로변에 있다. 한때 중국 관광객이 밀려들어 이 도로가 관광버스 주차장으로 변하여 불편이 이만저만이 아니었다.

이에 비하여 여행은 어떤 '목적'을 갖고 다른 고장이나 외국에 가는 유람을 말한다. 학창 시절에 친구들과 함께 갔던 수학여행, 졸업여행은 그야말로 '여행'이었고, 추억도 새록새록하다.

나는 그림이나 시의 소재를 찾으러 자주 여행한다. 어떤 목적을 가지고 떠나는 '나'만의 여행이다. 부모님들을 위한 효도 관광도 가능하면 젊었을 때 보내드리는 게 낫다. 하지만 부모님만 가는 효도 관광보다 자녀가 함께하는 '효도 여행'을 권유하고 싶다.

나는 여행의 결과가 생산적이냐 소비적이냐에 따라 생산적인 여행과 소비적인 여행으로 구분한다. 학창 시절의 수학여행은 생산적인 여행이고, 일주일 만에 유럽 일곱 개 나라를 둘러보는 것은 소비적인 관광이다.

학창 시절의 수학여행은 생산적인 여행이기 때문에 적극적으로 보내야 한다. 생산적인 여행이 되기 위해서는 여행지의 정치, 경제, 사회, 문화 등을 미리 공부하고 현지에서 확인하는 것이 필요하다.

한 나라가 일정한 기간 다른 나라와 거래한 것을 모두 집계한 계정을 국제수지라고 한다. 국제수지 중 경상수지는 무역수지와 서비스수지로 나눈다. 서비스수지에는 여행수지가 포함되어 있다.

우리나라는 해마다 여행수지에서 적자를 면치 못하고 있다. 외국 여행객들이 우리나라에 와서 쓴 돈보다 우리나라 사람이 외국에 나가서 쓴 돈이 더 많다는 뜻이다. 경쟁이 치열한 수출시장에서 벌어들인 외화를 소비적인 해외 관광에 사용한다. 무분별한 관광이나 여행을 자제하는 성숙한 국민이 되었으면 한다.

하지만 어른들은 어린이들을 데리고 국내는 물론 외국 여행을 자주 하길 권한다. 어린이들이 여행을 통하여 학교에서 배운 바를 직접 경험해 볼 수 있는 살아 있는 교육이 되기 때문이다.

한때 일본 학생들은 수학여행으로 우리나라를 찾았다. 얼마 가지 않아 미국이나 유럽으로 바뀌었다. 일본 학생들은 세계를 여행하면서 곳곳마다 쌓여 있는 자국 제품을 바라보며 무엇을 생각했을까. 세계가 바로 일본 시장임을 직접 눈으로 보고 무슨 생각을 했을까. 그들의 외국 여행 경험은 일본경제의 밑바탕이 되고 있다.

우리나라는 노동인구 부족 상태에 직면하고 있다. 수명은 길어지고 없어지는 초등학교는 많아지니 나라의 미래가 불투명하다. 일본처럼 노동생산성을 올리기 위하여 젊은이들에게 투자를 아끼지 말아야 한다.

노동생산성을 늘리면 노동자의 수를 늘리는 것과 같은 효과를 얻을 수 있다. 미국은 노동생산성이 세계 최고의 수준을 유지하고 있다. 미국을 백으로 볼 때, 일본은 육십오로 세계 이십 위이고, 우리나라는 사십팔로 삼십 위이다. 노동생산성이 미국의 삼 분의 일에도 미치지 못한다.

노동생산성을 올리기 위하여 초등학생들을 위해 과감하게 투자해야 한다. 어른들의 무분별한 소비적 국내외 관광은 자제하고, 어린이들과 함께하는 생산적인 국내외 여행을 권하고 싶다.

어른은 아이들과 함께 테마 여행지를 선정하여 미리 공부하고, 현지에 가서 확인하도록 하자. 그래야 여행을 다녀와 여행 결과를 정리하면서 생산적인 결과를 얻을 수 있다.

국제기구는 직원을 선발할 때 에세이를 요구한다. 그들이 눈여겨보는 에세이의 핵심은 직접 경험한 일들을 중심으로 작성했는가 아닌가이다. 세계 유명 대학교들이 신입생을 선발할 때 중점적으로 바라보는 눈초리는 다양한 현장 체험에 쏠린다.

학생들이 여행하면 외화가 나라 밖으로 빠져나가므로 국제수지상 에서는 '유출'로 기록된다. 하지만 여행하고 온 학생들의 노동생산성이 향상되어 실질 인구가 증가하게 된다. 이는 국가 발전에 기여하고, 기업에는 근로자 부족 문제에 도움을 준다.

코로나19 사태가 해결되면 국내외 생산적인 여행을 적극적으로 추진해야겠다. 국내 여행을 활성화해 외국 여행객들을 많이 유치하여 여행수지 흑자도 유도하여야 한다.

생산적인 외국 여행을 통하여 국력을 높이는 데 이바지해야 한다. 애국의 길은 멀리 있는 게 아니다. 바로 내 코앞에 있다. 여행 문이 열리면 어린이들과 함께 '생산적인 여행'을 떠나자.

세대와 세태의 차이

시대가 흐르면 사회도 변한다. 사람은 그 사회의 변화에 따라가야 한다. 변화된 사회의 모습은 언어와 생각에서 많이 나타난다. 지난날에도 그랬듯이 앞으로도 그럴 것이다. 이러한 변화 과정에서 사회인들이 겪는 어려움은 점점 더 심해지고 있다. 언어와 생각이 다른 사람들이 같은 시대에 함께 살아가야 하니 갈등이 커진다.

어린아이가 자라서 부모가 하던 일을 이어받을 때까지의 삼십 년 정도 되는 기간을 '한 세대'라고 한다. '세대 간격'은 하나의 세대를 이루는 기간이다. 같은 시대에 살면서 공통의 의식을 가져야 할 사람들 사이에 나타나는 의식의 차이를 '세대 차이'라고 부른다. 아마도 부모가 자녀를 낳아 기르다가 '세대 간격'으로 인한 '세대 차이'를 겪기 전에 분가하게 되었나 보다.

언어와 생각의 차이가 클 때 '세대 차이가 크다'라고 말한다. 하지만 요즘의 한 세대는 십 년인 것 같다. 청소년, 장년, 성인, 노년 간의 언어와 생각의 차이가 점점 더 벌어져서 함께 살기가 어려워지고 있다.

내가 대학에서 강의할 때 학생들과의 세대 차이가 커서 언어와 생각의 차이를 줄이느라 애먹었다. 처음 교수가 되었을 때 학생들과 불과 십 년 정도의 차이였기 때문에 언어나 생각에서 차이가 별로 없었다. 하지만 학생들의 나이는 변함이 없으나 나는 점점 나이를 먹어가게 되니 어느새 1.5 세대 차이로 벌어지게 되었다. 그래서 정년이라는 제도를 만들었나 보다.

내가 어렸을 때를 기억해 본다. 나는 형이 입었던 옷을 이어받았기 때문에 새 옷은 거의 입어보지 못했다. 바지 길이가 짧거나 찢어진 옷은 창피해 입지 않으려고 투정하다 혼나기 일쑤였다. 지금은 멀쩡한 바지를 칼로 찢어 입는 세대가 보편화되었다. 내가 젊은이들을 이해하기가 어려울 수밖에 없는 게 당연하지 않은가.

빈티지는 빈곤(貧困)한 가정의 열서너 살의 세대(age)가 입는 옷으로 여겼다. 그러한 옷이 우리나라에 와서 고급 옷이 되었다. 서양 사람들을 동경하여 머리를 노랗게 물들이거나 눈이 쑥 들어간 것이 부러웠는지 눈 주위를 그늘진 듯 보이도록 파랗게 칠하는 화장을 한다. 참으로 딱하게 보인다. '사대주의 근성'이 젊은이들 마음속까지 파고들었다. 요즘 우리나라(사람)를 동경하는 나라(사람)도 늘어나는 추세이지 않은가.

칠천 원짜리 백반을 먹고 나서 사천 원짜리 커피를 습관적으로 입에 물고 거니는 '세대'들의 '세태'를 보면 도무지 이해할 수 없다. 국산 녹차보다 수입 커피를, 파전보다는 피자를 더 좋아하는 세대들의 세태를 이해하기가 어렵다. 이걸 나이 탓으로만 돌려야 하나. 꼰대 근성이라고 여겨야 하나.

젊은 여자가 아기 대신에 개를 포대기로 업고 장 보러 나오는 걸 어떻게 바라봐야 하나. 아기들이 타는 유모차에 아기 대신에 개를 태우고 거리를 활보하거나 개를 개 호텔에 맡기고 여행 다녀오는 세태를 어떻게 바라봐야 하는가. '개'에게 '엄마'라고 부르니 그럼 그는 누구인가.

요즘 휴대폰에 몰입하는 젊은이들 때문에 곤경을 겪는 일이 많다. 일부러 부딪칠 기세로 휴대폰에 얼굴 맞대고 나를 향하여 걸어오면 내가 피할 수밖에 없다. 귀에 이어폰 꽂은 채 휴대폰을 뚫어지게 쳐다보며 히죽거리고 혼잣말하며 길 가는 모습을 보면 영락없는 정신 나간 사람 같다. 내가 어렸을 때 우리 동네 철조망 울타리 옆길을 시계추처럼 일정하게 오가던 젊은 거지가 있었다. 정신 이상자인 그는 혼잣말하며 히쭉히쭉 웃곤 하였다. 그가 다시 나타난 듯하다.

지하철이나 버스에서 노인들이 서 있거나 말거나 그냥 휴대폰만 뚫어지게 쳐다본다. 지나가던 행인이 어려운 처지에 빠져 있든 말든 전혀 관심 없다는 듯 휙 지나간다. 도와주기 위해 손을 댔다가는 오히려 봉변을 당하기가 쉬워 그냥 지나치는 게 상책이란다.

여기에 더하여 요즘 마스크로 입을 틀어막고, 말도 하지 않고, 사람 보면 멀리 피하고, 주먹질로 인사를 하는 세태가 자리 잡혀가고 있다. 코로나 사태가 끝나도 이 세태가 계속될까 싶어 걱정된다.

여자가 나이 먹으면 남편보다 친구가 더 좋다고 한다. 나는 나이가 들어도 아내가 좋다. 그러면서 친구의 소중함도 절절하게 느낀다. 오늘 저녁 아내가 좋아하는 생크림 하나 사 들고 가야겠다. 이번 주말 함께 등산할 친구가 좋아하는 따끈한 녹차 준비해야겠다.

아내도 친구도 잃으면 함께 있어 줄 이 없으니 아내가 하는 말을 더 잘 들어야지. 친구가 자랑하는 말에 귀를 더 기울여야지! 우리는 같은 세대이고 세태 차이도 없으니까.

부여(夫余)의 숨결을 찾아

고란사로 가기 위해서는 부소산성을 걷기도 하지만 황포돛배를 타기도 한다. 나는 고란사로 들어갈 때는 황포돛배로 가고, 나갈 때는 부소산성 길을 걷기로 했다. 구드레 나루터에 도착했다. '구드레'는 부여군이 추진한 공동브랜드이다.

황포돛배는 고려 시대부터 1970년대까지 영산강에서 중요한 교통수단이었다. 천에 황토로 물들인 돛을 이용하여 운항하는 배이다. 하지만 구드레 나루터의 황포돛배는 겉만 흉내 냈을 뿐이지 부여의 숨결은 일렁이지 않았다. 고란사 입구까지는 십 분 걸리는데 뱃삯이 무려 구천 원이다. 그래서 그런지 멀리 한 바퀴 빙 돌아서 고란사로 향한다. 이십 분 만에 도착했다.

강 건너 동네는 오래전 당고모가 살았던 규암이다. 어쩌다 당고모 집 가려면 백마강 나루에서 조각배를 타고 규암 나루로 건너야 했다.

나룻배는 나루와 나루를 오가며 사람이나 짐을 실어 날랐다. 구명조끼가 없었던 때라 손님들은 쥐 죽은 듯이 가만히 앉아있어야 했다. 그때를 회억해보니 숨죽이며 조마조마 노를 젓던 뱃사공의 숨소리가 들리는 듯하다

부여는 내가 직장에서 근무할 때 외국인들이 오면 안내자로 몇 번 다녀간 곳이다. 주로 정림사지 박물관을 찾았는데, 수박 겉핥기식이었다. 하지만 이번에는 부여의 혼과 숨결을 느껴보고자 메모지와 사진기를 꼭꼭 챙겨 홀가분하게 나섰다.

고구려 백제 신라 세 나라가 칠백여 년간 다투었다. 백제는 삼십일대 의자왕 때인 660년 나라를 잃었다. 의자왕의 사치와 방탕 때문이라고 하지만 지어낸 말일 수도 있다. 당시 강국이었던 백제는 옆 나라를 탐내기 시작했다. 툭하면 신라를 침략했다.

약소국이었던 신라는 당나라에 지원을 요청하여 나당연합군을 꾸렸다. 그리고 백제를 멸망시켰다. 의자왕은 당나라에 압송되었고 거기서 병사했다. 팔 년 후 나당연합군은 고구려도 멸망시켰다. 신라는 그 후 당나라군을 몰아내고 한반도를 통일했다. 통일신라가 탄생했다.

이 삼국의 역사는 오늘날 커다란 교훈을 던져준다. 백제 마지막 수도인 부여는 슬픈 역사를 지닌 곳이다. 그 흔적을 잘 보여주는 곳이 부소산성이다.

부소산은 백제 성왕이 웅진에서 사비(부소산)로 천도한 진산(鎭山)이다. 부소산에는 소나무, 상수리나무, 졸참나무가 군락을 이루는 가

운데 소나무가 무성하다. 부소를 뜻하는 '풋소'를 한자로 표기하면 부소(扶蘇)이다. 소나무가 많은 산, '솔 뫼'라는 뜻이다. 소나무는 고금을 막론하고 산수화의 주요 소재로 초청되는 나무이다.

부소산에 쌓은 성(城), '부소산성'은 백제의 수도인 사비성을 방어하기 위해 축조한 반원형의 성곽이다. 나머지 반은 백마강이 흐르기 때문에 천혜의 요새였다.

황포돛배에서 내리기 바로 전에 낙화암 쪽을 올려다보니 중턱에 '낙화암(落花岩)'이라고 빨간색으로 새겨진 바위가 보인다. 우암 송시열이 썼다고 한다. 낙화암 절벽에서 한 번 꺾이는 바위에 쓰여 있다.

배에서 내리려 하는데 다리 아래에 금붕어 수백 마리가 환영하듯 현란하게 헤엄친다. 혹시 옛 삼천 궁녀들이 아름다운 옷을 입고 물고기로 환생하였나. 부여의 숨결을 찾으러 오니 모든 게 삼천궁녀와 연상이 된다.

그 삼천궁녀를 생각하며 이십여 분 오르니 고란사가 보인다. 고란사 종(鐘), 고란종이 흐느끼면 삼천궁녀도 울었다 하지. 그 숨결을 느껴보려고 종을 울려보았다. '상~청~궁~영~.' 은은하게 메아리치는 궁녀들의 한(恨)이 나의 정수리를 내리치는 것만 같다. '당신은 지금, 당신의 나라를 위해 무엇을 하나!'

고란사는 낙화암 아래 백마강이 한눈에 내려다보이는 중턱에 자리한다. 삼천궁녀의 원혼이 여기서 잠시 쉬었다 갈 것 같다. 고란사 뒤편으로 돌아가면 샘물이 보글보글 솟아오르는 우물, '고란정'이 있다. 궁녀들의 혼이 깃든 정화수(井華水)란다. 백제의 왕들도 마셨던

물이어서 어용수라고도 부른다. 한 잔 마시면 삼 년이 젊어진다고 한다. 너무 많이 마시면 아예 아기가 되어버릴까 봐 석 잔만 마셨다. 십 년은 젊어졌을까?

고란사라는 이름은 '고란초'에서 따왔다. 고란초는 직접 보고 싶었던 식물인데, 그늘진 바위틈에서 은둔하듯 자란다. 꺾일까 두려워 꽃을 피우지 않기로 했는가. 세상을 멀리한 궁녀들을 뒤따르려 꽃을 피우지 않기로 작정했는가. 수줍은 듯 고란초가 암자 뒤 절벽 중간쯤에 보일락 말락 숨어 있다. 삼천궁녀의 혼 같다. 궁녀들의 혼을 느끼려 고란초를 올려다보았다.

고란초를 뒤돌아보며 삼천궁녀가 몸을 던졌다는 낙화암을 찾아 걸음을 옮겼다. 낙화암은 삼천 명의 궁녀가 나당연합군에게 쫓겨 백마강에 몸을 던졌다는 전설을 품은 슬픈 절벽이다. 아까 백마강 황포돛배에서 이 절벽을 올려다보았다.

낙화암은 처음에는 그냥 사람들이 떨어져 죽은 바위라 하여 타사암(墮死岩)이라 했다. 나중에, 죽은 그 사람들이 아리따운 궁녀들이라고 여기기 시작했다. 그 꽃 같은 궁녀가 떨어진 바위라 하여 낙화암(落花巖)이라 불렀다. 궁녀가 되어 그 바위 난간에 서 보았다. 아찔하다.

궁녀들의 원혼(冤魂)을 달래기 위해 낙화암 위에 육각형 모양의 정자를 지었다. 하얀 저고리와 치마를 입은 한 삼천 명의 궁녀가 추풍낙엽처럼 낙화암에서 떨어지는 모습이 마치 '하얀 꽃잎 같다'하여 백화정(百花亭)이라고 했다. 찡하지 않을 수 없다.

융성했던 백제는 나당연합군이 쳐들어오자 사면초가에 놓였다. 주변에 적들로 둘러싸여 있으면 홀로 나라 지키기가 얼마나 어려운 일인가를 백제 역사가 현실처럼 말해준다. 백제의 역사를 오늘에 되살려 동맹국이 얼마나 중요한지를 되새겨야 한다.

부소산성에는 다른 흔적들도 많다. 궁녀사, 삼충사, 사비루, 송월대지, 군창지, 영일루, 영월대지, 서복사지도 있다. 고조선, 삼국, 통일신라, 고려, 조선, 대한민국으로 이어진 우리나라는 지금 이 백제의 혼들 앞에서 무슨 생각을 하는지, 백제의 후손인 나는 입술을 당차게 깨물어본다.

8부

어느 맹인의 나들이

팔오삼(853)놀이터

아이들은 자랄 때 실컷 놀아야 한다. 그래야 뼈마디와 관절이 쑥쑥 자라고 단단해진다. 성인이 되면 생활에 쫓겨 놀 틈이 나지 않는다. 그런데 성인이 지나 노인이 되면 아이들처럼 다시 놀 시간이 많아진다. 하지만 불행하게도 놀만 한 곳이 별로 없다. 그렇다고 손주들의 놀이터에 슬쩍 낄 수도 없지 않은가. 놀이 기구한테 눈총받을 것 같다.

아기가 걷기 전에는 방안을 네 발로 헤집고 다닌다. 어느 날부터 두 발로 걷기 시작한다. 그러다가 노인이 되면 다시 지팡이 집고 세 발, 네 발이 된다. 원래의 모습으로 돌아간다. 이것이 저 유명한 이집트 스핑크스의 숙제인 '인간'이 아닌가.

요즘 아이들은 놀이터에서 놀다가 어느 날부턴가 놀이터에 나타나지 않는다. 놀이터에 갈 겨를이 없기 때문이다. 학교 수업 끝나자마자 학원에 간다. 그러다가 세월이 흘러 노인이 되면 진짜 놀 곳이 없다. 경로당은 곳곳에 있지만 거기가 거기여서 금방 신발 신는다.

2021년 우리나라 노인인구가 무려 팔백오십삼만 명이나 되었다고 한다. 이들은 다 어디서 놀아야 하나. 2017년에 이미 '고령화사회'로 들어선 우리나라는 2026년에 '초고령사회'가 된다. 총인구의 이십 퍼센트가 노인인 사회이다. 길거리 다섯 명 중 한 명이 노인이다. 이들이 놀 곳이 없다. 어린이놀이터에 갈 수도 없고, 답답한 실내 노인정도 이제 식상하다. 매일 어디로 가야 하나.

노인들이 모여드는 그곳이 곧 '노인 놀이터'가 되고, '팔오삼놀이터'가 된다. 지하철을 공짜로 탈 수 있어 행인들이 많이 오가는 역 부근에서 하루 종일 지낸다. 그곳이 '노인놀이터'이고 '팔오삼놀이터'이다. 지하철 한 칸마다 구석에 노인용 자리를 마련하였으나 갈수록 부족하다. 하는 수 없이 임산부 자리에 버젓이 앉는다. 지하철은 노인인구가 삼사십 퍼센트가 되는 극초고령 공간이다.

얼마 전까지만 해도 수명은 부모님 나이에 따른다고 여겨왔다. 이제는 아니다. 오늘날의 수명은 '시대의 나이'에 따르고 있다. '백 세 시대'라는 말이 전혀 어색하지 않다. 나의 아버지도 구십칠 세이고 어머니도 구십사 세이고, 장모님도 구십이 세이다. 현재로 보아서 백 세 넘기는 데 아무 문제가 없다.

그러니 육십~육십오 세에 정년퇴임을 한 이후 사십 년 이상을 어디서 놀아야 하나. 이 기간을 지하철에서만 보낼 수 없지 않은가. 젊은 부부들은 노부모가 아기 보는 것을 탐탁하게 여기지 않는다. 부모도 손주 돌보느니 차라리 밖에 나가 종이나 상자를 줍겠다고 한다.

자식에 얹혀 지내기보다 혼자 사는 게 편하다는 거다. 연금이라도 있으면 다행이다. 과거에 한때 누렸던 그 품위를 계속 유지할 비용이 필요 없으니 그럭저럭 살아갈 수 있다. 굳이 좋은 먹을거리가 아니어도 좋다. 하루 세끼 끼니를 해결하면 된다.

젊었을 때 나라에 세금을 꼬박꼬박 바쳤기 때문에 세상을 향해 애써 당당해 보려고 해도 영 마음에 내키지 않는다. 지난날 수고 많았다고 혼자 자부해 볼 뿐이다. 그래도 돈 다 내고 버스에 오르는 젊은이들 눈치 보면 마음이 편치 않다. 집에 있자니 병나겠다. 움직이지 않으면 녹슨다. 보험 덕택으로 병원비용이 저렴하다고 하지만 그래도 일부는 내야 한다.

이래저래 나이 먹으면 돈이 필요하다. 퇴직금 일시불로 받아 자식들 사업자금으로 다 바쳐서는 안 되는 까닭이다. 지갑이 비면 왕따 당하기 딱 맞다. 퇴직금을 일시금으로 받으면 어떻게 알고 급하게 써야 할 곳이 나오는지 신기하다. 연금으로 받아야 한다. 푼돈이라도 쥐고 밖으로 나가야 한다. 어디로? 팔오삼놀이터로. 그 놀이터가 어디 있나. 지하철, 지하철역, 공원, 그리고….

초고령화사회가 코앞에 다다르고 있다. 가까운 곳곳에 팔오삼놀이터를 마련하지 않으면 젊은이들이 앉을 버스나 지하철 자리를 꿰차게 된다. 하루 종일 일하고 귀가하는 그들도 지하철에서 눈 감고 쉬어야 한다. 노인들 대신에 세금을 더 내야 하기 때문이다. 젊은이들이 열심히 일하도록 노인들이 도와주어야 한다. 그럼 노인들은 어디로 가나.

대통령 되겠다고 목소리 높이지만 이들의 고민을 헤아리는 자는 하나도 없다. 초조한 노인 팔백오십삼만 표가 갈 곳 없어 떠돌아다닌다. 매일매일 갈 곳 없어 떠도는 팔오삼들. 이 불쌍한 팔오삼들을 위한 놀이터가 시급하다. 누가, 어디에, 언제 마련하려나. 그에게 표를 주고 싶다.

부부의 날

“여보, 낼 아침 남침(覽寢)들 올 텐데 주육(酒肉) 많이 장만했소?”

어머니에게 확인하는 아버지의 걱정 반 기대 반의 예사말이다. “걱정 마세요. 남을지언정 모자라지 않을 겁니다.”

신랑과 신부가 혼례를 올리고 꽃잠을 잔 다음 날, 친척이나 친구들이 찾아와 음식을 함께 먹으며 즐기는 일을 남침이라고 한다. 남침을 지내면 신랑과 신부는 부부가 된다. 이들 부부가 함께 살아 예순 돌이 되는 날(해)을 회혼(回婚) 혹은 회근(回巹)이라고 부른다.

남녀가 혼(魂)을 맺어 하나가 된 남편과 아내는 ‘하나의 혼’으로써의 부부가 된다. 남편과 아내는 눈에 보이지만 부부는 눈에 보이지 않는다. 부부는 마치 공기와 같다. 부부는 사람의 눈에 보이지 않지만 존재하는 소중한 생명체이다. 부부는 가정을 이루는 씨앗이다.

부부가 가정의 근본이므로 부부의 날이 가정의 달에 들어왔나 보다. 우리 부부는 오월이 되면 참으로 바쁘다. 손주 넷을 챙겨야 하는 어린이날, 세 부모님을 모셔야 하고 자녀들로부터 인사를 받아야 하는 어버이날, 각자 챙겨야 하는 스승의 날 때문이다. 성년의 날은 다행히 한가하다.

우리 부부는 오월이 가기 전에 서로를 위로하고 격려하는 시간을 갖는다. 이십일 일이 부부의 날이다. 이십일 일은 둘(2)이 하나(1)가 된다는 의미이니 재미있는 숫자이다. 특별히 남편은 나이가 들어가면서 아내의 생일, 결혼기념일은 물론 부부의 날도 챙겨야 한다. 평소에 아무리 잘했어도 이 세 날을 놓치면 불편한 분위기가 오래간다.

부부의 날은 부부관계의 소중함을 일깨우고, 화목한 가정을 가꾸라는 뜻깊은 날이다. 부부의 날은 핵가족시대에 가정의 핵심인 부부가 화목해야만 청소년문제·고령화문제 등 여러 사회문제를 해결할 수 있다는 생각에서 출발한 법정기념일이다.

우리 부부는 올해 아들 부부와 합동으로 부부의 날을 보내기로 했다. 외국에서 사는 딸네 부부는 어쩔 수 없이 내년에 함께 하기로 했다. 우리는 자가격리가 필요 없으면서 외국 같은 기분이 우러나는 제주도로 가기로 했다. 제주도는 비행기 타고, 집이 아닌 호텔에서 자고, 게다가 주변 환경이 색달라 외국과 같은 곳이다.

사실 부부의 날이라지만 삼박 사일 손주들 재롱에 빠져 지내느라 어린이날 같았다. 작은 손녀는 틈만 나면 엄지손가락 빠는 어린 나이여서 엄마 곁을 잠시도 떠나지 않으려 한다. 아내는 며느리가 힘들어할까 봐 작은 손주와 친해지려고 애쓰는데 그 모습이 대견했다. 나는 아이들 노는 모습을 휴대폰에 담느라 바빴다. 스케치하겠다고 바리바리 준비했지만 도무지 그림 그릴 짬이 나질 않았다.

금요일에 출발하여 월요일에 돌아오는 계획이었다. 월요일 오후 두 시 십 분 김포 공항에 도착하니 서두르면 좀 늦지만 수필 수업에 참여할 수 있을 것으로 여겼다. 수필 공부하는 동안 한 번도 결석은 물론 지각도 하지 않았는데 이번에는 한 시간 늦을 각오를 했다.

그런데 웬일인가! 피난 오듯 제주도로 여행 온 손님들이 어찌나 많은지 비행기 빈자리가 없을 정도였다. 김포 공항에 내릴 때도 예상 시간보다 훨씬 더 걸렸다. 게다가 우리 가족같이 대부분이 어린이와 함께 온 여행객들이어서 보행기며, 유모차가 많아 시간이 더 걸렸다.

공항에서 절차를 마치고 나오니 오후 세 시가 되었다. 지각이라도 수업에 참여하려는 계획이 아예 불가능해졌다. 서울역에 도착하니 네 시가 되었다. 수필 수업이 끝나는 시간이다. 하는 수 없이 집으로 가는 대전행 기차에 몸을 실었다. 휴대폰에서 수필 선생님의 수업 종료 벨이 울렸다.

서운하고 미안한 마음이 일었지만, 한편으로는 이번 부부의 날 기념 제주도 여행을 수필로 써서 발표하면 그 미안한 마음이 조금은 덜하리라고 생각하니 마음이 환해졌다.

"선생님 그리고 동료 수강생 여러분, 이 수필로 미안함을 대신해도 될까요?"

개교기념일

사람은 태어나면서부터 죽을 때까지 태어난 날을 기념한다. 처음으로 맞는 기념일은 백 일이고 두 번째는 이백 일 기념이다. 백 일 기념과 이백 일 기념은 요즘 젊은 엄마들이 첫아기 때만 요란하게 하고 둘째부터는 시들하다. 무엇이나 처음은 늘 신기한 법이어서 둘째 아이가 늘 손해 본다. 나도 그랬으니까.

하지만 첫돌은 옛날과 다름없이 성대하게 보낸다. 옛날에는 의술이 발달하지 못해 첫돌까지는 출생 신고도 하지 않았다.

첫돌이 되면 네 발에서 두 발로 일어서려고 애쓰기 시작한다. 걸어다니는 두 돌이 지나고 세 살이 되면 나이의 단위가 '돌'에서 '살'로 바뀐다. 세 살이 되면 어린이집을 드나들기 시작한다. 드디어 사회생활을 시작한다. 엄마 아빠와는 웬만한 의사소통이 가능하다. 세 살부터 평생 매년 태어난 날을 한 번도 빠지지 않고 백 번 정도는 기념하는 시대가 되었다.

그런데 학교가 태어난 날은 교정이 초상집같이 침묵만 가득하다.

백일, 이백일은커녕 '돌 기념'도 '살 기념'도 없다. 오히려 학교 교문을 꼭꼭 걸어 잠근다. 왜 그럴까? 개교 십 주년 이십 주년 등 강산이 변하는, 한 고개를 넘을 때만 겨우 태어난 날을 돌아보고 있다.

사람이 태어나면 첫해에는 커다란 상에다 세상 먹을거리 다 올려놓고 손뼉 치고 좋아한다. 아기는 '그림의 떡'임을 아는지 관심이 없다. 돌상 위에 책, 방망이, 실타래, 돈 등을 올려놓고 집으라고 합창한다. 엄마가 제일 초조하다. 엄마는 자신의 깊은 속을 아기가 알아주기를 간절히 바라는 무술인 같다.

사람이 세 살부터 다니기 시작한 '학교'가 태어난 날은 본체만체한다. 축하는커녕 아예 문을 걸어 잠근다. 학교는 귀여운 아기가 태어나 이십 년 이상 드나드는 곳이 아닌가. 어린이집, 유치원, 초등학교, 중학교, 고등학교, 대학교, 대학원에 그들의 장래를 맡기고 있지 않은가. 학생의 생일은 평생 즐겁게 보내면서 그 학생을 가르치는 학교의 생일은 왜 쓸쓸하게 내팽개쳐버리는가.

선진국들은 개교기념일에 재학생, 졸업생, 학부모들이 모두 모여 학교 발전을 위하여 머리를 맞대고 숙의한다. 그날은 오히려 더 바쁘다. 개교기념일은 학생들이 더 나은 길을 가기 위해 학교가 무엇을 어떻게 해야 하는가를 논의하는 날로 여기기 때문이다.

교육이 백년대계라고 입버릇처럼 내뱉으면서 행동은 없다. 선진국이 선진국일 수밖에 없는 이유가 바로 이것이 아닐까. 나라를 이끌어가는 건 국민이다. 개교기념일이 생일날보다도 더 알차게 보내야 하는 날이 되어야 하지 않을까. 개교기념일에 교직원, 학부모, 졸업생이 재학생들의 미래 설계를 도와주고 격려하면 학생들은 입술을 깨

묻고 다짐을 하는 날이어야 하지 않을까.

부국의 판가름은 국부(Wealth of Nation)에서 비롯된다. 국부의 핵심은 생산이다. 세계 부국의 순위는 국민총생산(GDP)으로 삼는다. 이러한 국부의 원천은 생산성이다. 미국의 생산성은 세계 최고이다. 세계 최고의 경제력을 가진 나라는 미국이다. 그것은 미국의 학교 교육에서 나온다. 세계 상위 백 개 대학 중 우리나라는 대여섯 개교에 불과하다.

인구가 5천만 명에 불과한데다가 해마다 인구가 주는 우리나라가 세계 중심국가로 진입하기 위해서는 인구가 일억 명은 되어야 한다. 남북한이 통일이 절실한 이유이기도 하다. 하지만 그것을 실현하기는 역부족인 상황이다. 이를 위한 길은 한 사람이 일하는 능력인 '노동생산성'을 늘리는 길밖에 없다.

노동생산성을 높이기 위해서는 바른 교육의 길이 시급하다. 바른 교육을 위해서 할 수 있는 것이 팀웍이다. 팀웍은 구성원 간의 협력이다. 이 협력은 개교기념일 날 훨훨 타오르게 할 수 있는 찬스이다.

어린이집에서부터 대학교, 대학원에 이르기까지 모든 학교가 개교기념일 날 교문을 활짝 열어놓자. 그날, 다음 생일날까지 이루어야 할 목표를 정하자. 재학생이 입술을 깨물고 다짐하도록 교직원과 졸업생들이 등을 밀어주자. 합심하여 성취해보자고 격려해주자.

지금 세 살 어린이가 이십 년 후 대학생, 대학원생이 되었을 때, 우리나라는 어느새 세계 중심국가로 자리매김해 있으리라. '대한민국 만세' 합창 소리가 지구를 강타할 것이다. 남북한 통일은 저절로 이루어지리라. 지금부터 이십 년 후 2040년을 향하여 전진하자.

물 한 모금만 주세요

우리도 한때 산에서 흘러내리는 물을 그냥 마셨다. 아낙들은 개울가에 가서 빨래도 했다. 먹는 물은 집 안이나 동네 한가운데에 샘을 파서 두레박으로 퍼 올려 해결하기도 했다. 개울가나 샘 속에 수박을 담가놓으면 냉장고가 부럽지 않았다. 두레박에 이어 도르래가 등장해 더 편리해졌다. 한여름이면 마당 한쪽 샘에서 등목을 했다. 무더위가 싹 가셨다. 도르래에 이어 펌프가 다시 등장했다.

요즘은 펌프를 벽촌에서나 볼 수 있지만 아프리카나 서남아시아에서는 아직도 볼 수 있다. 우리나라가 1995년 원조 제공국이 되면서 최빈국 주민들을 위해 국제봉사단체를 통해 설치해 주고 있다.

처음에는 손뼉을 치며 감사해하더니 지금은 펌프 소리도 박수 소리도 들리지 않는다. 펌프가 녹슬어 쇳덩이로 변해 장승처럼 마을 한가운데 원망스러운 듯 우두커니 서 있다.

펌프 안에 물이 조금이라도 들어 있어야 손잡이를 아래위로 움직일 수 있다. 펌프가 말라 있으면 손잡이가 헛돈다. 이때 물 한 바가지만 넣고 손잡이를 오르내리면 물이 다시 콸콸 나온다. 이 한 바가지의 물을 '마중물(priming water)'이라고 한다.

아프리카나 서남아시아에서는 마중물을 선뜻 내놓는 사람이 없어 펌프가 무용지물이 되고 있다. 한 바가지만 부으면 많은 물이 나온다는 것을 알면서도 아무도 내놓지 못한다. 물 한 바가지의 위력을 모르는 게 아니라 현실이 더 급하기 때문이다.

내가 아프리카와 서남아시아 지역에 가서 봉사활동을 하는 것은 고장난 펌프를 고치기 위해서가 아니다. 한 바가지의 마중물을 넣어 주기 위해서이다. 목숨보다 소중한 물이라서 기꺼이 내놓기 어려워하는 그들에게 다가가 말라버린 펌프에 한 바가지의 물을 부어 주기 위해서다. 숨쉬기를 잠시 멈춘 펌프를 다시 소생시키기 위해 '인공호흡'을 하러 가는 것이다.

사람은 누구에게나 태생적으로 받은 달란트가 있다. 이걸 잘 활용하는 사람이 있는가 하면 그렇지 못한 사람도 많다. 부자가 되느냐 가난한 자가 되느냐, 풍족한 나라가 되느냐 빈궁한 나라에서 벗어나지 못하느냐 하는 것은 주어진 달란트를 어떻게 활용하느냐에 달려 있을 것이다.

내가 안타깝게 여기는 나라는 아프리카의 D.R.콩고와 서남아시아의 방글라데시이다. 두 나라는 1962년에는 우리나라 일 인당 국민소득 팔십사 달러와 엇비슷했다. 그런데 그들은 육십 년이 지난 지금도 여전히 최빈국 수준에서 맴돌고 있다. 우리나라가 이들 국가보다 앞서게 된 것은 우리에게 주어진 달란트를 찾아내 극대화했기 때문이다.

아기는 방바닥을 기어 다니다가 때가 되면 손을 벽에 대고 일어서려고 안간힘을 쓴다. 엄마 아빠가 손을 잡고 걸음마를 도와준다. 보행기를 마련해 준다. 머지않아 스스로 걷고 드디어 뛰기도 한다. 엄마의 손과 보행기가 바로 소중한 마중물이다. 하지만 안타깝게도 최빈국들에는 이러한 마중물이 부족하다.

우리가 한 바가지의 마중물만 넣어 주면 애물단지로 전락한 쇳덩어리 펌프가 다시 활기차게 돌아갈 수 있다. 일그러진 그들의 얼굴이 다시 환해질 수 있다. 먹기도 하고, 빨래도 할 수 있으며 메마른 농작물에 물도 뿌려줄 수 있다. 황량한 들을 다시 푸르게 바꿀 수도 있다. 농작물 가공공장도 세워지고, 새 일자리도 만들 수 있다. 우리나라와 돈독한 친구 나라가 생기는 것이다.

나는 오래전에 봉사동아리 〈나눔과 보탬〉을 조직하여 현장에서 돕는 일을 하고 있다. 방글라데시에서는 투게더스(Togedus: Together with us)라는 이름으로 활동하고 있다. 봉사활동에 필요한 돈을 마련하기 위하여 〈아시아 아프리카 장학 선교회〉를 운영하고 있다. 〈대전다문화센터〉에 속해 있는 다문화 이주민들에게는 한국 문화와 언어를 익히도록 도와주고 있다. 그들이 한국 생활에 안착해 가는 것을 보면 마음이 뿌듯하다.

또한, 나는 콩고와 방글라데시 출신 젊은이들에게 한국 유학의 문을 열어주고 있다. 영유아들에게는 분유를, 어린이들에게 학용품을,

극빈자들에게는 먹을거리를 주고 있다. 여기에 필요한 마중물을 마련하기 위하여 내가 직접 책도 펴내고 그림도 그린다.

이들의 얼굴색이 우리와 달라서 능력이 없는 게 아니다. 국가가 국민의 능력을 발휘할 수 있는 환경을 만들어주지 못하고 있어서이다. 우리가 하찮게 여기는 물 한 바가지가 저들에게는 목숨이고 생명수이다. 우리가 물건을 함부로 버리는 동안 저들은 헐벗고 있다.

마중물은 막혀있던 것을 뚫어 서로 통하게 해주고, 그 물이 유유히 흘러 또 다른 마중물이 되게 한다. 무심코 버리지 말고, 소중하게 모았다가 이 물통에 넣어 주세요. 이 마중물을 애타게 기다리는 저들에게 다가가서 녹슨 펌프가 다시 활기차게 돌아가게 하지 않을래요?

나의 수필

시를 쓰는 내가 수필을 친구로 사귀게 된 지 시간이 꽤 흘렀다. 그 친구가 어느덧 애인이 되었다. 금방 보고도 돌아서면 또 보고 싶으니 연정이 생긴 게 틀림없다. 시와 수필은 둘 다 나의 연인이다. 서로 다르면서도 같은 듯 묘한 맛과 멋이 있다. 둘은 서로 질투도 없고 시기도 없다. 내가 똑같이 대해주니 불평도 없다.

수필은 연필이 가는 대로, 마음이 가는 대로 따라 쓰면 된다고 알았다. 참 편한 친구로 여겼다. 시처럼 가락을 맞춰야 하는 것도 아니고, 시조처럼 틀이 있는 것도 아니다. 내가 살아온 길, 자연에서 얻은 느낌이나 체험을 그냥 생각나는 대로 옮기면 된다. 그런데 그게 너무 어렵다.

어쩌다 사회상을 꼬집는 비평적인 좀 메마른 수필도 쓰기는 하지만 대부분은 일상생활에서 느끼는 감정이나 감흥을 솔직하고 담백하게 쓰려고 한다. 그래서 내 수필 속에는 내가 고스란히 드러난다.

나는 원래 시를 썼다. 나의 시는 주로 서정적이다. 서사시는 아예 쓰지 않는다. 또한 주로 자유시를 쓴다. 가끔 산문시도 쓰지만 정형시(시조)는 쓰지 않는다. 시는 깊은 생각을 시어(詩語)로 함축적으로 표현해야 한다.

나는 그림도 그린다. 그림은 수묵산수화와 목판화이다. 그림의 소재가 주로 산과 물인 산수화이다. 먹을 갈아 붓에 묻혀 그리면 수묵산수화, 거기에 약간의 색을 칠하면 수묵담채화, 색을 많이 사용하면 수묵채색화가 된다. 나는 수묵화와 수묵담채화를 좋아한다. 물감을 많이 쓰는 채색화는 멀리하고 있다. 산길에서 짙은 화장을 한 여인들이 지나가도 본체만체하는 나비들과 나는 어쩌면 그리도 똑같을까.

나는 주말마다 산으로 강으로 수필, 시, 그림 소재를 찾으러 간다. 출발하기 전에 우선 큰 주제를 정하고 그 주제에 맞는 소재가 있는 곳으로 찾아간다. 소재 중에서 가장 중요한 제재를 중심에 놓고 주변에 소재들을 배치해 본다. 제재가 제목이 될 수도 있고 제목을 새로 찾아낼 수도 있다.

시의 경우에는 첫 연에 주제를 암시할 수 있는 운을 띄운다. 주제와 대비되는 소재를 앞세우는 게 보통이다. 다음 연부터 절정을 향해 달린 다음 마지막 연에서 말하고자 하는 핵심을 던진다.

이제는 수필이다. 늦게 배운 도둑이 날 새는 줄 모른다고, 요즘 나는 제일 늦게 시작한 수필에 매료되어 있다. 그래서 애인이라고까지 말했다.

수필도 첫 문장, 첫 단락에서 주제와 연관된 소재를 앞세운다. 첫 줄이 매우 중요하다. 사람도 첫인상이 중요하듯이 수필도 첫 문장이 결정적이다. 수필은 시보다 길어서 자칫하면 독자들이 지루해할 수 있다. 그러기 전에 독자들의 시선을 끌어 머물게 해야 한다.

대학생 때의 미팅이 생각난다. 상대편이 다방 문을 열고 들어오는 순간의 첫인상이 대화 내내 머리에서 맴돌곤 했다. 집을 새로 장만하려고 집 구경을 갈 때 첫 외양의 느낌이 집 전체를 덮어버리곤 했다. 겉만 보고 전체를 미리 판단해서는 안 되겠지만 경험이 풍부하면 첫인상으로 전체를 바라보는 데 무리가 없다. 당연히 첫 문장은 사람의 첫인상처럼 전체를 가늠하게 하는 중요한 무기이다.

수필은 너무 길지 않아야 좋다. 독자들에게 상큼함을 주려면, 원고지 십이~십삼 매 정도나 A4 용지 두 장 이내가 좋은 것 같다. 짧은 글 속에서 감동 있게 쓰려면 지우고 쓰기를 반복하는 꾸준한 습작이 필요하다.

문장이 흐르는 물처럼 자연스러워야 하고 리듬감이 있어야 읽는 맛을 준다. 문장에서 군더더기는 없애야 하지만 근육은 알차야 한다. 조사는 잘 맞춰 써야 하고 수식어는 절제해야 한다. 중언부언도 하지 말아야 한다. 날씬하지만 당차야 한다. 그래야 글이 세련되어 보인다.

한 단락(문단)에는 서너 문장으로 채운다. 단락과 단락이 이어지는 접속사는 톱니바퀴이다. 소달구지처럼 덜커덩거리지 않고 세단처럼 매끄럽게 흘러가야 한다. 수필은 쓰면 쓸수록 어렵다. 아니 매력적이다. 연륜이 말해준다.

마지막 단락에서는 수필에서 하고자 하는 메시지가 담겨야 한다. 이 수필을 가지고 주제, 소재, 제재 등을 묻는 문제를 낸다고 할 때 답이 선명하게 나오도록 해야 한다. 독자가 수필을 읽고 이웃에게 권할 수 있다면 성공한 글이다.

내 수필을 독자들이 읽고 과연 감동할까? 그래서 감히 드러내기가 두렵다. 꾸준한 습작만이 그 두려움을 덜 수 있는 길일 것이다.

아, 가까우면서도 대하기 어려운 나의 연인 수피리여, 이수필씨!

학림도

이 섬에 가면 학(두루미)이 소나무밭에서 오래오래 살았다는 흔적이 아직도 남아 있다지? 어떤 흔적일까? 갸우뚱거려지기는 하지만 호기심 많은 나는 더 이상 참을 수가 없었다.

새벽 동트기가 무섭게 리무진 버스에 몸을 맡겼다. 자다 만 새벽잠을 버스에서 이어 자는 데 아무 문제가 없었다. 마치 끊어진 60년대 비 오는 영화 필름을 잇듯이. 휴게소에서 잠시 쉬었는지도 모르고 깊은 잠에 빠졌다. 잠만큼은 어디서 언제고 잘 수 있는, 잠에 대해 통달한 내가 아닌가. 버스 속도가 줄어들어서야 통영에 도착했음을 알았다. 학이 기다릴 학림도는 통영 산양의 달아 항구에서 배로 이십 분 거리에 있다.

옛날 시골 총각이 처녀를 불러낼 때 뻐꾸기 소리를 두서 번 울리곤 했다. '뻐꾹 뻐뻐꾹 뻐꾹.' 두루미도 암수가 서로 시선을 끌려고 할 때 소리를 낸다. "뚜루루루 뚜루루루." 구애를 하는 방법은 사람이나 새나 마찬가지이다. 사람이 두루미한테 배웠나, 두루미가 사람한테 배웠나.

두루미가 시집 장가갈 때가 되면 마음에 드는 상대방에게 구혼한다. 마주보고 날개를 퍼덕이거나 고개를 끄덕이고 빙빙 돈다. '나, 네가 좋다. 우리 결혼하자'는 청혼이다. 사람들은 이 모습이 아름답고 멋있었는지 흉내 내어 두루미 춤〔鶴舞〕을 추기 시작했다.

동양에서 두루미는 '신선이 타고 다니는 새〔仙鶴〕'라고 여긴다. 또한, 두루미는 천년을 사는 새로 믿어 '장수'를 상징한다. 그래서 십장생(十長生)에 두루미가 포함되어 있다. 사람이 두루미처럼 오래 살면 '학수(鶴壽)'를 누린다고 한다. 두루미는 '천년 만에 푸른색으로 변한다' 하여 청학(青鶴), 다시 천년이 되면 검은색으로 변하여 현학(玄鶴)이라고 하여 불사조라고 한다.

두루미는 장수를 상징하는 새를 넘어 고매한 기품과 기상을 간직하고 있다. 우리나라 전직 대통령 부인의 우아하고 품위 있는 자태가 두루미를 빼다 닮았다고 하여 우러러보았던 적이 있다.

두루미는 조선 시대에 하얀 바지저고리를 입고 사랑채에서 과거 준비하는 고고한 선비 같기도 하다. 목이 길쭉하여 늘씬하고 몸매도 날씬하다. 과거 시험 보러 떠난 선비의 아내가 두루미처럼 목을 길게 늘이고 서방님이 과거에 합격하기를 간절히 바라는 모습도 보인다. 여기서 '학수고대(鶴首苦待)'라는 말이 나왔다.

요즘 두루미는 희귀한 새가 되어 우리 주변에서 쉽게 볼 수 없는 그야말로 고귀한 새가 되었다. 두루미의 고매한 기품은 머리에서 비롯된다. 머리 정수리 살갗이 드러나서 붉게 보인다. 이 모양이 마치 붉은 왕관(Red Crown)을 연상케 하여 두루미를 단정학(丹頂鶴)이라고도 부른다.

두루미는 머리 이외에 이마에서 뺨과 목까지 이어지는 부분과 다리가 검은색이어서 온통 흰색의 황새나 중대백로, 잿빛의 왜가리와 구별된다. 한국 사람은 두루미가 '뚜루루루 뚜루루루' 하고 우는 소리에서 두루미라고 이름 지었다고 한다. 서양 사람들은 두루미의 날씬한 목을 무거운 짐을 들어 올리는 기중기에 빗대어 두루미를 붉은 머리 기중기(Red Crown Crane)라고 부른다.

학림도에 가면 해, 산, 물, 돌, 구름, 소나무, 두루미가 있다고 한다. 십장생 중 불로초, 거북 그리고 사슴만 없을 뿐이다. 자수나 병풍에 두루미가 소나무에 앉아있는 송학도(松鶴圖)를 떠올려 본다. 학림도는 사방이 바다로 싸여있고 섬 전체가 나지막한 산이다. 울창한 소나무 사이로 해가 보이고 구름이 하얗게 떠간다. 소나무 가지에 두루미가 고고하게 날개를 접는다.

청학동에 청학이 살지 않듯이 학림도에도 두루미가 살지 않는다. 가끔 백로가 찾아오기도 하지만 주로 왜가리가 살고 있다. 마을 사람들은 왜가리를 두루미로 여긴다. 그래서 학림도는 두루미가 울창한 소나무에서 살았다지만 지금은 섬 모양이 두루미가 날아가는 모양이라고만 여기고 있다.

행글라이더를 타고 하늘을 날아야 날아가는 두루미 모습을 볼 수 있을 학림도. 송학, 선학, 청학, 현학 등 많은 고상한 별명을 남긴 학림도. 여전히 청아하고 아름다운 섬으로 이름을 날리고 있는 학림도이다.

내가 두루미처럼 하늘을 날 수 있으면 학림도로 날아가 소나무에서 살 텐데. 그래서 학을 그리는 육지 사람들을 불러 모을 텐데. 마음 속 나의 선비 두루미여. 영원하시라.

제사

"유세차 (…중략…) 감소고우 현고학생부군 세서천역 휘일부림 추언감시 호천망극 근이 청작서수 공신전홍 망향"

제사 때 조상에게 올리는 축원의 글, 축문은 이렇게 시작한다. 제삿날에는 제상(祭床)에 제수(祭需)를 차려놓고 절을 올린다. 제사는 조상을 숭배하기 위한 유교적 전통 의례 의식이다.

축문은 제사를 받드는 자손이 자신들을 있게 한 조상에게 제사 올리는 이유를 알리는 글이다. 살아계신 어른들께 음식을 올릴 때 "차린 건 적지만 많이 드세요"라고 권하는 말처럼 조상에게 제를 올리는 연유를 알리는 것이다.

나는 아버지가 장손이어서 오랫동안 매달 제사를 지내다시피 했다. 할아버지는 당신 품에 안긴 세 살배기 나에게 음복(飮福)으로 제주(祭酒)를 입에 살짝 갖다 댔다고 한다. 음복을 통하여 조상의 복을 받는다고 믿었기 때문이다. 음복해야 제사를 다 마친 것으로 여긴 것이다.

내가 학교에 다니던 어린 나이일 때도 당연히 제사에 참여해야 했고, 심지어는 군 복무 중 휴가를 나왔을 때 친구 만나겠다고 제사에 빠지는 것은 엄두도 못 낼 일이었다. 결혼하고 아기가 생겨 이동이 불편해도 예외가 없었다.

그런데 세월이 흘러 할아버지도, 증조할아버지도, 심지어는 작은아버지들도 돌아가시고 오직 아버지만 살아계시게 되었다. 제사 지낼 자손은 아버지와 우리 두 형제뿐이었다.

아버지를 제외한 어머니, 형 그리고 나는 각자 집 근처 교회에서 예배드렸다. 주일마다 아버지는 홀로 집을 지켰다. 어느 날 나는 아버지께 조심스럽게 아뢰었다. "아버지, 제사 지내러 오는 친척도 없고 우리 식구뿐이니 추모제로 바꾸면 어떨까요?" 아버지는 증조할아버지로부터 이어받은 유교적 사고가 몸에 배었기 때문에 고민 없이 즉각 대답하였다. "나, 죽거든 해라. 내가 죽은 후에는 제사를 지내는지 어떤지 내가 알 수 있겠냐?" 비집고 들어설 틈새가 하나도 없는, 아주 단호한 어투였다.

그 후 한동안 우리 식구끼리만 제사를 지냈다. 누구도 추모제라는 단어를 다시 꺼낼 분위기가 아니었다. 그러던 어느 증조할아버지 제삿날, 나는 아버지께 다부진 억양으로 다시 수정된 건의를 했다. "아버지, 증조할아버지 제사 때 영정사진을 쳐다보고 절을 하는 건 아무런 감정이 없어요. 살아계셨을 때 뵌 적이 없어서요. 하지만 우리 할

아버지 영정사진을 보고 절을 하는 것은 살아계셨을 때 절을 하는 기분이에요. 그러니 증조할아버지께는 묵념으로 대신하고 할아버지께는 절을 하겠어요." 아버지는 더 이상 말씀을 하지 않으셨다. 내 논리적인 제안에 교장 선생님인 아버지도 어쩔 도리가 없었을 것이다.

그 후 커다란 변화가 일기 시작했다. 그동안 어머니의 주일은 아버지에게는 일요일이었다. 아마도 아버지가 일요일에 종일 혼자 집에 계시는 게 무료하셨을 것이다. 어느 주일날 교회에서 돌아온 어머니가 이상한 느낌을 받았다고 내게 귀띔한다.

안방에 담배 재떨이가 사라진 것이다. 그동안 어머니도 눈치채지 못한 것이다. 한 달 전쯤 아버지가 스스로 재떨이를 없앴다고 한다. 골초 아버지가, 그것도 스스로 재떨이를 치우다니.

얼마 가지 않아 아버지의 일요일도 주일로 바뀌었다. 아마 입안에서 담배 냄새가 다 빠질 때를 기다렸나 보다. 주일마다 두 분이 나란히 교회로 향했다. 아버지는 성경 신구약을 여러 번 통독하였다고 한다. 웬만한 성경 구절은 다 기억하신다.

구역모임도 열심이었다. 교회에서는 '돌아온 탕자'까지는 아니어도, '바울의 회심'은 아니어도, '하나님이 지금 살아계셔서 일하고 계시다'는 것을 보여준 모범사례로 소문이 났다.

자연스럽게 제사가 추모제로 바뀌었다. 제사는 형제자매들이 한자리에 모여 우리를 있게 한 조상들을 추모하는 자리가 아닌가. 제수는 조상들이 잡수시는 게 아니라 자손들이 먹는 게 아닌가. 그러니 조상이 평소 좋아하셨던 음식을 올리는 것도 좋지만 식구들이 둘러앉아 즐겨 먹을 음식도 올려야 한다.

제사는 여전히 좋은 풍습으로 남아 있다. 우리를 있게 한 조상을 기리는 날이고, 또한 살아있는 가족들이 옹기종기 모여 이런저런 이야기를 나누며 가족의 화목을 다지는 자리이다.

교통이 불편하고 통신수단이 변변찮았던 지난날에는 제사가 오랜만에 친척들을 만나게 하는 좋은 기회였다. 하지만 오늘날은 교통은 편리해졌지만 생활이 바빠 자주 만나는 것이 쉽지 않다.

제사는 가족을 한자리에 모이게 하는 힘이 있다. 가족의 화목을 위해 이어가야 할 아름다운 전통이기도 하다. 하지만 시대의 변화에 맞춰 제사를 추모제로 하고, 살아있는 가족이 화목 잔치하는 날로 삼으면 어떨까.

추모제의 장소도 가족들이 사는 곳으로 차례차례 순회하면 어떨까. 조상도 기리고, 가족들끼리 만남의 기쁨도 누리고, 장손 며느리 수고도 줄이고, 겸사로 여행도 하니 그야말로 '도랑 치고 가재 잡는' 격이 아닌가. 그때마다 조상님이 하늘에서 내려다보시며 흐뭇한 미소를 짓지 않으실까?

어느 맹인의 나들이

옛날 프랑스 남부 어느 작은 마을에 시각장애인(맹인)이 혼자 살고 있었다. 이 맹인은 타고날 때부터 맹인이 아니라 소년 시절에 사고로 시력을 잃었다. 어릴 적 다니던 곳은 별 어려움이 없이 다닐 수 있어 다행이었다. 맹인은 어젯밤 오랜만에 이웃 동네 친구를 찾아갈 채비를 하였다.

요즘 같으면 전화로 소식 전하고 미리 기별도 할 수 있다. 하지만 당시는 그렇지 못하여 무작정 떠나야만 했다. 밤새 준비한 요깃거리를 더듬거리며 가방에 차곡차곡 넣었다. 지팡이도 잘 챙겼다.

어렸을 때 다니던 길이라 별 어려움이 없이 걸었다. 배낭을 등에 메고 골목길도, 밭두렁, 논두렁도 걸었다. 시골이라서 그다지 변하지 않았기 때문이다. 지나는 동네 사람이 알아차리고 인사도 건넸다. 반갑게 맞인사도 했다. 겸사겸사 아는 길도 확인차 물어보기도 하였다.

한참을 가는데 드디어 철길에 도달했다. 이 철길은 어렸을 적에 자주 다녔던 길이다. 요즘은 기찻길 옆에 사람 다니는 다리가 따로 있다. 하지만 당시는 철로 바로 옆에 좁지만 사람 다니는 길을 배려했다. 아마 사람이 이곳을 다니는 게 흔하지 않았기 때문이었을 것이다. 기차가 오면 잠시 비키라고 난간도 일정한 간격으로 마련해 놓았다.

사람은 오감이 균형적으로 발달하여 별 탈 없이 산다. 하지만 맹인은 시각 능력이 떨어진다. 네 개의 감각으로만 살아갈 수 있을까? 그런데 절묘하게도 맹인은 청각과 촉각이 시각의 부족한 점을 채워준다. 마찬가지로 청각을 잃은 사람은 시각과 촉각으로 뛰어난 재능을 발휘한다. 사람이 사람을 설계하는 것은 불가능한 일이다. 신(神)만이 가능한 일이다.

맹인은 우선 철로에 귀를 대고 기울였다. 정상인보다 더 예민한 청각을 지닌 그가 멀리서 기차가 오는지를 확인하는 것이다. 소리만으로도 기차가 어디쯤 있고 언제 이곳에 도착할지를 알 수 있다. 정상인들이라면 이 철로를 오 분이면 건너가겠지만 맹인은 더 많은 시간이 필요하다. 기차가 도달하기 전에 건널 수 있을 만한 충분한 시간인가를 따져봐야 한다.

귀를 기울여보니 방금 기차가 지나간 것으로 여겨진다. 다음 기차가 오려면 한 시간이 있어야 한다. 맹인이 건너기에 충분한 시간이다. 철로는 기차가 다니는 다리이기 때문에 아래에는 강이 흐른다. 소년 시절에 다리 아래에서 자신은 직접 하지 못했어도 친구들이 미역 감고 물놀이는 하는 것을 함께 즐겼던 곳이다.

천천히 철길을 조심조심 더듬거리며 걷기 시작했다. 힘들면 난간에 비켜 쉬기도 하였다. 다시 걷기 시작하였다. 중간쯤 철로에서 이상한 감각을 느꼈다. 기차가 멀리서 오고 있는 느낌이다. 철로를 걷기 시작한 지 얼마 되지 않았는데 벌써 다음 기차가 오다니. 당황하기 시작했다. 정상인 같으면 난간으로 피해 기다리면 되겠지만 맹인은 난간이 보이지 않는다.

기차가 빠른 속도로 다가오니 다른 방법이 없었다. 교량침목 아래로 내려가 매달리기로 했다. 철길 아래는 강물이 흐른다. 하지만 기차가 지나갈 때까지는 버틸 만하다고 판단한 것이다. 드디어 기차가 다가와 굉음을 내며 지나간다. 그때 기차 손님들이 이 광경을 보고 소리 지른다. "손 놓으세요. 바로 아래 바닥이 모래예요, 모래."

팔 힘이 점점 빠져갔다. 손가락을 돌려가며 발버둥 쳐 봐도 오늘따라 기차가 왜 이리도 길고 느린가. 곡선을 그으며 지나가는 기차의 창문 밖을 내다보며 안타까워 소리 지르는 손님들이 더 안쓰러워 어쩔 줄 모른다.

지금 나의 모습이 저 맹인이 아닐까? 간단히 손만 놓으면 고운 모래밭이 깔려 사뿐히 내릴 수 있는 것을 잔뜩 겁먹고 매달려 있지 않은가. 과거에 얽매여 현재를 옴짝달싹하지 못하고 있는 거 아닌가. 숫자로 시간을 표시하는 디지털시대에 시곗바늘로 시간을 나타내는 아날로그시계에 사로잡혀 있지 않은가. 시대를 모르면 시대를 잃어버린다.

분수대 소리가 멈추고 뛰어놀던 어린아이들 소리가 잠잠해져 눈이 떠졌다. 벤치에서 읽고 있던 수필 책 한 권이 발목에 기대어 나와 함께 오수를 즐겼다. 꿈속에서도 나는 수필을 읽는다.

탕자

"너무 알려고 하지 마. 다친다."

오래전 텔레비전 연속극에서 어느 조연 여배우가 일약 주연배우로 발돋움한 유명한 말이다. 그런데, 신에게 도전하려는 인간에게 신이 내리는 경고 말씀 같기도 하다.

상대편에게 정면으로 맞서 싸움을 거는 건 '도전'이고, 이 도전에 대하여 상대편이 응수하는 건 '응전(応戰)'이다. 도전이 있기에 응전이 있는 것이다. 시비를 걸지 않으면 싸움은 일어나지 않는 법이다. 동네에서의 주먹질 싸움이나 국가 간 전쟁도 마찬가지이다.

신에 도전하는 인간에 대응한 경고가 끊임없이 진행 중이다. 인간이 자연과 자신을 만들어 준 신에게 도전해도 되는가? 자기를 낳은 부모에게 대들어도 되는가. 정말 후레아들이 되려는가.

신은 인간을 자연과 하나의 형제로 만들어주었다. 다만 인간에게 자연을 잘 보살펴 사이좋게 지내라고 신신당부했다. 이러한 신에 도전하는 인간은 과연 신의 응전에 맞서 이길 수 있을까?

자연은 인간의 도전이나 극복의 대상이 되어서는 안 된다. 더불어 같이 살아야 하는 형제자매이다. 자연의 일원인 인간이 자연과 동행하려 하지 않고 앞서려고 하면 신은 인간을 끝내 저버릴 것이다.

아놀드 토인비(A. Toynbee)는 인류의 역사를 '도전과 응전'으로 설명했다. 이집트가 나일강의 범람에 대처하느라 일찍이 태양력, 기하학, 건축술, 천문학을 발달시켰다는 주장이다. 자연의 도전에 대한 인간의 응전이 끊임없이 이루어져 인간사회의 문명과 역사를 발전시키는 바탕이 되었다는 것이다. 그러므로 자연의 도전에 대한 인간의 응전이라는 저력을 갖추지 못한 민족이나 국가는 자연적으로 소멸하게 마련이라는 것이다. 그의 주장이 틀린 것은 아니지만 옳은 것도 아니다.

자연이 언제, 어떻게 인간에게 도전하기 시작했다는 건가? 인간이 자기들에 도전하는 자연에 응전하면서 인류의 역사를 발전시켜 왔다는 근거가 뭔가? 토인비는 이것을 설명하지 못하고 있다. 나일강의 범람을 자연의 인간에 대한 도전으로 간주하고, 이에 대처하느라 새로운 기술을 개발(응전)했다는 것이다. 커다란 착각이다.

토인비님, '나일강이 왜 범람했는가'에 대해 생각해 보았나요? 태양력, 기하학을 발달시키려고 나일강이 범람한 것이 아닙니다. 태양력, 기하학이 없어도 자연은 불편해하지 않습니다. 인간이 그것이 필요해서 스스로 만들어 낸 것입니다. 그래서 필요는 발명의 어머니라고 하지 않았습니까? 신은 인간에게 필요한 것들을 창안해 낼 수 있는 능력을 주었습니다. 인간이 필요하면 현재도 앞으로도 얼마든지 만들어 낼 것입니다.

내가 어렸을 적, 겨울철에는 두꺼운 내의를 입어야 했다. 양말도 겨울과 여름 구분해 신어야 했다. 하지만 요즘은 계절 구분이 없다. 자연에서 사는 봄꽃도 피는 시기가 빨라지고, 식목일도 앞당겨야 할 판이다. 논에서 메뚜기와 우렁이가 떠난 지 오래다.

자연에서 동식물들이 모두 사라지면 나중에 지구엔 누가 살까? 지구에서 인간 혼자 살 수 있을까. 어느 과학자가 한 말처럼 정말 인류가 앞으로 백 년 이내에 지구 이외에 새로운 삶의 터전을 마련하지 못하면 인류도 멸종할 것이 아닌가?

요즘 세계는 신종 코로나 바이러스로 야단법석이다. 사람들은 신종 바이러스를 잡을 만하니 다시 변종이 우세하고 있다고 불안에 떨고 있다. 백신을 개발했다고 좋아하기가 무섭게 변종 바이러스 발생이 계속되고 있어 고민이 깊어지고 있다. 언제까지 이럴 건가?

신종, 변종 바이러스가 나타날 때마다 뒷북치다 지구에서 쫓겨날 것인가? 지구가 뜨거워지고, 기후가 변화하고, 바이러스가 창궐하는 근본 원인을 찾아내는 데에는 관심 밖인 것 같다. 인간이 신에 도전하기 때문에 신이 인간에 응전하고 있다는 걸 언제나 터득할 것인가? 자연은 신을 대신하여 경고하는 것을 아직도 모르고 있다.

자연을 원래의 모습을 되돌려 드리겠다고 신 앞에 고개를 숙여야 한다. 그동안 무모한 도전에 깊이 사죄한다고 무릎을 꿇어야 한다.

다시는 자연을 손아귀에 두려고 하지 않겠다고 눈물 흘려야 한다.

"이제부터 당신에게 도전하려고 하지 않고 당신이 우리에게 준 능력을 선하게 활용하려고 애쓰겠습니다. 그래서 당신이 우리 인간을 창조한 보람이 있도록 확 변하겠습니다."

"탕자야, 이리 오너라. 참으로 기특하도다. 내가 열 달 배 아프고 나서 낳은 건 아니지만 뿌듯한 창조였느니라." 당신으로부터 이런 말을 들을 때까지 변하고 또 변하겠습니다.

"신이여! 한 번만 용서해 주시오. 다시 당신 품에 안기고 싶습니다. 받아 주시옵소서. 우리를 그 옛날 '돌아온 탕자'로 받아주시옵소서."

해설

윤기관의 네 바퀴 인생

| 작품해설 |

윤기관의 네 바퀴 인생

서경희

(수필가 · 한국문인협회 평생교육원 수필창작반 교수)

1. 들어가며

수필 공부에 옹골찬 힘을 쏟는 윤기관은 이미 시인이고, 화가이고, 선교사이고, 명예교수이다.

뭐가 아쉬워 고희(古稀) 나이에 서울에 있는 평생교육원 문을 두드렸을까 싶지만, 아직도 꿈이 원대하다. 충남 서천이 고향인 작가는 성장기와 직장을 대전에서 보냈다. 충남대학교(무역학과) 명예교수 신분을 가진 그가 매주 월요일 대전에서 기차 타고 서울을 오가며, 그것도 지각 한 번 하지 않고 수필 공부에 공들이는 것을 보면, 수필 쓰는 사람인 내 눈에는 그 자체가 훌륭한 수필로 보인다.

흔히 수필은 그냥 적당히 쓰면 되는 산문인 줄 알지만, 수필만큼 공력이 필요하고 제대로 쓰기 어려운 글도 없을 것이다. 그래서 '수필가는 많은데 수필은 적다'라는 말이 나온다.

수필은 '붓 가는 대로' 쓰는 글이라는 말이 말을 많이 낳지만, 사실

수필의 매력은 바로 그 자유로운 '붓'에 있다. 붓 가는 대로 형식에 얽매이지 않고 쓰되, 어떻게 나의 붓을 잡고, 무엇을 위해 어디로 나아가는지 스스로 형식을 만들어 문학으로서의 사명을 다하는 아름다운 문장이어야 수필이 된다. 그때 비로서 수필은 격을 얻는다.

지금부터 윤기관은 무엇을 위해 어떻게 붓을 잡고, 왜 그 붓의 길을 따라 나아갔는지, 흥미롭고도 즐거운 여행을 떠나본다.

2. 윤기관의 수필 세계

이번에 두려움을 안고 첫 선을 보이는 수필집이 『그냥 혔어』이다. 이미 시집을 두 권이나 냈고, 『진인사득천명(盡人事得天命)』이라는 수상록도 낸 바 있다. 여기에 오직 수필다운 수필, 즉 향기로운 문학의 수필을 써보겠다는 일념으로 쓰고 지우기를 거듭한 작품들이 수줍게 얼굴을 내민다.

윤기관은 좀 독특한 사람이다. 한 사람의 재능에 '글'과 '그림'이 동시에 있고, 공부도 많이 했고, 마지막에는 선교 활동으로 몸을 틀었다. 지금까지의 모든 역량이나 지식을 바탕으로 새로 제대로 된 직업(?) 하나를 획득한 것인데, 기독교 선교사가 확실한 인생 이모작이 된 것이다. 그래서 글도 쓰고 그림도 그린다. 글과 그림은 선교를 위해 하는 것이라고 당당히 밝혔다.

대학에서 물러난 후, 작가는 말 그대로 리타이어(Retire)를 멋지게 했다. 사륜구동 자동차 타이어 네 개를 완전히 새로 교체해 힘찬 시동을 걸었다. 선교사, 작가, 화가, 한국어 교원으로 네 바퀴를 갈고,

그 중심에 선교사를 두었다. 원래 목회자가 아니기 때문에 목회 선교사는 아니고 전문인 선교사라고 한다. 전문인 선교사는 선교비와 생활비를 스스로 마련해야 하는데, 마침 방글라데시 대포딜대학교(Daffodil International University:DIU)에서 한국학을 가르치는 석좌교수 제의가 와 하늘의 도움을 받았다.

작가는 한국어를 열심히 가르쳤다. 그러면서 외국인에게 제일 중요하고 어려운 것이 '말하기'라는 것을 깨닫고, 그 수단으로 평소에 단련된 그림과 문학을 생각한 것이다. '내 그림과 글로 저들에게 말하기를 훈련시켜 보리라.' 그러면서 특별히 마음에 와닿은 것이 '수필'이다. 아름다운 내 수필의 향기로 한국적 정서와 언어를 가르쳐봐야지. 코로나19로 국내에 머무르게 되면서 수필 공부에 뛰어들었다.

이유야 어디 있든, 일단 글을 쓰기 시작하면 작품 그 자체에 빠져들어야 한다. 작품은 오직 작품으로 말한다. 그것이 작품의 목적이다. 일주일에 한두 편씩 거르지 않고 비 온 뒤 개울물 같은 왕성한 창작력으로, 1년여 만에 작가는 책 한 권 분량의 글을 쏟아냈다.

우선 표제로 삼은 「그냥 혔어」라는 작품을 보자.

아흔이 넘은 어머니가 혼자 계시면서 딸 같은 아들에게 심심하면 전화번호를 누른다. 행여 뭔 일이 있을까 싶어 목소리 들으려는 모정이다. 그 모정이 넘치고 넘쳐 귀찮을 정도이지만, 다행히 "그냥 혔어"가 다다.

> 어머니에게 전화할 때는 열 번 이상 울려야 하고, 그것도 세 차례 정도를 반복적으로 시도해야 한다. 그래서 어머니와 약속했다. 내가 어머니께 전화하기보다 어머니가 아들에게 하라고. 어머니가 나에게 전화할 때마다 변함없는 첫마디가 있다. "그냥 혔어" 이게 전부다. 천만다행이다. "그냥 혔어"는 아무 일 없다는 속뜻이다.
>
> —「그냥 혔어」 중에서

충청도 특유의 "~혀"는 참 재미있는 말이다. 만사형통 사통오달의 언어 같다. 한반도의 중심 기운을 응축한 간결하면서도 완벽한 언어가 아닐까 싶다. 마치 한 폭의 정겨운 그림을 보는 것 같아 읽는 내내 맑은 웃음이 또르르 흘렀다.

「애비야, 나 죽거든 버려라」는 쓸데없는 물건을 쟁여놓은 어머니를 나무라면 꼭 "애비야, 나 죽거든 버려라"라고 말씀하신다. 그러면서 비염으로 고생하는 아들에게는 "병원에 가봐라, 여기 돈 있다." 자식에게 어머니는 영원한 약자다. 강자와 약자가 펼치는 현장감 넘치는 대화가 독자를 웃고 울린다.

사람의 마음 깊은 곳에 어머니가 있다면, 고향도 거기에 있다. 고향은 누구에게나 영원한 어머니다. 「나의 살던 고향은」에서 작가는 고향 서천과 한산 추억에 빠지지만 끝내 사람 이야기로 돌아간다. 어릴 적 놀았던 명희에게 "명희야, 어디 사니? 나도 네가 싫지 않았거든…."이라는 진부하나 진부하지 않은 말로 고향 향수를 극대화한다.

「유성 온천물 맞아보셨나요」에서는 작가가 온천물의 효험을 자신의 보동보동한 피부로 실증해 보인다며, 반세기 가까이 드나든 유성 온천을 자랑스럽게 그린다.

> "이 틈을 타서 동네 청년들이 양손에 김밥을 들고 열차 안으로 비집고 들어온다. 열차가 정지하는 촌음의 시간에 김밥 장사를 하려는 것이다. 우간다 엔테베 공항 구출 작전을 펼친 이스라엘 특전사 요원도 이걸 배웠지 않았을까. 잘해야 열차 한두 칸을 거칠 수 있다. 재깍재깍 60초 후 폭발물 터질 소리가 들려오는 듯, 빠르게 외쳐댄다. "김빱스 김빱", "김빱쓰 김빱"(김밥 있어요, 김밥)."
>
> —「김빱쓰 김밥」 중에서

작품 「김빱쓰 김빱」은 대전역 기차간에서 일어난 삶의 한 단면이 추억이듯 정감이듯 짠하게 살아난다. 그러면서 외국인도 감탄하고 가성비도 뛰어난 그 '김밥'을 노벨평화상으로 천거한다는 상큼한 주장을 내놓는다.

「서리」는 시골서 자라며 누구나 해보았던 어린 시절의 망나니짓이지만, '군대도 가지 않은 아이들이 정탐이며 낮은 포복을 어디서 배웠는지 신기하다'고 한 그 표현이 신기했다. '스릴 만점인 참외 서리를 하며 장난꾸러기 친구들과 티 없이 놀아보면, 칠십 인생 스트레스가 확 달아날 것 같다'는 끝부분에서는 독자의 스트레스도 확 날아간다.

작가는 툭하면 카메라 메고 스케치 준비해 떠난다. 소재 찾아 산을 오르고 섬을 찾는다. 그러다 '새'와 친해진다. "지지배배, 짹짹" 새들의 언어가 우리에게는 단순해 보이지만 저들에게는 고도의 세분화된 언어라는 것을 알아낸다. '이스라엘 부모보다 더한 스파르타식 교육을 하며 짝짓고 새끼 낳아 산다'고 「산새들과의 산책」에서 새들에게 '듣고' 썼다.

「봄꽃의 지혜」에서는 이른 봄 먼저 꽃을 피우는 작은 꽃을 중소기업의 생존 전략과 연계하는 실력을 보였다. '큰 나무와 싸우지 않는 작은 꽃의 「틈새 전략」을 중소기업이 배웠다'고 눙친다. 자연에서 배우지 못하면 생물이나 기업은 살아남을 수 없다. 작가가 수필을 쓰지 않았다면 오묘한 자연의 비밀을 '캐낼' 수 있었을까?

작가의 글에는 칼럼 성격의 글이 많다. 세상을 향해 부르짖고 싶은 '우국충정'의 마음이 깊고, 종교적 신념도 강하고, 사회개혁에 대한 열망도 흘러넘친다. 「코로나19의 큰 교훈」은 시의적절한 내용으로 말 그대로 인간을 향해 쓴소리를 난사한다. '여태 사람이 세상을 변화시켜 왔으나 이제는 세상이 사람의 생활 방식을 변화시키도록 강요하는 것이 코로나19의 큰 교훈이다'라고, 인간이 덜 쓰고 덜 먹고 덜 버려야 바이러스의 생존력을 물리칠 수 있다는 말에 공감할 것이다.

「임산부 배려석」에서는 작가의 염려가 대단하다. 임산부가 지하철 분홍 카펫 의자에 앉아 있는 모습을 '꽃밭에 핀 두 송이 꽃, 애국가를 이중창으로 부르는 꽃'이라고 마음의 꽃을 피웠으나, 언제부턴가 그 자리가 비는 날이 잦고, 배부른 아낙을 보기 어려운 시대가 되었다고 안타까워한다. 출산율 0.8의 시대, '길바닥, 에스컬레이터에서 껴안고 애정 표시 하면서 왜 청첩장은 날아오지 않느냐'고 분노하기도 한다. 좋을 호(好)는 여자(女)와 남자(子)가 붙어 있는 것이고, 둘이 하나 되어 아기 낳으면 얼마나 좋은가(好)를 체험해보라고 젊은 세대를 향해 맹공을 펼친다. 「매미」도 마찬가지다. '며칠 살다가는 매미의 왕성한 생식력이 인간을 밀어내고 매미공화국을 이룰 것이다'라고.

「씁쓸한 졸업식」「개교 기념일」은 바뀐 오늘날의 학교 풍경이다. 사람은 죽을 때까지 태어난 날을 기념하는데 요즘 학교는 생일인 개교기념일을 모른 척한다. 나라의 부(富)인 노동생산성은 바른 교육과 팀워크를 통해 이룰 수 있으며, 개교기념일을 통해 졸업생과 학부모의 도움을 받고 학교 교육도 활성화하자는 논리다.

「853놀이터」는 코앞에 닥친 초고령사회를 걱정하는 이야기다. 우리나라 노인인구가 853만 명이다. 지하철 공짜로 타는 이 853노인들이 갈 곳 없어 떠돈다. '이들에게 놀이터를 마련해주겠다는 후보에게 표를 던지자'고 호소한다.

「2026년 어느 날」에서도 우리나라가 초고령사회로 진입하는 첫해로 예상되는 2026년 어느 날을 상상해 본다. 선진국들은 초고령사회 진입에 100년이 걸리는데, 우리나라는 25년 정도이다. 이것도 '빨리빨리' 문화 탓인가. 길거리 다섯 명 중 한 명이 백발노인이다. '모임에 나가면 회원이 칠십 대, 총무는 팔십 대, 회장은 구십 대가 되어야 하겠다'니, 웃음이 빵 터진다. 버스 운전사도 칠십, 팔십 대 노인이 많으니 사고율이 높아 보험수가도 치솟고, 젊은이들 소득세율은 50%가 넘겠단다. '대통령 후보여 구체적 대안을 제시하라.'

「세대와 세태 차이」는 요즘 마스크로 입 막고 사람 보면 피하고 인사도 주먹질로만 하니, 안 그래도 이해할 수 없는 세대의 세태 차이가 더욱 깊어간다는 우려가 실감난다.

신뢰 사회나 선진국은 돈으로 살 수 있는 일이 아니다. 스스로 국민 의식 수준이 높아져야 한다. 수십 년의 시간이 더 필요할 것이다. 횡단보도에서 우측통행도 하지 않고, 에스컬레이터에서 뛰거나 걸어도 누구 하나 지적하지 못하고 있는 현실이 우리의 현재 모습이다.

「참선진국, 그 멀고도 험한 길」에서 경제적으로는 선진국 수준에 가까워졌으나 아직 정신적으로 참선진국 대열에 진입하지 못하고 있는 우리나라 실정에 대한 걱정이다. 참선진국은 문화적으로 선진화된 나라를 말하며, 문화란 원래 천천히 형성되는 것이고, 그래서 좀 멀기는 하다.

작가에게는 종교적인 글도 많다. 아니 작가의 모든 가치는 종교로 통한다고 해도 틀리지 않는다.

> 천사는 천국에서 인간 세상에 파송되어 신의 뜻을 인간에게 전하고 인간의 바람을 신에게 전하는 심부름꾼이다. 그 천사 심부름꾼이 바로 선교사다. 교회는 선교사를 해당국에 파송하여 그곳에서 예수님이 이 세상에 행하신 선행을 하게 한다. 천사는 '하늘나라 전권 특명 대사'이다. 그 천사의 일은 성경 말씀을 전하는 목회 활동이 아니어도 된다. 예수님이 이 세상에서 보이신 본보기를 그대로 행하는 선행 활동이면 된다.
>
> —「하늘나라 전권 특명 대사」 중에서

목회 활동은 못 하지만 선행 활동으로 세상의 본보기를 보이려는 작가는 전문인 선교사이다. 방글라데시 선교사로 파송되어 온갖 어려움을 만나고, 미얀마 소수민족인 로힝야족도 만난다. 로힝야족은 국제난민이라 개인이 도울 수 없는 안타까움도 있다. 살아서 천사가 되는 길은 멀고도 험하다. '백신 접종 끝내고 다시 부르시면 천사의 날개로 날아가리라고' 마음의 준비는 되었다. 그 사이 수필 공부를 하고, 그 수필로 한국어를 가르칠 준비도 한다.

선교사 역할을 잘하기 위해서 작가는 「물 한 모금만 주세요」라는 글로 갈급한 호소를 한다. 방글라데시나 콩고에 가면 우리가 설치해

준 펌프가 있다. 그런데 녹슬어 쇳덩이로 변해 장승처럼 마을 한가운데 우두커니 서 있다. 한 바가지의 물이 없어서다. 그들에게는 물 한 바가지의 힘도 없다. 우리가 한 바가지의 마중물을 넣어줘야 한다. '인공호흡'하러 달려가야 한다. 그런 호소를 하며 기금마련을 위해 책도 내고 그림도 그린다. 그림에 대한 이론도 갖췄다.

그림을 '보는' 서양화와는 달리, 그림을 '읽는' 동양화는 그림이 '읽혀질 수 있도록' 그려야 한다. 이것이 동양화의 정립된 규칙이다. 그림을 보고 화가가 표현하고자 한 뜻을 파악하는 것이 아니라, 그림을 읽고 문장이나 문자로 바꿔봐야 화가가 표현하고자 하는 뜻을 파악할 수 있다. 이러한 규칙은 기명절지도(器皿折枝圖), 화조도(花鳥圖), 초충도(草虫圖), 산수화(山水畵) 등 모든 동양화 장르에 해당한다.

—「동양화 읽기」 중에서

작가는 수필 공부하랴 그림 공부하랴 서울 종로 거리와 꽤 친해졌다.

송해길은 예부터 바둑기원과 실버 극장이 있던 길이다. 자연스럽게 무료한 실버들이 모여들었다. 사람이 모여드니 저렴한 밥집이 하나둘씩 들어섰다. 시래기국밥 2천 원, 짜장면 3천 원, 통닭 한 마리 4천 원, 막국수, 냉면, 돈가스, 4천5백 원, 여기에 더하여 색소폰 연주에 재능이 있는 시니어들이 자발적으로 나와 생음악 쇼를 한다. 음식 맛이 더 좋을 수밖에 없다.

—「송해길」 중에서

이렇게 '송해길'을 다니다 〈소문난 국밥집〉도 만난다. 앞 손님을 잘 보니 나도 자신이 생겼다. 빈 그릇을 들고 가서 때가 잔뜩 낀 주방 선반 위에 올려놓고 나오면서 주인에게 만 원짜리를 낸다. 앞치마 주머니에서 거스름돈을 꺼내는데 한 뭉치 모두가 천 원짜리이다. 잔돈을 세는 데 한참 걸린다. 무려 8장이다. 시래기 국밥 한 그릇에 2천 원! 그런데, 그 국밥을 먹고 돌아서니 배가 고프다. 살이 찔 수가 없겠다. 다이어트하러 시래기 국밥집에 한 달만 다녀볼까?

—「소문난 국밥집」 중에서

작품 「익선동 섬」은 종로와 맺은 인연이 가장 맛깔스럽게 나타난 글이다.

처음 이 골목에 들어섰을 때 눈을 의심했다. 여기가 서울 종로가 맞나? 화려한 쇼윈도가 즐비해야 할 서울 도심에 이런 옛날식 골목이 숨어 있다니. 어린 시절 뛰놀던 우리 동네 골목이 왜 여기 와 있지? 코흘리개 녀석 서너 명이 뛰어나올 것 같다.

익선동 골목길은 개발 중이라 지금도 변하는 중이다. 처음 이 골목에 왔을 때 너도나도 놀랐다. 그야말로 옛날식 다방이 아닌 옛날식 골목이 어느 먼 옛날로 데려다주었으니까.

그러다 문득, 소설가 김유정이 짝사랑했던 명창 박녹주의 옛 한옥을 발견했다. 들어가 볼 수는 없어도 간판만으로도 무척 반가웠다. 문학소년 시절 겨드랑이에 끼고 다녔던 「봄봄」과 「동백꽃」의 작가 김유정 아닌가. 그가 어느 명창을 좋아했다는 이야기는 어렴풋이 들었는데, 그 현장을 여기서 만나다니. 박녹주는 김유정보다 네 살 위였고, 요절한 김유정보다 40년을 더 살았다. 담벼락에 걸려 있는 박녹주의 조그마한 얼굴 사진을 보니 곱고 정숙해 보인다.

그러면서 작가는 박녹주의 집 앞에서 '김유정이 박녹주를 흠모했듯 나는 수필이라는 여인을 흠모한다'고 소설가 김유정이 아닌 수필가 윤기관을 응시한다.

매주 대전~서울을 오가며 애용하는 무궁화 열차 「주황색 스카프의 여인」도 일독을 권하고 싶은 글이다.

기차에 오르자마자 한 시간 정도는 지정 좌석을 놔두고 자유 칸에서 보낸다. 자유 칸은 출퇴근하는 손님들을 위해 만든 공간이다. 대전에서 서울까지 가는 시간은 수필 한 편을 읽고 다듬고 숙고해보는 시간이다. 나는 이 시간이 감미로워 무궁화 열차를 애용한다. 주황색 스카프 휘날리는 여인 같은 무궁화 열차의 품에 안긴 채 여유로운 시간이 시작된다.

무궁화 열차는 종종 고속열차를 먼저 보내기 위해 잠시 스카프 매무새를 가다듬으며 기다릴 때가 있다. "바쁜 분 먼저 가슈!" 등산객들이 산에서 만나 서로 길을 비켜주듯이 그렇게 우아한 매너도 보인다. 스피드 시대의 고속열차는 생각도 할 수 없는 예의범절이다.

한강 철교를 지나니 유람선도 유유히 흘러간다. 오늘 하루 남은 일들도 무사히 흘러갈 것 같다. 주황색 스카프를 휘날리는 이 여인과 오래오래 사귀고 싶다. 아니 본디부터 나의 죽마고우였지만 앞으로도 영원한 벗으로 지내고 싶다. 그러려면 내가 서울을 자주 드나들어야 한다. 서울을 자주 드나든다는 것은 아직 할 일이 많고 배울 일이 많다는 것이다.

> 서울로 이사 가기 전까지는 일주일에 한 번 꼭 이 여인의 얼굴을 보련다. 주황색 스카프 휘날리는 무궁화 열차여! 언제나 나와 함께 마음의 춤을 추어요.

주황색 스카프는 무궁화 열차의 색깔이다. 그 색깔 고운 스카프의 여인과 함께 '여유롭게' 서울을 오간다. 눈 깜작할 사이 달아나는 고속철에서는 느낄 수 없는 운치 아닌가.

「나의 수필」은 늦게 시작한 수필에 대한 애정과 나름대로의 수필론을 담았다. 문제는 절차탁마의 시간이다. 뜻이 있는 곳에 길이 있으리라.

> 늦게 배운 도둑이 날 새는 줄 모른다고, 요즘 나는 제일 늦게 시작한 수필에 매료되어 있다. 사람도 첫인상이 중요하듯이 수필도 첫 문장이 중요하다. 대학생 때의 미팅이 생각난다. 상대편이 문을 열고 들어오는 순간의 첫인상이 대화 내내 머리에서 맴돌곤 했다. 첫 문장은 사람의 첫인상처럼 중요한 무기이다. 문장이 흐르는 물처럼 자연스러워야 하고 리듬감이 있어야 읽는 맛을 준다. 문장에서 군더더기는 없애야 하지만 근육은 알차야 한다. 조사는 잘 맞춰 써야 하고 수식어는 절제해야 한다. 중언부언도 하지 말아야 한다. 날씬하지만 당차야 한다. 그래야 글이 세련되어 보인다.
>
> —「나의 수필」 중에서

덧붙여, 「어느 맹인의 나들이」는 수필을 잘 쓰고 싶은 욕구를 꿈 이야기를 통해 구현해본 동화 같은 글이다.

> 옛날 프랑스 남부 어느 작은 마을에 시각장애인(맹인)이 살고 있었다. 타고날 때부터 맹인이 아니라 소년 시절에 사고로 시력을 잃었다. 어릴 적 다니던 것은 별 어려움 없이 다닐 수 있어 다행이었다. 맹인은 어젯밤 오랜만에 이웃 동네 친구를 찾아갈 채비를 하였다.
>
> 분수대 소리가 멈추고 뛰어놀던 어린아이들 소리가 잠잠해져 눈이 떠졌다. 벤치에서 읽고 있던 수필 책 한 권이 발목에 기대어 함께 오수를 즐겼다. 꿈속에서도 나는 수필을 읽는다.
>
> —「어느 맹인의 나들이」 중에서

눈여겨볼 만한 작품에 「아름다운 사람들」 「황금산 음압 병동을 다녀오다」도 있다. 가방을 잃고 찾아 헤매는 장면이 실감나게 그려진 「아름다운 사람들」은 택시를 타고 달리는 장면이 그림처럼 살아 움직여 숨을 멎게 한다.

> 택시 운전사는 왕의 명령을 받고 달리는 말〔御馬〕이 되고, 나는 그 말을 몰아치는 마부가 된다. 말과 마부는 한마음이 되어 왕이 내린 사약 중지 명을 품에 안고 달린다. "어명이오. 사약을 멈춰라. 가방을 아무도 만지지 마라" 따그닥 따그닥. 휘날리는 말총, 어마의 다리도 보이지 않는다. 말굽만 보이고 택시 바퀴 타는 냄새가 난다.
>
> —「아름다운 사람들」 중에서.

그리하여 가방을 되찾은 작가는 잃어버린 새끼를 찾은 듯 가방을 부둥켜안는다. 세상엔 푸념에 찌든 사람도 많지만 '아름다운 사람들'이 더 많다고 흥분하고 고마워한다.

「황금산 음압 병동을 다녀오다」에서는 코로나를 피해 산으로 간다.

> 힐링하러 간 황금산이 온통 음압 병동 같다. 나무들이 코로나19 바이러스 침입을 받은 듯 재선충병으로 죽어가고 있다. 하얀색 커다란 천으로 두른 사각형 꾸러미 속에는 죽은 소나무들이 토막토막 잘려 묶여 있다. 하얀 천으로 덮어씌운 코로나19 사망자와 어찌 그리 비슷한지 섬뜩했다. 코로나 블랙 시대에 내가 나를 치유하러 황금산을 찾았다가 생각지도 않게 소나무들을 위해 기도하고, 파도에 치유의 찬양도 부탁하고 돌아왔다. —「황금산 음압 병동을 다녀오다」 중에서

그러면서 코로나 시대에 '사회적 거리 두기'라는 용어는 사회적 동물인 인간에게 되레 스트레스를 안긴다고 '예방적 간격 지키기'라는 용어를 쓰자고 산뜻한 제안을 한다.

마지막으로 언급하고 싶은 작품이 「리베로 선교사」이다.

> 나는 쿠바를 두 번 만났을 뿐인데, 그녀의 매력에 빠졌다. 헤밍웨이도 좋아하고, 그가 즐기던 칵테일 쿠바리브레도 무척 좋아한다. 하지만 그보다 더 결정적인 이유는 내가 좋아하는 훌륭한 배구선수들이 많아서다. 그 선수들의 포지션은 모두 '리베로'다. 리베로는 자유라는 뜻이다.
>
> 리베로는 서브 득점을 하지 못해 득점 순위에 오를 수 없다. 세터가 득

점왕 선수로 탄생하도록 리베로가 적극적으로 받쳐주어야 한다.

나도 리베로이다. 배구선수 리베로가 아니라 선교사 리베로이다. 나는 목사가 아니기 때문에 목회하는 선교사는 아니고 그냥 선교만 하는 전문인 선교사이다. 지금은 코로나19 난국으로 아시아와 아프리카 선교 현지에서 직접 활동하지 못하고 그곳 목회 선교사에게 선교비만 보내고 있다. 리베로의 신분으로 선교비 토스도 잘하고, 선교비 떨어지기 전에 디그도 잘해 목회 선교사가 걱정 없이 활동하도록 돕고 싶다. 나야말로 '리베로 선교사'가 아닌가.

—「리베로 선교사」 중에서

작가는 선교사이지만 목회는 할 수 없는 전문인 선교사이다. 목사가 아니기 때문이다. 그런 위치를 배구의 리베로에 비유했다. 리베로는 '자유'라는 뜻으로, 서브, 블로킹, 스파이크 등 공격은 할 수 없지만, 자유롭게 오가며 승부에 결정적 영향을 끼치는 선수다. 리베로는 내편 세터에게는 정확한 토스를, 떨어지는 공을 향해서는 정확한 디그(dig)를 하며 코트에서 누구보다 번쩍번쩍 몸을 날린다. 사실상 배구의 묘미를 이 리베로가 창출한다. 그래서 리베로는 옷 색깔도 다르다. 상대편 리베로와 같은 색을 입기도 한다.

작가는 본인이 바로 그런 배구의 리베로 같은 '리베로 선교사'라고 했다. 그 리베로처럼 선교의 디딤돌이 되려 한다. 그래서 시, 수필, 산수화, 목판화를 향상시켜 책도 내고 전시도 하며 수익금은 전액 선교에 기부한다.

3. 나가며

수필 한 편 쓰기가 결코 쉬운 일이 아니다. 아름다운 경치에 놀라 단순 감흥을 써 내려가는 식으로는 수필이 될 수 없다. 수필은 형식이 없는 글이지만 고도의 형식이 숨어 있다. 주제가 있고, 그 주제를 어떻게 구성하며, 어떻게 적확한 말과 문장으로 공감을 만들어 내느냐가 관건이다. 또 수필은 어디까지나 산문이기에 충분한 서술도 요구된다. 그러면서 필요 없는 말은 빼내야 한다. 이 '간결한 문장'이 수필의 생명이다.

우리가 쓰는 수필 즉 미셀러니(miscellany)는 '잡동사니'라는 뜻이다. 잡문이라는 뜻이 아니다. 잡문이면 또 어떤가. 수필은 우주 만물 온갖 잡동사니를 소재로 삼아 나만의 독특한 문학적 향기를 피우는 것이니 행운 아닌가.

'체험' 그대로이면 일기나 사진이 되고, 체험을 '재구성'하면 문학이나 그림이 된다. 온갖 잡동사니로 체험을 재구성할 수 있는 여유가 수필이다.

윤기관은 말 그대로 체험의 재구성에 능하다. 고희를 살며 겪지 않은 일이 없고, 가보지 않은 나라가 없으니 넘쳐나는 소재에 휘파람을 불 정도다. 문제는 형상화다. 때로 놀라운 통찰의 섬광과 놀라운 상상력으로 수필적 형상화를 하며 부지런히 수필의 길을 가는 중이다. 언뜻 가볍게 본 수필의 길에서 홍역을 앓는 모습을 보이기도 한다. 새로운 눈을 떴다는 증거이다.

한창 벚꽃 피는 4월이다. 해군 장교 시험에 합격해 진해에서 훈련 받던 일을 회상하며 쓴 「별난 벚꽃놀이」로 이 글의 끝을 맺고자 한다. 흔한 감상문이 아니다.

> 진해 벚꽃이 만개한 시즌에 30kg 완전 무장으로 20km를 달린다. 꽃도 아가씨들도 만발했지만 내 눈에 들어올 꽃은 하나도 없다. 세상을 살아가며 예기치 않은 일에 직면했을 때 극복할 수 있는 저력은 군 생활에서 길러진다. "자기와의 싸움에서 이기고 싶으면 군대 가라!"
>
> 썩은 도랑에 빠뜨려 놓고 기어가는 훈련, 먹을거리 하나 주지 않고 산속에 일주일 풀어놓고 살아남아 돌아오기 등.
>
> 바다에서 가장 무서운 것이 '파도'다. 파도는 좌우로 흔들리는 롤링, 앞뒤로 흔들리는 피칭, 앞뒤 좌우 동시에 흔들리는 요잉이 있다. 롤링, 피칭은 파도와 함께 타면 그런대로 적응할 수 있지만, 요잉은 대책이 없다. 뱃속의 모든 것이 쏟아져 나온다. 고통을 겪으며 그래도 마침내 요잉 타는 요령을 터득하고 평온을 찾는다.

그 어려운 요잉 타는 요령도 터득했으니 작가는 마침내 못하는 게 없으리라 본다. 글쓰기 터득도 마찬가지다. 인생 네 바퀴 타이어 교체에도 성공했으니 그 네 바퀴를 잘 갈고 닦아 보람 있는 삶이 되길 기원한다.

윤기관 수필집_ 그냥 혔어

초판 인쇄 | 2022년 5월 25일
초판 발행 | 2022년 5월 30일

지 은 이 | 윤기관
발 행 인 | 이광복
편집국장 | 김밝은

펴낸곳 | 사단법인 한국문인협회 月刊文學 출판부
주소 | 서울시 양천구 목동서로 225 대한민국예술인센터 1017호
전화 | 02-744-8046~7
팩스 | 02-743-5174
이메일 | klwa95@hanmail.net
등록 | 2011년 3월 11일 제2011-000081호
ISBN 978-89-6138-478-0 03810

값 12,000원